谨以此书献给

努力让国家、人民、时代和自己更加美好的人们！

心忧天下

中国传统文化中的忧患意识

李本军◎著

新华出版社

图书在版编目（CIP）数据

心忧天下：中国传统文化中的忧患意识 / 李本军著.
-- 北京：新华出版社，2022.12（2025.2重印）
ISBN 978-7-5166-6593-0

Ⅰ.①心… Ⅱ.①李… Ⅲ.①中华文化－研究 Ⅳ.①K203

中国版本图书馆CIP数据核字（2022）第228643号

心忧天下：中国传统文化中的忧患意识

作　　者：李本军

出 版 人：匡乐成	出版统筹：许　新
责任编辑：徐文贤	封面设计：刘宝龙
特约校对：许晓徐	编辑邮箱：xuwenxian@vip.qq.com

出版发行：新华出版社
地　　址：北京石景山区京原路8号　　邮　　编：100040
网　　址：http://www.xinhuapub.com
经　　销：新华书店、新华出版社天猫旗舰店、京东旗舰店及各大网店
购书热线：010－63077122　　中国新闻书店购书热线：010－63072012

照　　排：六合方圆
印　　刷：大厂回族自治县众邦印务有限公司

成品尺寸：148mm×210mm　1/32
印　　张：10.25　　　　　　字　　数：255千字
版　　次：2023年2月第一版　　印　　次：2025年2月第二次印刷

书　　号：ISBN 978-7-5166-6593-0
定　　价：60.00元

忧从中来

徜徉于中华文明万紫千红的大观园里，就像总是遇见一片片翠竹、一株株青松、一树树寒梅、一丛丛晚菊，当你阅读诗文典籍，你也会反复遇见这样一个字：忧。比如《诗经》305 篇，不算通假字，有"忧"字的就多达 35 篇。

假如让你想象中国历史上一个个仁人志士，你想象得出来的他们都是什么样子？是意气风发慷慨激昂？是老成持重暮气沉沉？是忧心家国夙夜不安？是无牵无挂佛系道骨？孔子、孟子、屈原、曹操、杜甫、韩愈、王安石、陆游、辛弃疾、曾国藩、孙中山……在很多很多人的想象中，他们都是忧国忧民满怀心事的形象。

中华文明何以五千年一脉相承与时俱进？中华民族何以愈挫愈奋多难兴邦？对于这样的宏大主题，每个人有每个人的回答，但都不会疏忽中华民族特有的忧患意识，或者说忧文化。

"忧文化"是中华文化的一大精髓。基于责任感而非人生苦罪的忧患意识是中国人最可宝贵的品质之一，是中华民族独具特色的价值理念和人文精神，已经镌刻在中华文明的基因深处，始终激励着中华民族履冰前行。忧文化内含一种自觉的压力和动力，孕育着清醒、警觉、奋进和坚韧，涵养了中华民族仁人志士浩然正气和高尚情怀。"忧国忧民"就是中国历朝历代国之脊梁的鲜明标志，他们都有着深沉厚重的爱国之情、高远博大的报国之志、绝不袖手的救时之责。透过历史，我们不难发现，他的忧患意识与责任感和家国情怀成正比，与追求国家人民自己的美好程度成正比。

滔滔之忧

几乎中华文明的历史有多悠久，中国人的忧思就有多久。在中华文明的源头时期，忧文化就是一支主要的源流，流至后来，形成大江大河，恣意汪洋，忧依旧是其中极为鲜明的一道色彩。历代仁人志士基于对自然和社会的深刻洞察，对人民疾苦的深切同情，对国家和民族的深沉挚爱，创造了大量饱含忧患意识的经典名言、诗句和词汇。

忧在典籍

当我们翻开先秦时期的公认典籍，不尽之忧滚滚而来。

《易经》（《周易》），这部诞生于三千多年前的阐释天地万物变化规律的经典著作，被称作"群经之首、大道之源"。其中的"乾卦"两次提到了忧："乐则行之，忧则违之"、"居上位而不骄，在下位而不忧"。《周易·系辞传》深刻地洞察"作《易》者，其有忧患乎"？

我国最早的诗歌总集，西周至春秋中叶时期国人情感最真实的记录文字《诗经》，"忧"字遍布于十五国风、大雅小雅，再加上那些言及悲、忧、哀、伤、愁、怨的诗句，数量多达上百处，近乎整部诗集305篇的三分之一。《王风》记录的"黍离之悲"，千百年来一直在回响："知我者，谓我心忧；不知我者，谓我何求。悠悠苍天！此何人哉？"《诗经》所呈现的忧深思远、忧而不伤，正如刘勰《文心雕龙·物色》所言"随忧以宛转"、"与心而徘徊"，研究者认为："《诗》三百五篇之作而窥作者之用心，大抵言乐者少而言忧者多。"

《论语》，记录了人类最伟大的思想者之一孔子言行思想的儒家最高经典，先后有15处直接出现了"忧"字。既有关乎仁的"仁者不忧"、关乎道的"忧道不忧贫"、关乎贤的"人不堪其忧，回也不改其乐"、关乎孝的"父母唯其疾之忧"、关乎愁的"发愤忘食，乐以忘忧"，还有充满辩证哲理和处事睿智的"人无远虑，必有近忧"、富有政治哲学的"季孙之忧不在颛臾，而在萧墙之内"。孔夫子强调忧患不忧愁，在忧与不忧的两难中实现了升华。

儒家的"第二经典"《孟子》，同样留下了大量迄今仍脍炙人口的"忧"字词汇、典故，拓展了忧情的境界，成就了孟子民本主义思想家的地位："生于忧患，死于安乐"、"乐民之乐者，民亦乐其乐；忧民之忧者，民亦忧其忧"、"乐以天下，忧以天下"、"是故君子有终身之忧，无一朝之患也"、"尧以不得舜为己忧，舜以不得禹、皋陶为己忧"、"圣人有忧之，使契为司徒，教以人伦：父子有亲，君臣有义，夫妇有别，长幼有序，朋友有信"……

《易经》、《诗经》、《论语》、《孟子》，由此而奠定了中国"忧文化"的源头地位。

浩瀚典籍，何止于此。即使以出世思想著称的道家，鼻祖老子、庄子的著述中也不乏"忧"字。《道德经》说"绝学无忧",《庄子》认为,"巧者劳智者忧,无能者无所求","察乎盈虚,故得而不喜,失而不忧,知分之无常"。

《左传》、《季札观周乐》对"忧而不困"、"何忧之远"的唐风境界高山仰止。《战国策·齐策》中,齐宣王这样表达自己的忧国之情、爱民之心、求治之愿:"寡人忧国爱民,固愿得士以治之。"这正是成语忧国忧民的源头。

忧在诗词

忧愤出诗人。中国历史上伟大的诗人词家,没有不在诗词歌赋中表达忧的。

千古绝唱《离骚》通篇中没有一个"忧"字,却是公认的忧国忧民巨作,伟大历史学家司马迁在《史记·屈原列传》中就用"忧"字评价了这部伟大作品:屈平"忧愁幽思而作《离骚》"。

"生年不满百,常怀千岁忧",这句道尽了人之为人的苦恼与伟大的浅显而又深刻的诗句,出自充满了"忧生之嗟"的《汉乐府》之《古诗十九首》。这种风格又为建安文学所继承。

曹操、曹植父子,在文学史上是彪炳千古的"三曹"的两位,是建安文学的代表人物,曹操更是魏国的开创者。曹操的文学和政治成就,难说没有忧的贡献。他在著名的《短歌行》中,就有三处"忧"字:"慨以当康,忧思难忘","何以解忧,唯有杜康","忧从中来,不可断绝"。以《七步诗》而闻名的曹植,谢灵运说他"天下才有一石,曹子建独占八斗",虽无治国理政的机会,却一直操心国事,"闲居非吾志,甘心赴国忧"。

谈诗论词没有人能绕得过"李杜白",李白、杜甫、白居易是中国诗歌史甚至世界诗歌史上的"三峰"。杜甫向有"诗史"之誉，他在诗歌中抒发忧情最为正常不过，当他来到草堂不远的刘备庙参观时，写下了"向来忧国泪，寂寞洒衣巾"，表达了自己空有忧国之志而无力杀贼的无奈。当他路过扼守京都长安的潼关，看到守关将士的军容，写下了无限期望的"胡来但自守，岂复忧西都"。难以想象的是"诗仙"李白，并不总是"仰天大笑出门去"的潇洒之态，同样有着深刻的忧情。《经乱离后天恩流夜郎忆旧游书怀赠江夏韦太守良宰》是李白最长的一首诗，是他的自传体长诗，作于李白从流放夜郎途中被赦免后滞留江夏时，诗人回顾了自己的人生历程，抒发了自己的政治感慨，更是"诗史"般地记录了"安史之乱"带来的巨大的破坏："白骨成丘山，苍生竟何罪。公卿如犬羊，忠谠醢与菹。二圣出游豫，两京遂丘墟。"此情此景，与引发曹操之忧的"白骨露于野，千里无鸡鸣"多么惊人地相似。面对如此惨象，李白"中夜四五叹，常为大国忧"，并期待能建功立业，收拾残局。白居易号乐天，却有大忧之情。他在《卖炭翁》中勾勒了这样对比鲜明的情境：进城卖炭的老人自己在萧萧寒风中瑟瑟发抖，却为了生计，"心忧炭贱愿天寒"。

同为唐朝诗人的吕温可谓白居易的知音，他看到大旱之年老百姓顾不得死活，而达官贵人全然不受影响也不关心，悲愤地写下了"绿原青垄渐成尘，汲井开园日日新。四月带花移芍药，不知忧国是何人"。"不知忧国是何人"，强烈谴责权贵们只顾自己享乐而不恤民苦、不忧国事的浑噩之辈，其中之激愤，堪与"商女不知亡国恨"伯仲。

不为大家熟知的唐朝诗人张为，在《渔阳将军》诗中传神地刻画这样一位威风凛凛的卫国戍边将领："向北望星提剑立，一生长为国家忧"。

两宋的战略被动地位，引发了宋朝诗词家的无限忧虑，同样是军旅人物的陆游、辛弃疾，文韬武略，一代英雄，可惜无力平定国忧。陆游的千古名句"位卑未敢忘忧国"，表达的是与"天下兴亡，匹夫有责"同等的责任感和意境，当这句诗被作家李存葆当作题记写进著名小说《高山下的花环》，掀起了多少人内在的爱国巨浪。辛弃疾登临建康（今南京）赏心亭时，一边拍遍栏杆，一边吟咏出写尽末路英雄之忧之愁的《水龙吟》，"可惜流年，忧愁风雨，树犹如此。倩何人，唤取盈盈翠袖，揾英雄泪。"

南宋垂亡，民族英雄文天祥率领孤军保宋抗元，力有不逮而被俘，面对威胁利诱誓死不屈，以孟子的"浩然之气"而自励，以"人间忧患何曾少"（《读赤壁赋前后两首》）自警，写下与《过零丁洋》齐名的《正气歌》，抒发自己对于大宋社稷河山的无尽忧患，"悠悠我心忧，苍天曷有极！"

南宋中书舍人楼钥《送刘德修少卿潼川漕》的"一身忧国心，千古敢言气"，元朝徐再思《水仙子·夜雨》的"枕上十年事，江南二老忧，都到心头"，清代诗人黄遵宪的《赠梁任父母同年》的"寸寸山河寸寸金，侉离分裂力谁任。杜鹃再拜忧天泪，精卫无穷填海心"，诗词汪洋，不可胜数。

忧在文章

"文章经国之大业，不朽之盛事。"中华五千年，雄文华章浩浩如长江黄河之水，是中华文明的重要载体，也是观察国人忧情和忧患意识的重要窗口。

"千古一帝"唐太宗是大唐帝国的重要创建者，也是贞观之治的开创者，《贞观政要》忠实记录了他的经世济民思想与实践，为后世帝王所法。"忧深责重"的唐太宗深知打天下、治天下都离不开他的那支雄壮的"贞观团队"，所以他"终日孜孜，非但忧怜百姓，亦欲使卿等长守富贵"。隋朝隋炀帝穷奢极欲劳民伤财导致天下大乱，一直是唐太宗的一面镜子，《贞观政要·纳谏》就记录了大臣劝谏他时刻不忘"陛下为人父母，抚爱百姓，当忧其所忧，乐其所乐"。

"驱除鞑虏，恢复中华"的大明王朝开创者朱元璋，《明史》称他"晚岁忧民益切"，他对自己的"履职报告"是遗诏所说"三十有一年，忧危积心，日勤不怠"。《明太祖宝训》类似于《贞观政要》，是朱元璋留给明朝帝王治国的遵循，他自称"念天下之广，生民之众，万几方殷，朕中夜寝不安枕，忧悬于心"。在平常人心目中享尽人间美好的皇帝竟然愁得睡不着觉，这又是因为什么？当刘基劝他"往者四方未定，劳烦圣虑；今四海一家，宜少纾其忧"，他为什么拒绝了呢？还是在这部《宝训》中，朱元璋这样解释，"尧、舜圣人，处无为之世，尚且忧之，矧德匪唐虞，治非雍熙，天下之民方脱创残，其得无忧乎？夫处天下者当以天下为忧，处一国者当以一国为忧，处一家者当以一家为忧。"

宋元、明清鼎革之际，北方民族入主中原，面对新统治地区文明程度和经济发达程度均高于己的基本国情，元睿宗拖雷的"忧国爱民之心"、顺治帝的"忧国忧民事转繁"，以强烈的忧患意识和如履薄冰之态争取宋、明故地之人心。

中华最美海棠形版图的完成者也是康乾盛世的完成者乾隆皇

帝弘历，似乎是天天游历吟诗的风流天子，而这只是他的一面，他还有苦恼忧愁的另一面，比如他统治的中后期，承平日久人口暴增，产生了许多严重的政治、经济、社会问题，对此他并没有视而不见，而是"生之者寡，食之者众，朕甚忧之"。

前述的魏武帝之子、魏文帝之弟魏国陈王曹植，在《释愁文》中明言，"忧国忘家，捐躯济难，忠臣之志也"。他忧到了什么程度？"形容枯悴，忧心如焚"。

如果说，封建帝制时期，国是他的国，民是他的民，为帝为王者忧国忧民该是他的分内事。更多的却是地位并不那么尊贵的普通士大夫，一片赤心为国忧，并通过文章把这份炽热情感影响了他的同时代人和后世之人。

魏晋交替时期的刘琨在《为郑冲劝晋王笺》中，充满辩证地阐明了一个非常深刻的道理，"或多难以固邦国，或殷忧以启圣明"。这一思想又被《新唐书》所深化："古有多难兴国，殷忧启圣，盖事危则志锐，情苦则虑深，故能转祸为福也"，再被李鸿章写进力劝朝廷加快变革的《遗折》。

位居"唐宋八大家"之首、开启儒家新境界和文章新风气的唐代诗人韩愈，在《论今年权停举选状》和《上李尚书书》中，两次用几乎一模一样的话，提出了忠臣也是儒士的鲜明标准："以臣之愚，以为宜求纯信之士，骨鲠之臣，忧国如家，忘身奉上者"、"赤心事上，忧国如家"。疾恶如仇的韩愈，对他认为的不良现象坚决斗争，不仅上书劝谏皇帝戒迎佛骨，还就戒马球（后世足球的源泉之一）《上张仆射第二书》"今之言球之害者，必曰有危堕之忧"。

　　宋朝文学家、政治家王安石被称为"十一世纪伟大改革家"，而同时代的史学家、政治家欧阳修后来成为坚决反对王安石变法某些举措的所谓"保守派"，此二人（均在八大家之列）截然不同的政治主张，却是来自同样的忧。王安石改革是在宋神宗时期，但他改革的想法和主张却早在宋仁宗时期就形成了，他在《上仁宗皇帝言事书》解释为什么要变法："顾内则不能无以社稷为忧，外则不能无惧于夷狄，天下之财力日以困穷，而风俗日以衰坏。"宋仁宗没有采纳他致力"天下大治"的变法主张，直到若干年后的宋神宗，才形成了锐意改革的君臣配。欧阳修则从历史中寻找治乱的钥匙，他研究了后唐庄宗李存勖得天下而后失天下兴勃亡忽的历史教训，提出了"忧劳可以兴国，逸豫可以亡身"的政治结论，并上升为"自然之理也"的政治规律。王安石的"第一政敌"司马光对忧有着同样的共情，他所著的千古名著《资治通鉴》本质上是一部讲忧患的巨著，还在《上体要疏》中希望"陛下苟能精选晓知钱谷、忧公忘私之人……何患财利之不丰哉"！直接传承了《三国志》"忧公忘私者必不然"。

　　苏洵、苏轼、苏辙"一门三进士"，被一并尊称为"三苏"，在唐宋八大家揽占三席，写就中国历史上的一段文化传奇。"三苏"共同者多矣，特别突出的是都有强烈的忧患意识和忧国忧民的家国情怀，都是历史研究的爱好者。苏轼认为"回首人间忧患长"，写下《留侯论》、《贾谊论》、《晁错论》，发出了"天下之患，最不可为者，名为治平无事，而其实有不测之忧"的著名论断。苏辙有《六国论》，研究了战国时期"韩魏之忧"，对宋朝的国策提出建议。他们的父亲苏洵，则写下了《管仲论》，阐发了"贤者不悲其身之死，而忧其国之衰”的立论。忧国忧民，是苏家的家风。

宋代乃至中国历史上把忧定义为君子士大夫内在本质性特征、把忧文化阐述得淋漓尽致的当属政治家、军事家、文学家范仲淹。凭借对江景、湖景、楼景的想象而写的《岳阳楼记》，全文只有437个字，"忧"字就有7处，文章除了塑造了"去国怀乡，忧谗畏讥"的萧萧意境，最重要的是在天下这个大视野中把物与己、喜与悲、江湖与庙堂、君与民、进与退、先与后、古与今、忧与乐八组矛盾组合在一起，探求古仁人之心：不以物喜，不以己悲，居庙堂之高则忧其民，处江湖之远则忧其君。是进亦忧，退亦忧。然则何时而乐耶？其必曰"先天下之忧而忧，后天下之乐而乐"乎！范仲淹以极其简洁明快、通俗易懂的语言，彻底解答了孔子以来"君子忧还是不忧、忧与乐的关系是什么、仁人的标准是什么"三个重大问题。《岳阳楼记》是以成为千古绝唱、范仲淹是以称为君子仁人的不二化身。当时的京城因此而有"朝廷无忧有范君，京师无事有希文"的歌谣。洞庭湖畔岳阳楼，因此而稳居四大名楼之首，镌刻其上的名联"四面河山归眼底，万家忧乐到心头"，尽管作者是谁已不得而知，但因为精确提炼了《岳阳楼记》之精华而流传千古。范仲淹之后的南宋诗人王十朋，发现了范仲淹之忧与孟子之忧的内在一脉，又想给二人的忧思深重当个裁判分个高低轻重，就写下了《读岳阳楼记》："先忧后乐范文正，此志此言高孟轲。暇日登临固宜乐，其如天下有忧何。"在他看来，主张"先天下之忧而忧，后天下之乐而乐"的范仲淹，他的志向和语言比主张"乐民之乐者，民亦乐其乐；忧民之忧者，民亦忧其忧"的孟子更高。

晚清以降，帝国迷梦被洋人炮火击碎，国家向何处去再度成为朝野人人最为揪心的话题。"洋务运动三杰"曾国藩、李鸿章、左宗棠，维新变法领袖康有为、梁启超，资产阶级革命领袖孙中山，都在文章中表达了深深的忧患之意。

《曾国藩家书》是和曾国藩的事功同等不朽的，在家书《致诸弟》中，曾国藩上接范仲淹的仁人之心，提出了自己的"君子之忧"观，阐述了"六当忧"："君子之立志也，有民胞物与之量，有内圣外王之业，而后不忝于父母之所生，不愧为天地之完人。故其为忧也，以不如舜不如周公为忧也，以德不修学不讲为忧也，是故顽民梗化则忧之，蛮夷猾夏则忧之，小人在位贤人否闭则忧之，匹夫匹妇不被己泽则忧之。所谓悲天命而悯人穷，此君子之所忧也。"

李鸿章第一个清醒地认识到并精辟地指出了中国面临"数千年来未有之变局"、"数千年来未有之强敌"。他认为必须大办洋务，以求富国强兵，否则，"以中国之大，而无自强自立之时，非惟可忧，抑亦可耻。"他还首先认识到了日本将会成为中国巨大的战略敌人，1885年朝鲜发生了甲申事变，李鸿章与伊藤博文在天津签订条约之后，致书总理衙门，其中有这样两句话，"大约十年内外，日本富强，必有可观。此中土之远患，而非目前之近忧，尚望当轴诸公及早留意。"1901年11月，经过艰苦谈判签署《辛丑条约》处理完八国联军侵华善后事宜后，李鸿章在屈辱和病痛中去世，弥留之际他不仅留下绝命诗，"劳劳车马未离鞍，临事方知一死难。三百年来伤国步，八千里外吊民残。秋风宝剑孤臣泪，落日旌旗大将坛。海外尘氛犹未息，请君莫作等闲看"，还留下遗折，希望慈禧太后、光绪皇帝新政自强："窃念多难兴邦，殷忧启圣。伏读迭次谕旨，举行新政，力图自强。"

以在局面极不利于我的情况下毅然收复新疆而彪炳史册的左宗棠，虽然大器晚成，却是少小聪慧，早年就写下旷世名句"身无半亩，心忧天下；读破万卷，神交古人"，名动一时。这副对联，后来被毛泽东改为"身无分文，心忧天下"以自勉。

甲午战争的失败显示了洋务运动的局限性，中国必须维新变法，"康梁"率先擎起变法大旗，并与光绪皇帝一起实施了"百日维新"。康有为《上清帝第五书》指出内忧外患加剧，必须变法维新，"自台事后（即割让台湾）天下皆知朝廷之不可待……即无强邻之逼，揭竿斩木，已可忧危！"梁启超在《最苦与最乐》文中，以孟子之言的新解释鼓励要为国家负起责任：然则为什么孟子又说"君子有终身之忧"呢？因为越是圣贤、豪杰，他负的责任便越是重大；而且他常要把种种责任来揽在身上，肩头的担子，从没有放下的时节。前述《赠梁任父同年》诗，就是1896年黄遵宪邀请梁启超到上海办《时务报》时写给梁的一首诗，表达了作者为国献身，变法图存的坚强决心和对梁启超的热切希望。通过公车上书崭露头角的梁启超接受了邀请出任主笔，为《时务报》撰写的政论，痛陈爱国救亡、呼吁变法维新，言论新颖，在爱国知识分子和一部分开明官僚中引起强烈反响，"士大夫爱其语言笔札之妙，争礼下之。自通都大邑，下到僻壤穷陬，无不知有新会梁氏者"。维新派以《时务报》为平台鼓与呼，为变法维新做了非常重要的思想舆论准备。

民主革命先行者孙中山先生，1899 年 12 月 22 日反复察看当时的中华地图，然后写下了："感慨风云，悲愤时局，忧山河之破碎，惧种族之沦亡。"孙中山先生不仅有大爱大忧，还有凡人之情，他曾在一幅与宋庆龄合照中题词，"诚挚无间共忧乐，笃爱有缘共死生。"

忧还在词语之中。汉语之美，很重要的一条是得益于它拥有海量的词语和成语。就表达情感和品格的词语、成语而言，如果统计某一个字的出现率，不完全统计，带忧的词语、成语有二百多个，数量之多怕是排在前列的。

这些含忧的词语，描述了上百种忧情忧态，它们每一个都有出处，背后都有一段故事、一个典故，透过这些词语而会意，一个个忧者形象惟妙惟肖、栩栩如生。它们淋漓尽致地展示了古人面对一切不快乐、不确定、不安，坦荡地敢爱敢忧的丰富情感，大大丰富了中国人的精神世界。

众生万象，忧者万人，忧续千载，忧有百态。

只要你接近古人，不管以哪一种方式，你都会感受到这浩浩荡荡、横无际涯的滔滔之忧。滔滔之忧，所忧者何？他们忧国忧民、忧天忧道、忧变忧乱、忧时忧事、忧心忧情、忧身忧己、忧得忧失，几乎无所不忧。

忧从何来

根据《说文解字》，忧的繁体字"憂"，形声字，从夊，声惪（yōu），"夊"是缓缓行走的样子，"惪"是个会意字，从心，从页，"页"本像人首脸面之形，此字从心中忧愁反映在脸面上会意（古人以为心是主管思想的器官）。"忧"本意是愁闷、发愁，又由忧愁引申指使人忧愁之事。

但掩读这滔滔之忧，没有多少人会感受到悲戚愁苦而有"儿女共沾巾"之状，大多都会感受到一种迎忧而上的慷慨激昂，中华忧文化并不是愁文化、苦文化。

为什么会出现这种反差？就得从国人为什么会有这么多、这么深的忧去探求了。国人之忧是因何而发，从何而来呢？

深沉的忧以天下的爱国主义

中国人的精神世界、思想观念里，爱国主义、集体主义是最为突出的底色。这种精神、这种观念与人类基本情感"忧"相结合而诞生的忧文化里，就形成了先忧者国、唯国是忧的忧国精神。历朝历代许多仁人志士都具有强烈的忧国思想，以国事为己任，前仆后继临难不屈，这种可贵的精神使中华民族历经劫难而不衰。

"忧"字与国的结合，目前能够找到的最早出处，就是《战国策·齐策》的《王斗讽齐王好士》，策士王斗讥讽齐宣公不能选贤用能，齐宣公委屈地说："当今之世无士，寡人何好？"并声明"寡人忧国爱民，固愿得士以治之"。在王斗的启发下，齐宣王终于认识到了自己的错误，举士五人任官，齐国大治。从此开始，"国"就成为忧最为常见的组合，祭遵（汉光武帝大臣）的"忧国奉公"、曹植的"甘心赴国忧"与"忧国忘家"、徐邈的"忧国忘私"、陆逊的"忧国亡身"、王湛的"惟忧国家之事"、房玄龄的"益深忧国"、李白的"常为大国忧"、杜甫的"向来忧国泪"、韩愈的"忧国如家"、刘禹锡的"忧国不谋身"、吕温的"不知忧国是何人"、张为的"一生常为国家忧"、范仲淹的"分国忧于千里"、苏洵的"忧其国之衰"、林逋的"忧国者不顾其身,爱民者不罔其上"、陆游的"位卑未敢忘忧国"与"不以一身祸福,易其忧国之心"、戴复古的"欲吐草茅忧国志"、楼钥的"一身忧国心"、元睿宗拖雷的"忧国爱民之心"、朱元璋的"以一国为忧"、于谦的"忧国忘身"、顺治帝的"忧国忧民事转繁"……与忧国意义完全相同的还有孟子的"忧以天下"、王安石的"以社稷为忧"、朱元璋的"以天下为忧"、左宗棠的"心忧天下"、孙中山的"忧山河之破碎"……

　　真正的爱国者必然是忧国者。上下五千年的一部中国史,国家之统一分裂、兴盛衰亡、生民安乱、战争和平,是最为重大的主题。自古以来的中国人,就把个人、人民的命运与国家命运紧紧结合在一起,信奉大河有水小河满,懂得"覆巢之下,安有完卵"的道理,不管位高位低,毅然把国家命运扛在自己肩上。他们唯国是忧,家国情怀自然而生、自然而长、自然而流露,于是诗词文章就成为流露这份情怀的载体。忧国者又往往以一种批评者、建议者的面貌让人印象深刻,因为他们总是洞察隐患、预报风险、反对享乐、警惕外患,一开口、一下笔就把内心的忧虑无法掩饰地流露出来,哪怕它们听起来并不舒服,哪怕它们会给自己带来伤害。《菜根谭》有一副对联因此告诫"士大夫忧国为民,当有其心,不当有其语,有其语则毁来",此联作者似乎有些精致利己主义,显然不知道真正士大夫的家国情怀,是把个人毁誉置之度外的。

深厚的悲天悯人的民本主义

"所谓悲天命而悯人穷,此君子之所忧也",曾国藩一语中的。民本主义、人道主义是中国人精神世界的另一道精神底色。我国古代政治思想虽然没有达到人民是国家的主人这种高度,但老百姓的事、万家之忧乐,都被放在了心头,爱民、尊民、重民、安民、富民、教民是评价朝廷是不是好朝廷、皇帝是不是好皇帝、官吏是不是好官吏的最高标准。在"国以民为本"思想的指引下,人民之富足贫困、团圆分离、太平荒乱,是仅次于改朝换代的国之大者。具有现代政治思想的明末清初思想家黄宗羲,甚至在《日知录·原臣》中认为:"天下之治乱,不在一姓之兴亡,而在万民之忧乐"。

真正的忧国者必定是忧民者,真正的爱民者也必然是忧民者。把"忧"字与民最早组合在一起的,大概是孟子的"忧民之忧者,民亦忧其忧"、"圣人之忧民如此",但在远古时期,尧舜就做出了忧民的榜样,"当尧之时,天下犹未平;洪水横流,泛滥于天下;草木畅茂,禽兽繁殖,五谷不登;禽兽逼人,兽蹄鸟迹之道,交于中国。尧独忧之,举舜而敷治焉"。后来,李世民"忧怜百姓"而提出"天地之大,黎元为本",范仲淹"居庙堂之高则忧其民",朱元璋"晚年忧民益切",都是这一传统的践行者,连齐宣公自称的"忧国爱民",后来也演变成了"忧国忧民",爱民者始终是"万家忧乐在心头"。

屈原有民生之多艰的哀忧,正是因为历史上的老百姓极不容易。早在生产力水平还非常低下的西汉时期,国家人口就达到了六七千万,此后长期保持在较高水准上,为吃得饱、穿得暖而奋斗是多数历史时期的紧要任务，丰年有饭吃有衣穿、歉年不饿死不冻死，就算不坏的日子了。所以他们的命运始终是当政者、士大夫的牵挂。老百姓又是最有力量的，唐太宗总结的民可载舟亦可覆舟的道理被传讲了上千年，如何让老百姓安于现状，该种地时种地，该纳税时纳税，该从军时从军，该赶考时赶考，人民和国家结成命运共同体，稳稳地成为国家的稳定力量，稳稳地载着国家大船上的人一起前行，就是政之要者。民艰若此，民重若此，忧民之心遂若此。

强烈的居安思危的忧患意识

辩证思维是一种高超的中国智慧，《易经》以运动的视角洞察万象，强调变是天地至理，构建起了中国人思考问题、处理问题的非静态思维，通过现象与本质，洞察正与反、大与小、远与近、本与末的本质一致性，明晓明天（包括天气、环境、条件等）一定不会与今天一模一样。有什么不一样？可能会变好，更可能会变差、变坏，于是就有了忧患。中国虽然有幸居于地球上最适合人类的地方之一，也是世界上自然灾害最为严重的国家之一，灾害种类多、分布地域广、发生频率高、造成损失重，这是一个基本国情。而历史上因为基础设施差、财富积累少、社会保障缺，一遇大的灾害就会后果非常严重。中国又是史书国度，历史记载厚重绵长，其中不断出现、反复出现的大灾大害引发人们的担忧，知道灾害还会在某个时候降临。大一统国家带来了和平红利，但熟谙历史的中国人又最明白"分久必合，合久必分"的规律，深知一个个治理的漏洞短板就可能引发大江溃于蚁穴的国之崩塌。

居安之时，正当享受，这是一般人的正常思维，但在忧患意识下，仁人志士透过历史规律，看到的往往是"安"并没有那么美好，它正在孕育危险因素，如果不及时处置，它们就会变成更大的隐患酿成危机，把巨轮给沉没，正如前述苏轼在《晁错论》中提出的治国一大陷阱，"名为治平无事，而其实有不测之忧"。忧患是对自然和规律的敬畏。所以国人从来不敢懈怠和耽于一时之安乐，忧患意识成为长在骨子里的本质特征，"人无远虑，必有近忧"、"生于忧患，死于安乐"、"夫忧所以为昌也，而喜所以为亡也"、"无事则深忧，有事则不惧"、"巧者劳智者忧"、"殷忧启圣"、"忧而不困"说的都是这个意思。让我们看看《论语正义》对"人无远虑，必有近忧"的引解：虑之不远，其忧即至，故曰近忧。

国人又深谙量变、质变的内在逻辑，善于从苗头看发展忧结局，常常在事情之始、之初、之微的当口就发出警报，由慎始、慎初、慎微而引发始忧、初忧、微忧。一片安好之中的天际有一片乌云，仁人志士往往就会凭借对规律的把握和超凡的学识预见它造成的后果。不妨再回顾一下典籍记载的商纣王和蔡桓公的教训。纣王开始用象牙做筷子，此事使得被孔子赞誉为"三仁"的箕子、比干、微子严重忧虑，比干"吾畏其卒，故怖其始"，箕子叹曰："彼为象箸，必为玉杯；为玉杯，则必思远方珍怪之物而御之矣。舆马宫室之渐，自此始不可振也。"（《韩非子·喻老第二十一》）扁鹊第一次见蔡桓公，警告"君有疾在腠理，不治将恐深"。此后几次见面，扁鹊一次次发出病在肌肤、在肠胃的警告，蔡桓公不以为然，直到"体痛"之时才要治疗，结果"病在骨髓，司命之所属，无奈何也"，"桓侯遂死"。

魏源的名句"于安思危，于治忧乱"，就是对前人忧患意识、危机意识的总结继承。"于安思危，于治忧乱"在前人典籍文章中反复出现，诸如《逸周书·程典》"于安思危，于始思终"、《战国策·楚策四》"臣闻之《春秋》，于安思危，危则虑安"、《吕氏春秋·慎大》"贤主于安思危，于达思穷，于得思丧"、东汉陈琳《檄吴将校部曲文》"是以大雅君子于安思危，以远咎悔"等。对一个国家而言，对人民的根本利益而言，最大的"危"是政治之乱、国家之乱，清代魏源正是看到了"不乱离，不知太平之难"这一点，才在《默觚·学篇七》进一步提出了"故君子于安思危，于治忧乱"，强调处在平安的环境里应思虑到危难和风险，在稳定的时候要考虑到可能发生的动乱。

科学的未雨绸缪的备险意识

忧是一种秉性与气质，但不是为忧而忧，不是因此而"长戚戚"，不必整天"忧心忡忡、忧心悄悄、忧心如焚、忧心如捣、忧形于色、忧愤成疾"，而是"殷忧启圣、殷忧启明"，通过忧思变得更加聪明，进而"宵旰忧劳、宵旰忧勤"，消除缓解"无妄之忧、不测之忧、内顾之忧、后顾之忧、内忧外患"，如果能够再进而"转忧为喜"，就是天下大治了。成为一艘大船上的观测镜，发现风险及时避开，这恰恰就是中华忧文化精魂之所在。

刘向在《说苑》中提出，"先忧事者后乐，先傲事者后忧"，就深刻阐明了忧与乐的辩证关系。左丘明《左传·襄公十一年》"《书》曰'居安思危'，思则有备，有备无患"留下了成语"有备无患"。《左传》记载的典故大意是，春秋时期，郑国遭到宋、齐、晋、卫等十二个诸侯国联合围攻，郑国请晋国做中间人进行说和，当时晋国强大，十二个诸侯国不想得罪它，决定退兵。为了感谢晋国，郑国国君就派人献给晋国许多美女与贵重的珠宝作为礼物，晋悼公论功行赏，把礼物的半数分赠给魏绛。没想到魏绛一口谢绝了赠礼，并劝晋悼公说："《书》曰'居安思危'，思则有备，有备无患。"意思是说，如今晋国虽然很强大昌盛，但是我们绝对不能因此而大意，因为人在安全的时候，一定要想到未来可能会发生的危险，这样才会先做准备，以避免失败和灾祸的发生。晋悼公认为他言之有理，采纳了他的建议。

未雨绸缪，忧以备患，说的是两重意思：一重是知险避险，提前采取措施消除隐患，杜绝危险，或者是迎难而上排忧解难；一重是面对不可阻挡的风险尽量推迟延缓以求更周全的准备，或者通过有效的准备措施最大地降低减小风险的危害。前者是让"黑天鹅"不降临，后者是让"灰犀牛"的破坏性可控。前者如"尧独忧之，举舜而敷治焉"、曹植的"甘心赴国忧"，王安石"以社稷为忧"而变法、林则徐忧虑烟土之害而"苟利国家生死以，岂因祸福避趋之"决绝禁烟、康梁痛感"已可忧危"而百日维新，更接近于后者。

鲜明的探求自然的科学精神

道统万世，道是人类生活、生产的软科学，所以人类进入文明时代就始终忧道，"君子忧道不忧贫"，孔夫子如此，千年来的士大夫亦如此。道法自然，古人对道的探求遂扩大到大自然。

　　天生万物，天是人类生存、生活的硬环境，所以人类从儿童时期就开始忧天，杞人忧天的故事流传数千载。流传所致，甚至产生了新的意思，似乎这是忧无谓之忧，属于庸人自扰。其实，这位忧天的杞人和那位"忧其忧"的友人，一个算得上哲学家，一个算得上科学家。杞人"忧天地崩坠，身亡所寄，废寝食者"，思考的是终极问题，听听他的友人怎么解释天与地，"天，积气耳，无处无气。若屈伸呼吸，终日在天中行止，奈何忧崩坠乎？""地，积块耳，充塞四虚，无处无块。若踏步跳蹈？终日在地上行止，奈何忧其坏？"在绝大多数人用乱力鬼神解释自然现象的远古时期，两位杞人已经用朴素的唯物主义"研究"大自然了，一个忧虑被解开，一个思考的成果得到了别人的认同，于是二人均"舍然大喜"。

　　屈原的《天问》全诗三百七十多句一千五百多字，一共提出了一百六七十个问题，包括天文方面三十问、地理方面四十二问、历史方面多达九十五问，可谓包罗万象。天文地理方面关于自然界的发问，围绕天体运行演变、宇宙阴阳变化、日月星辰运动、地球日月关系数个自然现象，向天发问的屈原，是诗人，也是一位仰望星空的大自然探索者。我们相信，发问的是屈原，但《天问》不止表现了作者对宇宙的探索精神，更记录了同时代人的宇宙观、认识论。

　　这种科学探索精神，表现为至今广为流传的一个个生动故事。因为对太阳这个天地万物主宰大小远近的好奇与思考，两小儿辩日竟把孔夫子问得哑口无言；因为不愿遭受旱灾的荼毒，而有了"后羿射日"；因为不肯接受洪灾的肆虐，而有了"女娲补天"；

因为消遣漫漫长夜的冷寒，而有了"夸父追日"；因为要为被淹死的亲人报仇，而有了"精卫填海"；因为不甘被家门口的大山带来的不便，而有了"愚公移山"……不把"天"以及巨大威力的大自然当成"老天爷"畏惧惶恐、顶礼膜拜，而是坚信人类自己虽然弱小但恒久的力量，相信人定胜天，"愚"而"忧"的中华民族实在是一个了不起的民族。

普遍的自我批判的进取精神

治国平天下，是历代儒家的最高理想、最大志愿。传统中国是以君王为中心的社会，所有的才华只有"售与帝王家"才能实现自己的抱负，仁人志士的最终追求就是"了却君王天下事，赢得生前身后名"。那么，没有忠良之士的完美人格，没有在朝佐君、在外佑民的高超本领，一切都是空谈，所以儒家讲求的是修身为先，身不修，则德不立、功不成、言不传。于是，君子就有了"终身之忧"：忧己身之不修、德之不彰、才不为用、名之不存。要克服"终身之忧"，就得"终身"修身，就得韦编三绝，就得"日三省吾身"。孜孜于更加优秀，永远进取遂成为一种普遍精神。

《论语》记载的孔子论忧，其中有四次就是忧虑自己不够优秀。我们再听听他的"自我批评"："君子道者三，我无能焉。仁者不忧，知者不惑，勇者不惧。"孔子批评自己"无能"，指的是自己不是仁者，所以有忧；不是智者，所以有困惑；不是勇者，所以有恐惧。他提出君子忧道不忧贫，是说君子不必担忧贫困及身，而要担忧道不入心，所以"德之不修，学之不讲，闻义不能徙，不善不能改，是吾忧也"。如何才能更加优秀？孔子给出的修身之道就是"内省不疚"。

　　这种永远追求优秀完美的进取精神，被范仲淹继承，于是有了这样一段佳话：庆历六年（1046年），邓州新科状元贾黯回邓省亲，专程进谒范仲淹，请教治世立身之策。范仲淹对他说："君不忧不显，惟'不欺'二字，可终身行之。"贾黯终身践行，官至御史中丞。他遇事敢言，无所顾避，一生为官清正廉洁，无疑得益于范仲淹的"不欺"精神。它被曾国藩继承，则留下另一段佳话：六弟小试失利，就发牢骚，埋怨自己的命运不佳，于是曾国藩亲自撰书《致诸弟》，指出六弟志向和心中忧虑太小，谆谆教诲要"不忝于父母之所生，不愧为天地之完人。故其为忧也，以不如舜不如周公为忧也，以德不修学不讲为忧也"。

　　由己推人，儒家不仅要自己尽可能完美，还要以道统提升天下人，有一个"天下尽舜尧"的美好理想。《孟子》里说，"饱食暖衣，逸居而无教，则近于禽兽；圣人有忧之"，怎么办？"使契为司徒，教以人伦：父子有亲，君臣有义，夫妇有别，长幼有序，朋友有信。"只有天下人都接受和践行了儒家的价值观，才觉得是达到了礼仪之邦、美好社会。

目 录

上 篇
·················

中　篇

下　篇

上 篇

明于忧患与故

——《周易》之忧与先秦古人的卓越智慧

　　作为中华文化最古老的典籍之一、中国传统文化的代表作之一、中国古代最重要的哲学著作之一，《周易》被誉为"群经之首、大道之源"、"经典中之经典，哲学中之哲学，智慧中之智慧"，在中华文明形成和发展过程中地位特别而且重要。《周易》还是世界级的思想巨著、文化名著，对世界思想发展产生了重大影响。

　　《周易》也是表达忧患意识的大经，是中华民族忧患意识的源头。尽管《周易》的直接含"忧"量并不高，总计只有 14 处"忧"字，但它在阐释天地万物变化的规律和智慧中，通篇渗透着深沉、强烈的忧患意识，告诫人们必须在天地万物变化中清醒地保持忧患意识。就连"忧患"这个词，也是最早见之于《周易》之中，来自孔子发出的感叹："作《易》者，其有忧患乎？"

饱经忧患的"三圣"即便不是《易经》的作者也是关键的发扬光大者

　　一般认为，《周易》为伏羲、文王和孔子所作，他们分别处于前古代的远古、上古、下古时代，所以关于《周易》作者一直以来就有"人更三圣，世历三古"之说。班固所著《汉书·艺文志》，对《周易》的创作进行了简要总结，他在引述《史记》关于伏羲"始作八卦"的事迹之后，又介绍了文王、孔子的作用，"至于殷、周之际，纣在上位，逆天暴物，文王以诸侯顺命而行道，天人之占可得而效。于是重《易》六爻，作上、下篇。孔氏为之《彖》、《象》、《系辞》、《文言》之属十篇。"最后得出结论，"故曰《易》道深矣，人更三圣，世历三古。"这个说法自诞生以来就不断受到质疑，但其权威性一直没有被根本动摇。

在中华传统文化特别是儒家文化中，伏羲、文王、孔子都被尊为圣人，地位至高无上，一方面在于他们为《易经》问世发挥了关键作用，从源头上养育了中华文化；另一方面，他们都饱经忧患而又心怀天下、不折不挠，各自做出了一系列重大贡献，树立了君子的光辉典范。

伏羲是古代传说中的中华民族人文始祖，是中国古籍中记载的最早的王，所处时代约为结绳钻木、穴居野处的旧石器时代中晚期。远古时代，人们对大自然所知甚少，对昼夜冬夏、阴晴圆缺、生老病死等重大自然现象都不知道是怎么回事，人们为此每天忧心忡忡地过日子。伏羲是部落首领，在人与自然的尖锐矛盾中，他感受到万物生存之严峻忧患，反复揣摩日月经天、斗转星移，大地寒暑、花开花落的变化规律，并注意观察生活中的一些事物，寻找它们之间的联系。终于有一天，他从被烧裂的龟甲图案里，读出了一些预兆性的含义，并据此画出了象征自然界的八种基本物质天、地、雷、风、水、火、山、泽的八种不同图案，即八卦图（"仰则观象于天，俯则观法于地，观鸟兽之文，与地之宜，近取诸身，远取诸物，于是始作八卦，以通神明之德，以类万物之情"）。进而伏羲氏又将八卦重叠成六十四卦，用于解释事务。伏羲的威信和他根据龟甲图案的解读的准确性，使得人们普遍接受了八卦图和六十四卦，并用于生产和生活。伏羲的卦画被称作"先天自然之《易》"。

周文王是商朝属国周国的国君，对内选贤用能，尊老爱幼，把周国治理的井井有条；对上忠心耿耿，热心王事，对商朝全心全意辅佐纣王，所以他一直是儒家帝王的典范。但纣王逆天暴物，屠戮忠良，天下无道，又不甘心商朝灭亡，就把深得民心的周文王囚在了羑里。周文王心忧天下之人，也想把治国智慧传授给周国后来的国君，更想研究明白自己怎样才能避免被杀身亡国，于是推演六十四卦，撰写《周易》卦爻辞，"危者使平，易者使倾。其道甚大，百物不废。惧以终始，其要无咎，此之谓《易》之道也。"正因为有忧患，《周易》六十四卦多设"危辞"以示诫，使人们始终警惧，善保"无咎"。这就是《史记》记载的"盖文王拘而演《周易》"。周文王的忧患，较之伏羲增添了对政治社会与人生兴衰起伏的种种感悟色彩，侧重启示排忧解患、趋吉避凶的变化规律，于是文王所撰卦爻辞被称为"后天变化之《易》"。

孔子作《易传》（《文言》，《象传》上、下，《彖传》上、下，《系辞传》上、下，《说卦传》，《序卦传》，《杂卦传》，共七种十篇，称之为《十翼》），以之阐发自己对《周易》精神的解读，为"我注《易经》"。"天下何思何虑？"孔子特别强调了其中的忧患意识。孔子生当世道衰微、礼崩乐坏、人心不古的春秋乱世，对衰落不振的社会从上层到下层都有深刻的体验与认识，他的忧患意识，与伏羲、文王相比较则又增添了关于人类社会伦理道德思想的全面品评，把《周易》六十四卦的精义衍扩到"君子"与"小人"的范畴，于是人们称孔子的《易传》为"哲学义理之《易》"。孔子并没有被忧患压倒，而是表现出了难得的乐观主义，在《象传》篇提出"天行健，君子以自强不息；地势坤，君子以厚德载物"的人生态度，坚信"君子道长，小人道忧也"（《杂卦传》）。

孔子三十二代孙、唐初经学家孔颖达的《周易正义》，就把"三圣"因忧患而创作《周易》解说得更明白了，"若无忧患，何思何虑？不须营作。今既作《易》，故知有忧患也。身既忧患，须垂法以示于后，以防忧患之事，故系以文辞，明其失得与吉凶也。"从伏羲、文王到孔子，这三位被推崇为《周易》作者的大圣人，无不在忧患中思索，在忧患中进取。

即使《周易》是先人的集体智慧的结晶，不是包括"三圣"在内哪一个人的具体成果，那么，究其根本，正是人类来到这个星球后伴随的无数忧患，引发了"三圣"等远古圣贤的哲学思考，才促成了《周易》及其所代表的忧文化的诞生、忧患意识的起源。

忧患意识是《易经》最鲜明、最本质的特征

中国人和全世界思想界都赞同《周易》是一部强调忧患并解决危机的智慧之书。《周易》阐发的居安思危、物极必反、泰极否来、防微杜渐、趋吉避凶的哲学辩证思想，强调的"是故君子安而不忘危，存而不忘亡，治而不忘乱，是以身安而国家可保也"的"三不忘"主张，使得它的光辉超越时空，与它研究对象"易（变化）"的永恒性一样成为永恒，构成了中华民族和中国文化的基本精神之一。

众所周知，《周易》的首卦是乾卦，其所昭示的含义是阳气充盈，蒸蒸日上，以龙为比方，就像从潜龙在渊到见龙在田到飞龙在天，充满了向上的力量，获得了最高的成功。到了这个时候会怎么样？乾卦作为首卦却是以此现象来说明物极必反的道理。乾卦上九爻辞表示会"亢龙有悔"，《象传》对其的解释是"盈不可久也"，满盈的状态不可持久。当龙飞到了最高亢之极点，再没有了向上飞的空间，这时随时有掉下来的危险，掉下来就会有悔恨。乾卦强调的就是最得意、最成功的时候恰恰要忧患，否则更容易失败。

乾卦还给我们创造了表达忧患意识的常用成语"夕惕若厉"。"夕惕若厉"的意思是终日戒惧谨慎，如处忧危之地，不敢稍加懈怠，它出自乾卦中九三爻辞"君子终日乾乾，夕惕若，厉，无咎"。君子不仅要工作中自强不息，认真做事，而且一天到晚都需要保持警惕，好像危险随时会发生一样，这样才会在危险到来的时候不导致灾祸。

当一个人志得意满时，往往会被告诫"泰极否来"；而当一个人迭遭困厄快要被压垮的时候，往往会被激励"否极泰来"，咬咬牙挺住，坏运气到了极点时好运气就要来了。这个成语和道理就来自《周易》。就《周易》六十四卦整体而言，忧患之思的最明确表达，是在泰、否两卦的排列次序上：泰卦位列第十一，否卦紧随其后位列第十二，所以叫作"泰极否来"。这个成语是从顺序上、形式上总结出来的，所反映的根本却是这两卦排列顺序所代表的深刻含义，以及其中的逻辑关系。泰卦的组成是"地天泰"，它是由坤卦和乾卦相叠组成，是天地交泰、阴阳相合之象，是化生万物而主"吉亨"的吉卦。泰卦六爻到了上六极点之后，却朝相反的方向反转，天地阴阳倒转，变成了"天地否"的否卦，即天地不交不通，由安泰到混乱，由通畅到闭塞，小人势长，君子势消的黑暗时期。

泰卦本象征着国泰民安，这是人们的普遍向往，每个人都希望保住这样的局面，防止它转化变成否卦，所以泰卦重点讲的是"保泰之难"。"无平不陂，无往不复"，过泰容易导致奢靡滋生腐败，带来亡国之忧（"城复于隍"，就是堆砌城墙的土塌了，又填回沟里，预示着墙塌国亡），要想保住国泰民安，就必须时时处处夕惕若厉，否则就会物极必反。《周易》中先《泰》后《否》，《泰》、《否》相连所蕴藏的忧患意识，昭示了"泰极否来"的自然规律。

类似的情形还有既济卦和未济卦的排序，也是既济卦在前，未济卦在后，与人们一般意义上认识的从未济到既济的发展态势正好相反，它警示如果在既济的状态下不能"终日戒"，就会反退到未济的状态。

易者变也，永远的变化带来不可确定性和未来风险，这是绝对的天道规律，不可确定性和未来风险是必然的，不以人们的好恶为转移，但只要在关键节点做对了，变化的方向是可以改变和引导的。这就给了人们避凶趋吉、化害为利的机会。而这需要一定的条件和艰苦的努力，需要有对未来风险的敏感觉察、预判能力和承受心理，也就是忧患意识。永远的变必然需要永远的忧患意识，这就是《周易》内在的逻辑。《周易》告诉我们，只有有了忧患意识，才能远虑防患、有备无患、化险为夷，持泰保安，所以忧患意识是大则治国平天下，小则修身齐家的必备素质。所以，《系辞传》精辟地阐明了《周易》的基本要义："明于忧患与故。"

同时，因为变会带来风险，中华文化中也就有了对于变的畏惧，对于秩序、安定、大一统的追求，对于战争的反对，浸透于意识形态之中，这又造成了中华民族发展进程的相对静止和缓慢向前。可谓一则一利，一则一弊。

《周易》中"忧"字的表述与解析

《周易》中共计有14处"忧"字，其中《易经》部分有两处，分别见于第19卦"临卦"和第55卦"丰卦"；《易传》部分有12处，分别见于《系辞传》、《文言传》、《象传》、《系辞传》、《说卦传》、《杂卦传》部分。《系辞传》作为《周易》的总序言，用于阐明其精髓或者要旨，其中的"忧"字最多，达到6处，占比接近一半。

"临卦"是《易经》19卦，临者，以上临下、临民而导的意思，所以"临卦"是讲统治治理道理和方法的卦。卦辞《临》：元，亨，利，贞。至于八月有凶"。先讲"临"是"元，亨，利，贞"的大好局面，紧接着又说"八月有凶"，对大好局面后面的隐患作了警示。看得出，这是充满忧患意识的卦象。爻是对卦象的具体解读，临卦六三爻"甘临，无攸利。既忧之，无咎"更精确提出了"忧"字。但在六三爻的理解上，存在很多版本，主要是对"甘"的理解有分歧。主要有两种说法，一种是甘者，甜也，用甜言蜜语临下，就是凭借夸张的、华而不实的大话虚话进行领导；一种说法是甘者，通假字通"钳"，钳制的意思，用强行钳制的政策来进行领导。不管是甜言蜜语临下或者钳制政策临下，哪一种临民方法，都不会带来相关的好处后果；但只要心有忧虑忧惧，早日改正过来，就没有害处了。怎么改？这个卦肯定了"咸临"、"知临"、"敦临"，就是只要诚恳、智慧、敦厚地临下，就会达到各种"吉"的效果。

"丰卦"是第55卦，在"归卦"之后，"归卦"与"丰卦"有前后因果的内在关系，表示的是四方来归后就是"丰"，即盛大的局面，这样的局面自然是亨通顺利，所以"丰卦"的卦辞是"丰卦：亨，王假之；勿忧，宜日中"。这个卦辞的含义是，局势亨通顺利，君王要善于利用有利形势大展宏图；只要能够保持太阳位居中天、光芒万丈的这种盛大的状态，就没有可担忧的。有的人把"勿忧，宜日中"理解为"不要忧虑，宜于在正是日当中天的时候"，这种理解仅读出了文字表面的意思，而没有把握住它的含义。日照中天是盛大状态最为形象的比喻，但根据自然规律，日中则昃，太阳到了位居中天的时候就必然会向西慢慢下沉。太阳不可能总是位居中天而不西坠，但国家却可以永远保持如日中天的状态，只要政策得宜。所以，只要君王采取宜于保持如日中天状态的政策措施，就不用担忧发愁。只有把"宜日中"作为"勿忧"的前提，才能深刻地也是正确地领会"丰卦"的实质。它要表达的恰恰是对日中而昃规律的忧患，强调盛大之时既要乘势而为，又要防衰思危。也只有这样理解，才能领会《周易》的智慧和辩证、理性。

《周易》反复出现的吉、吝、厉、悔、咎、凶六种情形；是对吉凶程度的具体划分。吉是最圆满的结果，咎与凶分别指灾患、凶险，是最不想出现的结果，吝、厉、悔对应着艰难、凶险不定、烦恼的中间状态，也是决定最后发展结果是吉是凶的关键。《系辞（上）》中有两处"忧"字就是讲述在悔吝的中间状态该怎么办才能避免凶的结果，这两处分别是"悔吝者，忧虞之象也"、"忧悔吝者，存乎介"。它们的意思是，悔和吝这两种情形，是值得忧患的咎和凶结果的表象和征兆，是其必经阶段，只要在悔和吝的阶段就忧患而采取措施，就能避免事情最终发展到咎和凶；对悔和吝的准确判断，则在于对纤小细微之处的洞察，以悔吝为忧患的，从纤小细微之处看出向悔吝发展的苗头，在细微之处找到转向悔吝的要害，莫让小患成大灾。

孔子的精神世界里，有一种乐天知命、乐以忘忧的乐观主义，与他的忧患意识并存，前者是人生态度，后者是处世之道，二者并存而不悖，这一点在《论语》中清晰可见。《系辞》上"旁行而不流，乐天知命，则不忧"这句强调赞美《周易》的话，也再次体现了孔子忧与不忧精神和意识的和谐统一。天意不可知，谁能知道上天给自己安排的是什么样的命运呢？当《易经》的精髓被用偏并造成流弊，这时候不忧的前提已经改变了，那么它警示的就不是天命，就不能逆来顺受，就偏偏要忧，用努力和奋斗改命，就会成事在人。这一层的深意，结合《象传》中"咸临吉无不利，未顺命也"就更容易理解了。

《系辞》上有这样一段话，阴阳之道"显诸仁，藏诸用，鼓万物而不与圣人同忧，盛德大业至矣哉"，把圣人之忧与天地之道并列，强调了他们在"鼓万物"中不可或缺的重要作用，都是"盛德大业"，这是对圣人之忧的巨大肯定。天地以阴阳之道鼓动万物生长，"显诸仁，藏诸用"，是无心成化，是一视同仁，并没有对彼此的恻隐忧患之心，所以后面会谈到"天地大德曰生"；而悲天悯人的圣人为人类和世界发展提供梦想和指引，他们常常忧虑整个宇宙和人生万物，不能发展到合理的程度，而千方百计推动他们发展达于至臻，天地之道与圣人之忧迥然不同又相互补充，所以不与圣人同忧。圣人先忧后为，有忧即为，有了忧患就要提出办法来解除它们，"圣人之大宝曰位"，这也与天地之道以"无为"的姿态发挥作用不同。它再深一层的含义是，道是天地的本质，忧则是圣人的标志，圣人就是要为天地立心，为生民立命，为万世开太平。

《系辞》下对于《周易》与忧患的内在一致性作了重点阐述。其中两处"忧"字直接呈现为"忧患"词组，成为"忧患"一词最早的出处。其中的第一句"《易》之兴也，其于中古乎？作《易》者，其有忧患乎？"推测的是《周易》的产生时代和作者。第二句"明于忧患与故"重在阐述《周易》的意义和价值，指的是《周易》能够明察未来的忧患生于何处、明察忧患将会发生的缘故。这个判断实际上肯定《周易》作为研究变化的经书，也是研究忧患的经书。这两句话是并列与递进的关系，它在肯定其作者具有忧患意识之后，进而肯定其内容也是关于忧患的，从而指点学易用易的意义是自身能够"明于忧患与故"，再以之备患解忧。

《文言传》是对《周易》卦辞的"望文生义"，对其文字含义的深入剖析。其中的"乾文言"中，有两处"忧"字，"乐则行之，忧则违之"和"居上位而不骄，在下位而不忧"。仅从字面上看，它们表达的含义似乎都是关于忧的消极性的一面，其实不然。"乐则行之，忧则违之"是对乾卦初九爻辞"潜龙勿用"的解释之一，是对潜龙的要求，当龙潜于水下时要不为出世立功、建功扬名而诱惑，专心"守志"，洁身自好，不可妄动，能够做到"所高兴的符合道的事情就去做、所担忧的不符合道的事情就不去做"就可以了，它的意思不是否定忧，而是提醒当没有机会为天下解忧的时候也要从自身做起，不能去做一些不符合道的、自己内心也忧虑的事情。而一旦有了机会，当见龙在田、或跃在渊、飞龙在天的时候，人生处于当奋发有为的阶段，就要时时刻刻小心谨慎，忧患发于内心，这个时候，君子进德修业能够达到"知至至之"、"知终终之"的境界，在什么位置上做适宜做的相应的事，自然就能修炼到"居上位而不骄，在下位而不忧"（"忧"作"忧愁"

解）的状态，可以"无咎"。

《说卦传》是对《周易》六十四卦卦名的解析，在对"坎卦"名称作解释时，提到了"其于人也，为加忧"。坎在八卦里象征的是水，坎为水，水深莫测，是恐惧、忧虑的象征，这是"坎卦"第一层意思。而坎卦对于人而言，其象显示的是君子被小人包围，处于凶险之中，这时候就要倍加忧虑，要有更强的忧患意识。所以，"坎卦"表达的意义是，遇到困难或凶险的环境是难以避免的，也不可怕，只要恪守"坎卦"提出的处险之道，在凶险环境下"加忧"，就能够摆脱凶险，克服风险。

《象传》是对《周易》六十四卦卦象的解释说明，在这里，再次对"临卦"六三从卦象上作了分析，"甘临，位不当也。既忧之，咎不长也"。六三爻辞的分析是"既忧之，无咎"，六三卦象的分析又退了一步，"既忧之，咎不长也"，只要事先"忧之"，即使没有杜绝防备咎的产生，导致了有咎的后果，其危害也能很快消除，不会长久。

《杂卦传》打散《序卦传》所揭明的卦序，把六十四卦分为三十二组两两对举，以精要的语言说明卦义。其开头一句就开门见山指出了"乾刚坤柔，比乐师忧"，把《易经》的"师卦"定义为"忧"。"师卦"是周易第七卦，在"讼卦"之后"比卦"之前，原文是"师，贞，丈人吉，无咎"。综合《易传》各部分的解释可以了解，"讼必有众起，故受之以师。师者，众也"，争讼的人越来越多，不服从裁决，以致形成了军队，便会引起械斗与战争。兵凶战危，必然会产生忧患，用兵乃圣人不得已而为之，所以"师卦"就有忧患的含义。但《周易》不反对战争，反而提出了制胜之道：君子观此卦象，取法于容纳江河的大地收容和畜养大众的道理，选择德高望重的长者来统率军队，就能吉祥无咎。

北宋易学家邵雍把"师卦"的内涵进一步拓展，提出其含义是"忧劳动众，变化无穷；公正无私，排除万难"，认为得此卦者，困难重重，忧心劳众，宜包容别人，艰苦努力，摒除一切困难。按照他的理解，"师卦"的忧患含义就更强烈了。

《杂卦传》也是《周易》的最后一句，是"君子道长，小人道忧也"，体现了作者对天地之道向好的方向发展，人类社会向光明的未来发展的信念。在《象传》篇中阐述泰、否两卦时，谈到"泰卦"预示着"君子道长，小人道消"，"否卦"预示着"小人道长，君子道消"，从语境语义看，"君子道长，小人道忧"与"君子道长，小人道消"是相同的表达，当君子之道大行其是，小人之道自然就愁得无处可用，消退变弱不成气候。

运动无止境，《周易》无止境。《周易》对忧患意识的阐述远不止更不限于其中的"忧"字，实质上这一巨著才是"无忧之忧"，它通篇都是忧患意识。它所强调的忧患意识和提出的"天行健，君子以自强不息；地势坤，君子以厚德载物"，已经成为中华民族的民族精神。直到今天，它还以其哲学智慧和占卜艺术深刻影响着中国人民的思想和生活。

心之忧危　虎尾春冰

——《尚书》之忧与先秦英雄的雄心

　　《尚书》由上古历史文件汇编而成，是中国最古老的皇室文集，中国现存最早的史书，它保存了商周特别是西周初期的一些重要史料，相传由孔子编撰。汉代以后列入儒家经的范畴，一直被视为封建社会的政治哲学经典，既是帝王的教科书，也是士大夫必修的大经大法。

　　《尚书》记载的忧的故事，主人公都是中国古代史先秦时期极为声名显赫的君王重臣，分别是大禹与大臣皋陶、商王太甲和伊尹、商王盘庚、商王武丁与傅说、周武王与箕子、周穆王和君牙、秦穆公等。

大禹与皋陶探讨"何忧"之道

　　大禹是传说中远古时期治水的领袖，他为了把肆虐华夏的史前洪水疏导到大海，足迹遍布各地，三过家门而不入，最后终于取得治水成功，解生民水灾之患。他因此被舜帝确定为接班人，进而其子启继位，开创中国历史上第一位奴隶制王朝——夏朝，中国君王传承从举贤禅让制改为亲嫡继承制。

　　皋陶是舜、禹的重要助手，在大禹治国、治水的过程中发挥了巨大作用，被奉为中国司法的鼻祖。有一次，大禹与皋陶探讨历史经验教训，探讨君王治理好国家最主要的任务是什么，两人有这么一番对话：

　　皋陶曰："都！在知人，在安民。"禹曰："吁，咸若时，惟帝其难之。知人则哲，能官人。安民则惠，黎民怀之。能哲而惠，何忧乎驩兜？何迁乎有苗？何畏乎巧言令色孔壬？"

这段对话记载于《尚书·皋陶谟》。皋陶认为是知人用人和安抚百姓。大禹完全赞成这个观点，并作了进一步发挥，上升到理论高度，提出"能哲而惠"，认为知人就是睿智，才能举官得当；使百姓安居乐业方有仁爱之心，百姓才会感恩戴德。这就是明智而有仁爱。

大禹承认这并不容易办到，哪怕是对尧帝、舜帝来说也是一样。接下来，大禹列举尧舜时期对奸邪之臣的处理，说明"能哲而惠"的实践价值：做到了明智而有仁爱，还用得着担心驩兜带领三苗族人与共工等作乱吗？还需要放逐三苗吗？又何必畏惧巧言令色、奸佞邪恶的乱臣呢？孔子四十七世孙、南宋时期的孔传对这段史实的注释是，驩兜"佞人乱德，尧忧其败政，故流放之"。大禹在这里阐明的道理是选贤用能才能减少国家忧患：只要"能哲而惠"就"何忧乎"、"何畏乎"，反过来，要无忧必须做到"能哲而惠"，这是治理国家的前提。中国政治思想历来强调选贤用能，这个传统从尧、舜、禹时期就立下了。

盘庚忧以迁殷复兴商朝

商朝经常也被称作殷朝，河南安阳考古发现的商朝古都遗址被称作"殷墟"，为什么呢？这就要从商王盘庚说起。盘庚是商朝第十九位君主（不计太丁），他即位时商朝经历了九世之乱，贵族坐大并且奢华，政治腐败，内部矛盾趋近尖锐，再加上水灾频仍，商朝的统治很不稳定。盘庚是有追求的国君，如何破解困局实现复兴？他做出了重大决策，迁都！公元前1300年，盘庚把都城从河南的商丘一带迁到河南安阳，奠定此后商朝200年安定局面。这件在商朝历史上具有重大意义的事件，史称"盘庚迁殷"。

迁都一事事关重大，中国历史上主动迁都的情况并不多见，著名的是明成祖北迁和魏孝文帝南迁，再就是这次盘庚迁殷。为什么少见？因为不容易。盘庚主持迁都就遇到了很多反对和掣肘。盘庚最后怎么解决的呢？《尚书·盘庚》上、中、下三篇记载的就是这段故事。总的说，盘庚的策略是以身作则，恩威并用。在《盘庚（中）》一篇，盘庚把反对迁都的人请到王庭，发表了以理服人的著名"王庭演说"，打动了反对派。盘庚在演说中几次提到了"忧"字，成功地增强了演说的说服力。

盘庚是这么用忧来说服的："今予将试以汝迁，安定厥邦。汝不忧朕心之攸困，乃咸大不宣乃心，钦念以忱动予一人。尔惟自鞠自苦，若乘舟，汝弗济，臭厥载。尔忱不属，惟胥以沉，不其或稽，自怒曷瘳？汝不谋长，以思乃灾，汝诞劝忧。今其有今罔后，汝何生在上？"这段演讲的大意是：现在我打算把你们迁徙过去，使我们的国家安定。你们不忧虑我的苦衷，不为我敬顺民意的诚心所感动，还用不正确的话语动摇我的想法。你们这是自寻穷困、自讨苦吃，譬如乘舟，你们坐上船后却不愿意渡过河去，停滞不前，坐以待毙。不唯独你们要沉没，甚至连大家都要跟着沉没而同归于尽，你们不去反省沉没的原因，只是怨恨恼怒，又有什么用呢？你们不作长远的打算，不想办法除去水患，你们一味地安于忧患。这样下去，将会有今天而没有明天，你们怎么还能继续生存在这片土地上呢？

盘庚关于忧的演讲，表达了两个重要意思：一是要上下同忧，只有人民、贵族和国君同忧患，才能一起达成共识克服困难，渡过河去而不会沉于河中。二是不可安于忧患，如果既没有远虑又不能排除近忧，因为耽于既有安乐而把忧患视而不见（汝诞劝忧），那就必然导致"今其有今罔后"的结局，生存生活不下去。

盘庚迁殷，为长期流浪的王朝找到了适合的国都，此后200年直到商朝灭亡都没有再行迁都，史学家通常以盘庚迁殷为界，把商代历史分为前后两期。盘庚迁殷后，发扬商汤的政治传统，使商王朝再度兴盛，出现了百姓安宁、诸侯皈依的局面。稳定下来的商朝开始在这里创造了光辉灿烂的殷墟文明，给后人留下了宝贵的文化遗产。司马迁在《史记》、班固在《汉书》中分别这样高度评价盘庚之举："行汤之政，然后百姓由宁，殷道复兴。""昔者盘庚改邑以兴殷道，圣人美之。"

周穆王与君牙互勉：心之忧危　虎尾春冰

朱熹有一句诗，"烦君属和增危惕，虎尾春冰寄此生"，见于《择之所和生字韵语极警切次韵谢之兼呈伯崇》，提醒要时刻警惕危险，此生要像踩虎尾、踏春冰那样度过。这里的"虎尾春冰"是个成语，比喻极其危险的境地，出自《尚书·君牙》："心之忧危，若蹈虎尾，涉于春冰。"

《君牙》一文是周穆王命君牙任负责国政的大司徒的册书，相当于现在领导任命干部上任时的谈话。在册书中周穆王论述了自己的政治主张或者说治国理念，提出了敷典、正身、思艰、安民的治国策略，与君牙共勉要宣扬五常之教，重视民艰，追配前贤，实现"民乃宁"的目标，消除心中的忧危。这份册书文字不长，收录如下：

穆王命君牙，为周大司徒，作《君牙》。王若曰："呜呼！君牙。惟乃祖乃父，世笃忠贞，服劳王家，厥有成绩，纪于太常。惟予小子，嗣守文、武、成、康遗绪，亦惟先正之臣，克左右乱四方。心之忧危，若蹈虎尾，涉于春冰。今命尔予翼，作股肱心膂。缵乃旧服，无忝祖考！弘敷五典，式和民则。尔身克正，罔敢弗正；民心罔中，惟尔之中。夏暑雨，小民惟曰怨咨；冬祁寒，小民亦惟曰怨咨。厥惟艰哉！思其艰以图其易，民乃宁。呜呼！丕显哉！文王谟；丕承哉！武王烈。启佑我后人，咸以正罔缺。尔惟敬明乃训，用奉若于先王。对扬文、武之光命，追配于前人。"王若曰："君牙！乃惟由先正旧典时式，民之治乱在兹。率乃祖考之攸行，昭乃辟之有乂。"

公元前 977 年，周昭王去世，太子姬满践位成为西周第 5 位帝王，即周穆王。他在王位上待了 55 年，是西周在位时间最长的周王，从这里判断，他即位时年龄应该不大，就像他在册书所自称的"惟予小子"。但他却有一颗励精图治的雄心，要嗣守文、武、成、康遗绪，"克左右乱四方"——平定左右四方之乱，治理好天下。周穆王对自己有着极为清醒的自我认知：志大任重，年小才弱，所以他心里充满忧虑危惧，他打了一个极其形象生动的比方形容自己的忧心："若蹈虎尾，涉于春冰。"踩到凶猛的老虎尾巴上，走在春天即将解冻的薄冰上，谁都知道这是极其危险的处境，孔子后裔孔传对此处境的解释是"虎尾畏噬，春冰畏陷，危惧之甚"。这种境界对于传统时期的最高权力者来说，实在是太恰当了。

周穆王所表现出的强大的想象力，说明了他雄心和才华兼具，他找到了实现自己理想的途径："亦惟先正之臣"，就是依靠先王留下的贤正大臣。他考察了这批人，发现君牙"乃祖乃父，世笃忠贞，服劳王家，厥有成绩"，是个可以依靠的人，就任命为相当于大丞相的大司徒，命令他做自己的心腹重臣辅助自己。但周穆王不是放任伯牙由着自己的性子做事，提出了两条标准：一是延续他以往的行事风格，一是扬文、武之光命。看得出，周穆王是相当有主张并善于把它传导给辅佐者的优秀君王。忧危忧危，其实是有忧则无危，后来在他的励精图治下，天下再度安宁，保持了昭王盛世的延续。

借助于《尚书》，周穆王名垂青史；但他在民间的名声更大，他还是民间传说中浪漫的"穆天子"，曾西游与王母娘娘相会过。《穆天子传》叙述的这则故事反映了周穆王开拓西北疆域的丰功伟绩。

秦穆公：殽之战败后的"我心之忧"

《秦誓》是《尚书》中最后一篇，是春秋时期秦穆公誓众之辞的简称，实际上是秦穆公的一篇深刻沉痛的检讨书。秦穆公是推动秦国崛起的关键人物，也是春秋时期最为重要的诸侯之一，春秋五霸之一的晋文公就是借助于他的扶持才登上王位的，有的五霸名单里也有秦穆公本人。这样一位了不起的国君为什么会自我公开检讨？他自我检讨又说了什么？

据《左传》记载，秦穆公听信杞子的意见，不顾他长期以来信赖的大臣蹇叔的劝阻，命令孟明视、西乞术、白乙丙三位大帅率师远袭郑国，结果三万秦军在崤山遭遇晋国军队埋伏，全军覆没一败涂地。这就是历史上有名的"崤之战"。这样重大的战役失败了，一般情况下国君会为了掩盖自己的过失，把败战责任归咎于他人，重惩领军将领。但秦军被俘统帅得益于晋文公夫人求情返回秦国后，秦穆公一方面不仅没有加罪他们，反而更加信任，使专任军事；另一方面痛定思痛，愧悔自责，他把大臣们请到一起，做了一次严肃深刻的自我检讨，总结失败的教训。从这件事情也能看出，为什么秦穆公雄才大略能够奠定秦国崛起之基。

崤之战的背景和过程大概是：春秋中期，秦在穆公即位后，国势日盛，不甘偏居西隅之地，已有图霸中原之意，但东出道路被晋所阻。周襄王二十四年（公元前 628 年），秦穆公趁晋文公和郑国国君先后去世，以为是天赐时机，要越过晋境偷袭郑国。大臣蹇叔精辟地分析了局势，预言了如远征必失败的结局，并采取一系列措施表达反对远征之意，秦穆公执意不听劝阻，反而骂他老不死的，决意出征。处于晋文公丧仪期间的晋襄公为维护霸业，听取大臣先轸的睿见，决心借机消灭过境秦军打击秦国。次年春，远袭郑国未成的秦军途经崤山隘道回军时，因去时未遇到敌情，疏于戒备，陷入先轸率领的晋军姜戎联军包围圈，晋襄公身着丧服督战。秦军身陷隘道，进退不能，惊恐大乱，全军覆没，孟明视、西乞术、白乙丙三帅被俘。

为三帅求情的晋文公夫人，正是秦穆公最喜爱的女儿怀嬴。晋国公子重耳流亡秦国期间，秦穆公把自己最喜欢的女儿怀嬴及四位宗女嫁给他，并帮助重耳回国夺取政权，重耳成为晋文公，这就是"秦晋之好"成语的来历。

《秦誓》全文收录了秦穆公的检讨反思，他对此次重大决策失误"我心之忧，日月逾迈，若弗云来"！意思是，"我的心啊，对战事失败的后果严重忧患，时光一天天地过去不再回来，虽然想改正错误时光却不会倒流。"秦穆公没有简单地检讨了事，虽然失败不可挽回，但失败的教训至为宝贵，最主要的教训就是未能听取采纳蹇叔等的反对意见，由此得出结论，"邦之杌陧，曰由一人；邦之荣怀，亦尚一人之庆。"这实际上就是在大庭广众之下向蹇叔等人道歉，表达了自己要倚重老成谋国重臣治理国家的原则。

在"我心之忧"的忧患意识指引下，秦国迅速调整战略，对国家发展战略重新从长计议，从急于争霸中原转向韬光养晦切实增强实力。秦国主动修好一直以来的对手楚国，结成反晋联盟，给晋国造成了强大的战略压力。秦穆公东进不成，于是向西部和西南用兵，"益国十二，开地千里，遂霸西戎"，失之中原，得之巴蜀，为秦国后来成为战国最强国家奠定了战略纵深，也使得巴蜀之地自此成为中华的重要部分。

秦穆公这份检讨书，还有一个重要意义，它开创了中国历史上最高权力进行制约监督，最高权力在犯错后如何重新获得合法性的先例。后代很多皇帝在老天爷"发出"警示后，在民意汹汹时，会下"罪己诏"，源头大概就在这里。

太甲"居忧"与武丁"宅忧"背后的伊尹傅说故事

《尚书》还有两处"忧"字，是商王太甲"居忧"和商王武丁"宅忧"，这里的"忧"字，包含的是中华文化中一个极其重要的礼仪，为父母守丧的礼制。"忧"字的这一意思在现代汉语中已极少使用，它承载的制度性礼仪文化更已消亡，我们不再对文中的"忧"字含义进行讨论，但太甲"居忧"和武丁"宅忧"背后的故事，实在耐人寻味。

伊尹是中国历史上有史料记载的第一位贤相，他协助商汤灭掉夏桀灭亡夏朝建立商朝，历事成汤、外丙、仲壬、太甲、沃丁五代君主，尊号"阿衡"，辅政五十余年，为商朝政权稳固、兴盛富强立下汗马功劳。其中的商王太甲即位之初表现大失所望，不像个合格君王的样子，幸亏有伊尹这个强势丞相的强力教诲纠正，才幡然醒悟，终于成为一代明君，后得谥号"太宗"，是文治武功臻于盛世的帝王的封号。

伊尹为相，太甲为君，丞相怎么能把君主改造过来呢？这可是中国历史上唯一唯二的事啊！

伊尹一生很不简单。根据史料，他是被抛弃的奴隶私生子，巧遇有莘氏采桑女发现桑地中有一婴儿，便带回献给有莘王，有莘王便命家用奴隶厨师抚养他。长大后伊尹成为一名出色的厨师，更以研究尧舜施政之道而远近闻名，素有大志的成汤听说他的才能，三番五次去请他出山辅佐自己（一说汤娶有莘氏之女为妃，伊尹自愿做陪嫁媵臣，随同到商），他用"以鼎调羹"、"调和五味"的美食理论谈论天下大势和为政之道，成汤发现伊尹有经天纬地之才，便免其奴隶身份，直接任命他为右相。伊尹看到夏桀暴政已经天怨人怒，就力劝成汤起兵反夏，在他的策划、准备、指挥下，成汤成功灭掉夏朝取而代之，伊尹被任命为最高执政官"尹"，连续辅政五十余年，他的本名伊挚反而被忘记，被时人后人尊称为伊尹。

伊尹除了策划组织灭夏，干的第二件惊天动地的事就是"伊尹放太甲"，这是一个历史上的著名事件。太甲即位后败坏法度，不遵守商汤的大政方针，作为商朝监护人的伊尹预见了国家忧患，决定送太甲前往成汤墓葬之地桐宫，以"居忧"之名义反思改错。他本人与诸大臣代为执政，史称共和执政，并著《伊训》、《肆命》、《徂后》等训词，讲述如何为政和继承成汤法度等问题。在伊尹创设的特定教育环境中，太甲守桐宫三年，追思成汤创业艰难，"处仁迁义"，逐渐认识了自己的过错，悔过反善。当太甲有了改恶从善的表现后，伊尹亲到桐宫迎他回朝，将王权交还给他。太甲复位后"勤政修德"，继承成汤之政，商朝的政治又出现了清明的局面。《史记》称"诸侯咸归殷，百姓以宁"。

　　武丁"宅忧"的事迹，载于《说命上》，即殷高宗武丁任命傅说为相辅政的命辞。商王小乙（盘庚之弟）去世后，他的儿子武丁"王宅忧，亮阴三祀"，守父母之丧，三年不理朝政。居忧一结束，武丁立即拿出一幅画像，在全国范围内寻找此人，说这是"梦帝赉予良弼"。《说命上》"书序"中语焉不详的故事，在《史记·殷本纪》就绘声绘色了，"帝小乙崩，子帝武丁立。帝武丁即位，思复兴殷，而未得其佐。三年不言，政事决定于冢宰，以观国风。武丁夜梦得圣人，名曰说。以梦所见视群臣百吏，皆非也。于是乃使百工营求之野，得说于傅险中。是时说为胥靡，筑于傅险。见于武丁，武丁曰是也。得而与之语，果圣人，举以为相，殷国大治。故遂以傅险姓之，号曰傅说。"傅说为相后商朝大治到了什么程度？《史记·殷本纪》作了介绍，"武丁修政行德，天下咸欢，殷道复兴。"

　　处于服刑之中、连个姓氏都没有的底层建筑小工跃身国家辅宰，这就是孟子在《生于忧患，死于安乐》所提到的"傅说举于版筑之间"，这个故事从此成为君王选贤用能不问出身的例证，也是人才困于逆境不要自我放弃的例证。

　　细考武丁此举，打着上帝托梦之词，应该只是为了给傅说执政创造良好条件的一个策略，很可能这是武丁在没有即位之前早就物色好的宰执人选。据相关史料分析，武丁少年时期遵父命行役于外，与平民一同劳作，得以了解民众疾苦和稼穑艰辛，也对底层社会认可的能人有过了解接触，武丁在此期间很可能听到底层社会对傅说才能的称赞，并对其有所考察，才决心即位后起用他。

　　《尚书》中还有一处"忧"字，是周武王和箕子的一段佳话，在"箕子之忧篇"会专门讲到，这里不作赘述。

知我者谓我心忧

——《诗经》之忧与西周至春秋中叶中国人的家国情怀

　　《诗经》是中国最早的诗歌总集，305 首诗歌作为西周至春秋中叶时期国人情感最真实的记录文字，五六百年间周朝社会面貌的纪录史诗，被编订者孔子赞叹为"《诗》三百，一言以蔽之，曰：'思无邪'"，其实它还有第二个鲜明的特点：忧无尽。《诗经》中的忧患意识对后世产生了深远的影响。几千年来，《诗经》中承载的忧在国人的文化心理结构中长期渗透、凝练、积淀，成了一种民族心理的结晶。

言乐者少而言忧者多的《诗经》

　　经过逐篇阅读统计，其中含有"忧"字的诗篇共计 38 首，"忧"字累计出现多达上百处，遍布于十五国风、大雅小雅，大约占到总数的八分之一，有的诗篇中多达 10 个"忧"字。

　　《王风》记录的"黍离之悲"，千百年来一直在回响："知我者，谓我心忧；不知我者，谓我何求。悠悠苍天！此何人哉？"它所呈现的忧深思远、忧而不伤，正如刘勰《文心雕龙·物色》所言："随忧以宛转"、"与心而徘徊"，著名文艺批评家、《诗经》研究者朱东润认为："《诗》三百五篇之作而窥作者之用心，大抵言乐者少而言忧者多。"

　　人类文明社会早期，生产力水平低下，生产方式低下，生活水平低下，人们生活本已艰辛备至。但与此同时，与之不尽适应的大一统政治和政权的形成，维护成本高昂，表现在内部统治阶级为了维持骄奢淫逸的生活横征暴敛，同时外部蛮族不断觊觎骚扰华夏，造成赋役压力、战争压力巨大，其成本又都转化到了人民群众头上。人民群众不得不关心、忧患自身以外的政治、战争和苦难，这是中华民族的忧患意识、务实理性的深切源头。人们的各种忧患，种种艰难困苦，种种忧心忡忡，始于自身命运，但很快就拓展开来，与时局、国政、君主、战争等重大要素关联起来，不作无病呻吟，也不安守天命，所以这种忧患可以称之始于私忧、归于"公忧"。

细分《诗经》中的忧，大概呈现为四种情形，下面对这四种情形按照忧的出现顺序一一梳理。

忧身、忧己、忧劳的自身之忧

忧者自身是忧的本体，人在忧才在，所以《诗经》里的主人公们不少人对自己满怀忧虑。

"隐忧"这个词出自"不遇于君"之作《国风·邶风·柏舟》，这首诗作于西周卫顷公时期，主人公因为此时小人在侧，自己"愠于群小"、"不能奋飞"，就是群小倾陷，而主上不明，个人处境困顿，无法展翅高飞，不能施展抱负，所以"耿耿不寐，如有隐忧"、"忧心悄悄"、"心之忧矣，如匪浣衣"。这是一篇直抒胸臆、径陈感受、风格质朴的现实主义作品，"隐忧"为诗眼、主线，逐层深入地抒写爱国忧己之愤。

《国风·魏风·园有桃》短短24句，就有四个"心之忧矣"，他忧什么呢？从形式上看，他是忧"不知我者，谓我士也骄"、"不知我者，谓我士也罔极"，是担忧社会误会他狂傲不逊。但这首诗的实际主题是"士大夫伤时忧己"。但他既然自称"士"，必会有除了对自己之外更大的关注，有发自内心的更大的担忧。它是什么呢？《毛诗序》谓"刺时"，丰坊《诗说》说是"忧国而叹之"；季本《诗说解颐》以为是"贤人怀才而不得用"。

开启东周统治的周平王姬宜臼是周幽王的儿子，曾被立为太子，后因为谗言被废逐，期间他写了一首《小雅·节南山之什·小弁》，以五次重复"心之忧兮"表达了自己深沉的忧虑，感慨"我心忧伤，惄焉如捣。假寐永叹，维忧用老"（我内心里禁住深深地忧伤，七上八下犹如舂杵不停捣。我在和衣而卧中长长叹息，如此深忧岁月更易催人老）。他既忧虑父亲周幽王能不能醒悟过来清明政治，也忧虑自身命运，发出了"天之生我，我辰安在？"的追问，这是让苍天帮助自己摆脱困境的祈祷，是对自己将来如果执政要刷新政治的发誓。

《国风·邶风·北门》反映了基层小吏的生活艰辛，就是在单位和家中都得不到认可。"出自北门，忧心殷殷。终窭且贫，莫知我艰"，这位小吏在单位"王事适我，政事一埤益我"、"王事敦我，政事一埤遗我"，回到家"室人交遍谪我"、"室人交遍摧我"，无奈发出"已焉哉！"的愁苦和无奈。

无独有偶，《小明》也是一位长期奔波在外的官吏自诉情怀的作品。他长年行役，久不得归，事务缠身，忧心忡忡，诗中披露出他的复杂心情，千载之下，使人犹闻其叹息怨嗟之声。他对于奔波在外的寒暑苦毒、不得闲暇"心之忧兮"，但也承认这是"自诒伊戚"（忧愁乃是自己给的），他可以不干这份苦差，但想到"政事愈蹙"，又不忍去君归隐。按照《续吕氏家塾读诗记》的解释，这位官吏"始悔仕于乱世，终不忍去其君，可以为贤矣"，他留下来就是希望通过自己的一份努力能让政事好一点儿。

《国风·邶风·击鼓》开创了后世以"战争别离"为题材进行文学创作的先河。主人公响应国家征召踊跃赴战，"从孙子仲，平陈与宋"。

战争任务完成了，按说该解甲归家，但他得到的却是"不我以归"，于是就"忧心有忡"。迟迟难归，他不由得担忧自身命运，忧虑不能履行对妻子"死生契阔，与子成说。执子之手，与子偕老"的诺言，使自己在那个非常强调和坚守"信"的时代产生"不我信兮"的信用受损恶果。这种执着于爱情和信任的精神，为后世文学作品树立起一座人性高标。

《小雅·甫田之什·頍弁》是一首格调与《诗经》的精神世界整体不很协调的诗，写的是及时行乐的末世思想。一个贵族家族举行宴会，兄弟甥舅欢聚一起，"尔酒既旨，尔肴既嘉（尔肴既时，尔肴既阜）"，一派欢歌笑语。主人公是来赴宴的人中地位比较低的，一开始不知道能不能在宴会上见到地位崇高的大族长，对此他"忧心奕奕"、"忧心怲怲"。终于见到这位君子，他立即"庶几说怿"。但大吃大喝、歌舞升平中，敏感的他很快又起了忧虑，一方面是政局动荡不安富贵未必长久；一方面是人生苦短，"死丧无日，无几相见"，那就今晚有酒今晚醉吧（乐酒今夕，君子维宴）。从这首诗来看，暗含的正是周王朝衰落倾颓的时代背景，由于政局动荡，宴会上的贵族们虽然饮酒作乐，但仍感到自己命运的岌岌可危、朝不保夕，表露出所谓末世之音。

忧情、忧亲、忧生的家亲之忧

自身的放大就是亲人和家庭。《诗经》中的主人公们的忧虑也跟着拓展到他们。

《诗经》中第一个"忧"字出现在《国风·召南·草虫》篇，诗中妻子深情思念丈夫，从秋天的"未见君子，忧心忡忡"，到来年春天的"未见君子，忧心惙惙"，再到夏天的"未见君子，我心伤悲"。《国风·秦风·晨风》也表达了一位没等到爱人如期回来的女性，"未见君子"的她"忧心钦钦"、"忧心靡乐"、"忧心如醉"，忧虑之情不断加深，进而一遍遍求证"如何如何，忘我实多"，怀疑自己是不是已被抛弃。但《毛诗序》据此得出的猜测是，这首诗应该是对秦康公"忘穆公之业，始弃其贤臣"的讽刺，而非关于男女之情。

《国风·卫风·有狐》描述了冷清的秋天的景象，淇水河边，水落石出，狐狸形单影只地行走在石梁上。见此情景，女主人公心里对丈夫的担忧油然而生，想到那久役于外的丈夫还没有御寒的服、带、裳，一而再再而三"心之忧兮"。也有人认为此诗所写是卫国一位年轻寡妇在流离途中遇到一位鳏夫，对其心生爱意却难以启齿、爱而生忧的心理活动。

《国风·邶风·绿衣》开启悼亡诗题材，此诗表达丈夫悼念亡妻的深长感情，以"绿衣"、"黄里"、"黄裳"起兴，暗示了诗人从上到下、由表及里地反复翻看着这件衣服，睹物思人，"我思古人"，回想起去世的妻子"实获我心"，进而产生了心中绵绵不绝、不可忘怀的"心之忧矣"之情。

《小雅·鹿鸣之什·杕杜》记录的是一位远役在外的征夫与妻子的相互倾诉，征夫或许不好意思说担忧妻子，只是表达了"王事靡盬，忧我父母"，对于父母的牵挂担忧。妻子则一心一意期盼丈夫归来，并因为"匪载匪来，忧心孔疚"。夫妻互相思怀中，传递出了对国家劳役过重的批评。

《国风·邶风·泉水》写的是一位远嫁到外地做诸侯夫人的卫国宗室之女，因为"远父母兄弟"而"有怀于卫，靡日不思"，对故国和家人的日夜思念不能排解，"驾言出游，以写我忧"。这种思念卫国的"驾言出游，以写我忧"，还发生在《国风·卫风·竹竿》里，相比二人身份极为相似或者就是同一个女子。

《国风·鄘风·载驰》记载了另一位卫国可以称得上巾帼英雄的女性忧虑母国和家人的故事，诗的作者就是这位充满忧思的巾帼英雄本人。公元前 660 年，狄人侵入卫国，卫侯被杀，卫国面临亡国之虞。据《左传·闵公二年（公园前 660 年）》记载："冬十二月，狄人伐卫……及狄人战于荥泽，卫师败绩。"卫国宗室嫁到许国做国君许穆公夫人的这位女子听到凶信，心急如焚，立即快马加鞭，奔赴漕邑，急着赶回去向家人表示慰问，并谋划去找齐国出师伐狄复建卫国。途中，她的丈夫许穆公派遣来的大夫跋山涉水，兼程而至劝阻她，此时此刻，许穆夫人"我心则忧"，写下了这首诗。在国破家亡、父兄逝世之际，她不顾群臣拦阻指斥，驾车前往卫国凭吊，其情可感，其心可佩。据考证，她是我国文学史乃至世界文学史上第一位女诗人。

《小雅·节南山之什·小宛》是一首父母离世后的兄弟相互劝诫小心避祸、维系门楣的诗。两兄弟受到社会上各种邪恶势力的威逼和迫害，"我心忧伤，念昔先人。明发不寐，有怀二人"，相互提醒适逢乱世之人，要慎终追远，要牢记先人教诲，像"如临于谷"那样"战战兢兢，如履薄冰"，以"毋忝尔所生"，不要辱没生养的父母，还要把家族传承下去。

《小雅·谷风之什·北山》是一个贤臣孝子表达自己因为勤劳王事不能侍奉父母的担忧，主人公"偕偕士子，朝夕从事。王事靡盬，忧我父母"。他忙的昏天暗地"靡事不为"、"尽瘁事国"，鞠躬尽瘁尽心国事，固然是因为国王对他的肯定和信任"嘉我未老，鲜我方将"，更深层的原因在他看来却是"大夫不均，我从事独贤"（大夫委任不公平，独我办事多劳苦），直指体制机制不顺和领导无方，并对此深忧。乾隆帝就看懂了这层意思，在敕撰的《诗义折中》借此强调说，劳逸不均就是"逸之无妨"和"劳而无功"，因此就会上层腐败，下层撂挑子，这是关系国家存亡之"大害"。这首诗还提出了著名的大一统思想"普天之下，莫非王土；率土之滨，莫非王臣"。

忧政、忧时、忧君的君国之忧

人和家之上就是国，中国文化中家国一体，忧国如家，所以对自身和家亲的忧患自然也就延伸到了国家层面，并且很快成为最重要的忧患客体。

西周时期，周天子权威巨大，诸侯国没有力量挑战，相互征战还比较少，内部战争偶有发生也成本不大，处于周共主治下的和平时期。但这一期间不是没有矛盾，主要矛盾是内部暴政与反暴政、外部侵略与反侵略。《诗经》真实反映了这一历史事实，它记录和承载的国之忧患，往往也针对这些矛盾。

《国风·王风·黍离》是一首著名诗篇，在这首"闵宗周也"的诗中，在"知我者，谓我心忧；不知我者，谓我何求。悠悠苍天，此何人哉？"的反复吟唱中，主人公行迈靡靡之时"中心摇摇"、"中心如醉"、"中心如噎"。此诗的大概是，西周灭亡周平王东迁不久，朝中一位大夫行役至西周都城镐京，即所谓"宗周"，他来到宫殿旧地，迈着沉重的步子缓缓行走，满目所见，已没有了昔日的城阙宫殿，也没有了都市的繁盛荣华，只有一片郁茂的黍苗尽情地生长，此情此景，令诗作者不禁悲从中来，忧发乎心，涕泪满衫，久久徘徊彷徨而不能归去。

主人公对故国亡破的忧思不能被理解，"知我者，谓我心忧；不知我者，谓我何求"。那他到底心忧什么呢？是他对于国破原因的探究：到底是谁造成了西周灭亡？他在废墟的黍苗田里没有找到答案，只能质之于天，"悠悠苍天，此何人哉？"、"此何人哉"，是谁造成了这种局面？对造成故国残破这种局面的责任人的批判和追责，苍天自然也无回应，此时诗人郁懑和忧思便又加深一层。于是这首痛定思痛、不得其解的长歌当哭，具有了更为宽泛和长久的激荡心灵的力量，它上承先贤箕子的《麦秀》发出的千古一叹，再历经千年回响，下启南宋姜夔《扬州慢》，构建出念故国景物、感亡国之痛、究亡国之因的独特意境。中间初唐诗人陈子昂以《登幽州台歌》"前不见古人，后不见来者，念天地之悠悠，独怆然而涕下"的情怀，把时空拓展，升华为难以被世人所理解的对人类命运的忧思。

好在镐京的故事并没有结束。东周朝廷稳定后，念念不忘古京旧地和心腹大患西戎，命令大夫领兵讨伐西戎，最终取得胜利，周王就把这块地方封为秦国，镐京作为秦国的王城，重新恢复繁荣，直到秦朝统一天下，亦都于此。镐京的浴火重生，不知与《黍离》的情怀有没有关系？

《国风·王风·兔爰》首次把各种值得忧虑忧愁的东西总结为"百忧"，极言其多，"百忧"也就成为后世诗歌中的常见表达。这首诗表面上是对个人命运的忧愁，感慨自己生不逢时，没有生在一切都好的西周盛世，而是生在了兵役、徭役、劳役沉重的幽王乱世，实际上通过"我生之后，逢此百忧"的鲜明对比，怀古伤今，表达了时局变坏之忧，表达对国政的批评。

《国风·唐风·扬之水》记载了一件晋国内部起事的准备阶段，这种题材颇为少见，更少见的是通篇对后来失败的叛晋事件是正面的叙述。公元前745年，晋昭侯封他的叔父成师于曲沃，号为桓叔，他积极发展实力，暗有为王之心。公元前738年，晋大臣潘父杀死了晋昭侯，而欲迎立桓叔。但当桓叔到达晋都时，晋人发兵进攻桓叔。桓叔抵挡不住，只得败回曲沃，潘父也被杀。这首诗写的就是桓叔的跟随者在做进军晋国都城的准备的期待和心情。"我闻有命，不敢以告人"，参加者接到秘密"从子"集结命令但不敢声张，在见到了反叛的领袖桓叔后，"既见君子，云何不乐？""既见君子，云何其忧？"他们以为必胜在我，没有什么可担忧的，没有进一步做好准备和力量部署就进军，结果大败。盲目乐观忧患不足而失败的故事，反证了先忧才能后乐的铁律。

"我心忧伤"这句完全符合现代人表达习惯且明白如话、今天仍旧常常挂在口头的表达，来自《国风·桧风·羔裘》。这首诗《毛诗序》认为桧国"国小而迫，君不用道，好洁其衣服，逍遥游燕，而不能自强于政治"，其国大夫故作此诗，"以道去其君也"。也就是说，此诗是对桧君耽于燕乐、昏庸误国的针砭和谴责。桧国国君日常展现的是一派雍容华贵、安逸自得的风采，然而光鲜外表的背后，是国家积弱、旦夕危亡的严峻现实。短短12句诗里，爱国忠君的大夫反复吟唱三遍"岂不尔思"，怎么能不忧思你啊我的国、我的君！在回环往复中更让人感受到诗作者对国之将亡而桧君仍以逍遥游宴为急务的昏庸行为的幽远绵长之恨。他的"岂不尔思？劳心切切"、"岂不尔思？我心忧伤"、"岂不尔思？中心是悼"，一想到国君国家就无时不在的心之忧伤，为国之将亡而产生的不能承受的忧愤之情跃然纸上。

《小雅·节南山之什·节南山》既是一首对当权者不满的讽刺诗，更是批判揭露误国殃民的责任者并要求探究原因"以究王讻"（朱熹：穷究王政昏乱之所由）、要求问责"谁秉国成"的檄表，与《黍离》颇有异曲同工之妙。周幽王时期，君昏于上，太师和史尹（这两个职位是辅佐国君的最重要职务之一）两大权臣乱政于下，导致"乱靡有定"、"俾民不宁"、"卒劳百姓"，局势不断演化，以致"国既卒斩"（国运已经衰落得如此不堪就要命脉中断），但相对于作者、西周大夫家父的"忧心如酲"（忧国忧民之心痛如沉醉），权臣却是"何用不监"（为什么还这样熟视无睹）。并且采取高压政策，"忧心如惔，不敢戏谈"，大家为国政忧心如焚，却不敢戏论闲谈。对于这种局面，自然发出"谁秉国成"（是谁执掌国政竟如此无能！）的追问，呼唤"君子如届"来执政，希望权臣能够"式讹尔心，以畜万邦"，能够感化其心肠，以有利国家造福天下黎民！

《小雅·节南山之什·正月》讲述的是"赫赫宗周，褒姒灭之"

的悲剧性历史。当时周幽王昏乱，在其统治年间，阶级矛盾、民族矛盾特别是统治阶级的内部矛盾趋近白热化，但他完全无视，反而宠信妃子褒姒骄奢淫乐，为了取乐于她不惜"烽火戏诸侯"，结果失信于天下诸侯，当外敌真的来了烽火点燃示警求援时，以为又是幽王戏弄大家的诸侯们无一领兵前来，最后幽王被西戎杀死，西周灭亡，落得身死国灭下场。作者写下这首诗时结局还没到来，但他已经预见了这种可能，而面对此危如累卵的时局又无能为力，只能在独自清醒中深沉地忧患国家，"忧心惨惨，念国之为虐"。作者"我心忧伤"、"心之忧矣"，到了"忧心京京"、"癙忧以痒"、"忧心愈愈"、"忧心惸惸"、"忧心殷殷"的各种程度，以诗的形式发出呐喊，希望能够警醒全不在乎的幽王。一些研究者认为此诗中反复渲染了民众的疾苦和诗人的哀愁，堪与屈原的《离骚》并存。

　　《小雅·鹿鸣之什·采薇》是《诗经》名篇之一，其中"昔我往矣，杨柳依依。今我来思，雨雪霏霏"一直被视作诗经最美诗句之首。诗的内容是一位参加周朝对北方作乱入侵的少数民族猃狁作战归来的战士，在饥渴交加的归乡途中所见与所忆。在漫长的归途上，他追忆起昨日出生入死的战斗生活，一方面因为被拖长的战争耽误了回家日期，内心满是对亲人家乡的忧伤，并且战争后勤保障不利使得战士们常常"载饥载渴"，因而"心亦忧止"、"忧心烈烈"、"忧心孔疚"，对战争表达了厌恶；另一方面作为一名曾经的军人，作为一名对保卫国家有着责任的国民，他更对自己在"猃狁孔棘"（抗击猃狁入侵的局势极为紧迫）的情况下，以"靡室靡家，猃狁之故"的保家卫国责任感参加过战斗，在四匹高大雄壮公马拉着的战车掩护下奋勇杀敌并"一月三捷"，而充满了自豪感。恋家思亲的个人情和为国赴难的责任感，这是两种互相矛盾又同样真实的思想感情，豪迈和悲凉交织构成了全诗的情感基调。

《采薇》把一段陌生的史实展示了出来。我们熟悉的中原王朝与周边民族的战争是从汉朝与匈奴的战争开始的，但这一矛盾斗争不是突然冒出来的，实际上在此之前几乎从来没有停止过。猃狁是位于中国北方和西北方的部族，普遍被认为是匈奴族的前身，周文王时期就经常为患，所以《毛诗序》认为此诗反映的是"文王之时，西有昆夷之患，北有猃狁之难。以天子之命，命将率，遣戍役，以守卫中国"。《汉书·匈奴传》则认为周懿王时，王室遂衰，戎狄交侵，暴虐中国，中国被其苦，诗人始作，疾而歌之，曰："'靡室靡家，猃狁之故'，'岂不日戒，猃狁孔棘'。"更多的人认为诗中记述的这次胜利发生在周宣王时期，周宣王五年（公元前 823 年）六月，猃狁再次进攻西周，直接威胁到镐京和旁京的安全，周宣王命尹吉甫（诗经主要编纂人，文能治国、武能安邦的西周名臣）率军反攻。尹吉甫、南仲、虢季子白等先后主持作战，终于取得胜利，解除了猃狁之患，周宣王在太庙为虢季子白举行了隆重的庆典来表彰他的功绩，赏赐他马匹、弓箭、彤矢和斧钺并赐予其征讨蛮夷的权力。周宣王还东征淮夷、南伐楚国，都取得了胜利，重新树立了周室的威信，一度实现"宣王中兴"。这些战功，《采薇》中的这位虽有怨言但一上战场就全天保持戒备状态的英武战士必然有其一份。

顺便介绍一下这位周宣王，他是《诗经》很多诗歌的背景人物，他还自己亲自作了一首祈天颂词《大雅·荡之什·云汉》，针对他接下周厉王的烂摊子后"天降丧乱，饥馑荐臻"的危急情况，表达自己"忧心如熏"的忧患，祈求上苍降下甘霖庇护人民。诗中他对人民遭受的荼毒痛心疾首，他的人民立场是他能够中兴的关键。

《小雅·鹿鸣之什·出车》是《采薇》姊妹篇，记述了一个战士随从统帅南仲出征的情景，充满了对"赫赫南仲"卓越统率能力和巨大战斗成果的赞颂。面临"王事多难，维其棘矣"（国家多事之秋，情势已很紧迫）的局面，主人公在接到出征命令后，虽然义无反顾立即带着车马仆从奔赴战场，但毕竟因为战争胜负难料而"忧心悄悄"；听到是天子命令南仲率军征战，他的心情好了一些，但没有亲自见到南仲将军之时仍然"未见君子，忧心忡忡"；等见到传说中英勇善战的南仲将军，看到他军容整齐、军威严肃，他才终于"既见君子，我心则降"，把悬着的心放到了肚里，心情安定下来，必胜之心坚定了。这场战争终于取得"薄伐西戎"、"猃狁于夷"（平定了西戎和猃狁之祸）的巨大胜利而结束。

《小雅·鱼藻之什·苕华》一诗反映的是饥馑之年百姓困苦无食、愁忧交加的残酷现实。没有粮食只能吃枯黄的花草，"人可以食，鲜可以饱"。面对老百姓的生计无着，这位诗人"心之忧矣，维其伤矣"，进而向苍天也是向统治者发出了厉声斥责："知我如此，不如无生！"

《大雅·荡之什·桑柔》是卿士（周朝一段时期执掌朝政之职）芮良夫（芮伯）谴责周厉王暴虐昏庸、任用非人、苛行暴政而作的诗，控诉"瘼此下民"、"乱生不夷"的乱政造成"国步斯频"、"国步蔑资"（国运艰难太动荡、国运艰难无钱粮）的严峻局面。面对乱政，芮伯不仅有着"不殄心忧"、"忧心慇慇，念我土宇"的深切忧患，更推动探讨乱政根源"谁生厉阶，至今为梗（谁实为此祸根，使至今为病乎）"？预言了"天降丧乱，灭我立王"的凄惨结局，还揭示了"靡国不泯"（没有国家不灭亡）的历史规律。为了防止严重局面，他也提出了挽回局面的举措，比如"告尔忧恤，诲尔序爵"（告诉你要忧恤国事和人民，教导你要舍得爵位任用贤良）。周厉王根本听不进去这些忠言，他也因为这些意见建议而受到诽谤排挤，好为王谋利的荣夷公取代了他的卿士之职（《史记·周本纪》："厉王即位三十年，好利，近荣夷公，芮良夫谏不听，卒以荣公为卿士"）。荣夷公之流想出很多名目横征暴敛，周厉王更加高兴，人民却更加困顿，反抗已箭在弦上。《左传·召公谏厉王弭谤》一文记录了后续发展过程:"厉王虐,国人谤王。召公告曰:'民不堪命矣!'王怒,得卫巫,使监谤者。以告,则杀之。国人莫敢言,道路以目。王喜,告召公曰:'吾能弭谤矣,乃不敢言。'召公曰:'是障之也。防民之口,甚于防川;川壅而溃,伤人必多。民亦如之。是故为川者决之使导;为民者宣之使言……夫民虑之于心,而宣之于口,成而行之,胡可壅也?若壅其口,其与能几何?'王弗听,于是国人莫敢出言。三年,乃流王于彘。"

在周厉王流亡之前,朝野上下都为局势焦虑,除了芮伯的《桑柔》,国人还编唱《硕鼠》来讽刺暴政和表达沸腾的民怨,"硕鼠硕鼠,无食我黍。三岁贯汝,莫我肯顾。逝将去汝,适彼乐土。"公元前842年,中国历史上一场著名的起义发生了:忍无可忍的国人终于发起暴动,把残暴荒淫的周厉王赶下了台,由大臣实行"共和"代行天子之权,暴动的次年遂被称作共和元年(公元前841年)。也就是从这一年起,我国历史开始有了准确的年代信史可以查考。

安亦忧,危亦忧的意识之忧

《诗经》表达的忧,固然不少是在时局动荡时刻、天灾人祸面前、家人相思时分发出的,也有不少是在安乐时期被身边的景色、动物,被快速流失的时光等所引发,是安亦忧,危亦忧,体现了忧患意识的无处不在。

《国风·唐风·蟋蟀》是"盖士大夫忧思深远,相乐相警,勉为良士之诗"。这首诗感叹时光流逝,告诫追求快乐"无已大康"(行乐不可太过度,不要过于安泰),而要"好乐无荒"(喜乐不误职事),享乐时不忘"职思其居"、"职思其外"、"职思其忧",要想着本职事务、分外之事,要忧患国事。这首诗的深刻之处,在于它首次认真讨论了乐有度、乐与职、乐与忧的辩证关系,提出了处理忧乐关系中要坚持乐不忘忧的原则。《毛诗序》敏锐地洞察了这首诗的精神价值："《蟋蟀》，刺晋僖公也。俭不中礼，故作是诗以闵（悯）之，欲其及时以礼自虞（娱）乐也。此晋也，而谓之唐，本其风俗，忧深思远，俭而用礼，乃有尧之遗风焉。"

听音乐、观歌舞，本来是一种取乐的行为，也是古代一种教化的方式，《小雅·谷风之什·鼓钟》的作者却是越听越看越是忧虑。周幽王昏庸无道，还要观赏歌颂德政的歌舞，这就显得十分滑稽。作者一边陪着观赏，一边用歌舞所歌颂的前贤与周幽王对比，越对比越是"忧心且伤"、"忧心且悲"、"忧心且妯"，不由自主一再怀念"淑人君子"，并祈望这样的人能回到朝堂治理国家。忧与乐、忧患与希望，在这里进行了深度融合。

《国风·曹风·蜉蝣》是借朝生暮死的蜉蝣之虫，表达对生命短暂的思考和生命终将消亡的困惑，发出了生命短暂无常的"蜉蝣之叹"。两千多年前，限于生存条件和科技水平，人民普遍寿命较短而又无可奈何，对生命的忧患与困惑是其时的普遍情况。以蜉蝣翅翼起兴，亦是以之比喻华美鲜亮、细薄精致的衣物。这二物虽然美好无比，却如昙花一现般转瞬即逝，无法挽留，因此引发了诗人对生命存在和归宿的追溯拷问，三次发出对于"于我归"困惑的"心之忧兮"。他忧什么呢？蜉蝣生命的短暂。他又忧什么？像它那样美好的东西的消逝之快。他还忧什么？最后归宿"于我归"（我最后归往哪里）的不可得知。三个无解的反诘句，似乎成为永远萦绕在人类心中的千古一问。

《小雅·鸿雁之什·沔水》是一首反映主人公强烈忧患意识的诗。在社会动荡、谣言纷飞（谗言其兴）的情况下，有的人已经表现出"念彼不迹"（不轨迹象），当权者却是"莫肯念乱"，对于将会酿成危机的苗头一筹莫展，"民之讹言，宁莫之惩"。主人公敏锐地觉察到了火山地下的脉动，对局面忧患不已、忧心忡忡而坐立不安，他"载起载行，心之忧矣"。朱熹《诗集传》对这首诗的主旨评价就是"此忧乱之诗"。

《小雅·节南山之什·十月之交》既是一部历史作品，也是一部政治论文。它留下了发生于周幽王六年夏历十月一日（公元前776年9月6日）世界上最早的日食记录，也就是诗歌开篇的第一段："十月之交，朔月辛卯。日有食之，亦孔之丑。"十六个字清楚交代了首次被人类观察到记录下的日食发生时间、发生现象和意义解读。这首诗还作为最早的大地震记录者之一，记下了不久前一次大地震的严重情形："烨烨震电，不宁不令。百川沸腾，山冢崒崩。高岸为谷，深谷为陵。"这次地震在《国语·周语》中得到印证："幽王二年，西周三川皆震。""是岁三川竭，岐山崩。"诗人对于大地震"百川沸腾，山冢崒崩；高岸为谷，深谷为陵"的大特写，使三千年后的人读起来，仍然感到惊心动魄。诗中还间接记录了最近的一次月食："彼月而微"、"彼月而食"。

诗人的如椽巨笔描绘了一幅历史上少有的巨大的灾变图，地震、月食、日食三种异常天象接连发生，更引发了古代信仰"天人合一"思想的作者对政治的反思：天象报警是因为"四国无政"（天下之政不善）。自然灾害和为政不善造成"今此下民，亦孔之哀"（底层百姓徒然哀伤之至）。作者没有仅限于此，而是转而对"无政"问题进行了深刻分析，找出了问题的根源是"不用其良"，贤良之人得不到任用，奸佞之徒大行其道，朝堂充斥着皇父一党（皇父卿士、番维司徒、家伯维宰、仲允膳夫、棸子内史、蹶维趣马、楀维师氏等），他们一方面巧取豪夺，一方面对于人们苦难和天灾巨变熟视无睹，"哀今之人，胡憯莫惩"（可叹当世执政者，面对凶险不自警），反而用冠冕堂皇的"曰予不戕，礼则然矣"（说什么不是自己残害，王朝礼法就是这般），为自己的恶行辩护。接着，作者揭示了奸佞之徒为什么得势的原因——

“醯妻煽方处”（幽王之美艳王后褒姒惑王势正炽）：他们之所以肆无忌惮的后台是王后，直接把“无政”归因于王后，实质是把矛头隐晦地指向周幽王。

面对如此局面，不肯同流合污的作者“我独居忧”，虽然他无法让浑浑噩噩的君王权臣同忧共振，但他仍以君子的要求来严格自律：兢兢业业干好本职工作（黾勉从事，不敢告劳；我独不敢休；我不敢效我友自逸），以对大局勉强有所补救。

在诗中，作者提出了两个深刻命题：一个是“下民之孽，匪降自天”（层民众所受灾孽，并非是从天上降下），打破了统治者推脱责任而编造的种种不幸我命由天的谎言。二是“胡为我作，不即我谋？”表达了“为何让我服那劳役，却不来这儿和我商量？”的可贵的民主思想，呼吁对于和老百姓利害相关的事情要先和老百姓商量。作者在这里提出的一切人们苦难都是为政不善的结果，事关老百姓切身利益的事要先和他们商量的思想，切中肯綮，极其宝贵。《十月之交》把异常天命视作上天对当政者的示警，这一思想被西汉儒家董仲舒所采纳，建立了一整套制约皇权的制度。

《大雅·荡之什·瞻卬》继续记载了周幽王时期黑暗政治的发展，同《十月之交》揭示的暴政根源得出了一样的结论：“乱匪降自天，生自妇人”，矛头直接明确指向周幽王王后。《毛诗序》考证此诗是“凡伯刺幽王大坏也”，作者凡伯是凡国君主，时任周室卿士。凡伯在诗中列数的恶政有：罗织罪名，戕害士人；苛政暴敛，民不聊生；侵占土地，掠夺奴隶；放纵罪人，迫害无辜；政风腐败，纪纲紊乱；妒贤嫉能，奸人得势；罪罟绵密，忠臣逃亡。作者怀着沉重的“心之忧兮”全面而形象地将一幅西周社会崩溃前夕的历史画面刻录下来。此诗最后一句，通过祈望周幽王“无忝皇祖，式救尔后”，一针见血地挑明王后固然是罪人，元凶实际是周幽王，爱国忠君的凡伯对幽王回心转意仍抱有一丝希冀，因为也只有他回心转意才能挽救危局。

《小雅·鱼藻之什·角弓》的主题背景，《毛诗序》已说得相当明白："《角弓》，父兄刺幽王也。不亲九族而好谗佞，骨肉相怨，故作是诗也。"但作者的境界要高于此。他看到的是因为周王不亲九族而好谗佞，导致上行下效，"尔之远矣，民胥然矣。尔之教矣，民胥效矣"（若你兄弟有疏远，百姓就都这样做。你是如何去教导，百姓如何去效法），结果社会风气大坏，"不令兄弟，交相为愈。民之无良，相怨一方"，文明之地变得"如蛮如髦"（如同南部和西部边远野蛮部族）。这位作者最后专门强调，他批评国王不是为了争取自己的宗亲利益，"我是用忧！"忧患的是天下风气被国王带坏。

周厉王时期的召穆公（召伯虎），是诸侯国召国国君，长期在朝辅佐朝政。周厉王即位后，出现了一些严重问题，"时赋敛重数，徭役繁多，人民劳苦，轻为奸宄，强陵弱，众暴寡，作寇害"，他立即以忠诚之心上书劝谏（王欲玉女，是用大谏）（《毛诗序》）。当时，老百姓刚刚能过上安稳温饱的日子，"民亦劳止，汔可小康"，我们熟知的"小康"社会的概念就是出自这里。他四次强调国王对中央王畿之地及其民众须有抚爱之心（惠此中国），只有"式遏寇虐"（诡诈欺骗莫纵任），才能"无俾民忧"、"俾民忧泄"。并激励他"戎虽小子，而式弘大"，从年轻时候就努力，创造宏伟功绩，做一个名垂青史的好国王。但周厉王终于没听进去，一片忠心被辜负。

《小雅·谷风之什·无将大车》的作者看到一辆落满尘土的大车，就联想到糟糕的王事国事，觉得它就是时世混乱、政局动荡的最形象的表现。他不甘于国事糜烂并为此无限忧虑，去"推车"为国效力、服侍君王，结果给自己招来无数麻烦和烦恼，落了个尘土满头满脸（比喻他人的讽刺嘲笑诽谤）。他因而发出了追悔之词、自遣之叹，告诫人们只有不去推车才不会有烦恼，"无思百忧，祇自疧兮"、"无思百忧,不出于颎"、"无思百忧,祇自重兮!"但这种充满忧患意识的人,又怎么会因此就不去做那灰头土脸的推车人呢?

《诗经》为忧造艺

《诗经》研究者有一个说法,《诗经》"为忧造艺",《诗经》的编纂者、编订者就是为了表达忧患意识才选辑这些诗篇。这是很有道理的。除了上述四种忧思,我们对于《诗经》的忧文化底蕴,还有三点值得关注。

一是区别《诗经》中看得见和看不见的忧。《诗经》关于忧有三种情况:第一种有忧即忧,上述就是;第二种有忧非忧,文字里有个"忧"字但没有忧的意,比如是《大雅·生民之什·板》中的"匪我言耄,尔用忧谑",这里忧是语气词,无实际意义。第三种是无忧而忧,文字里没有"忧"字,诗篇表达的却是忧。这里面又有两类:一类是用表达忧的词汇,如劳心慱兮、劳心惨兮;心焉忉忉、心焉惕惕;中心悁悁等,来传递忧的意思;一类是整篇诗歌表达的就是深沉的忧患,文中却不见一个"忧"字,如《国风·桧风·匪风》:匪风发兮,匪车偈兮。顾瞻周道,中心怛兮。匪风飘兮,匪车嘌兮。顾瞻周道,中心吊兮。谁能亨鱼?溉之釜鬵。谁将西归?怀之好音。对于它的主旨,《毛诗序》认为是桧国人因"国小政乱,忧及祸难,而思周道"之作;朱熹《诗集传》则提出"周室衰微,贤人忧叹而作此诗"的主张。这样的篇目很多。

二是自身之忧、家亲之忧、君国之忧、意识之忧浑然一体。四种情况常常交织在一起,特别是己、家、国之忧往往最后融为一体,不是从忧己忧家上升到忧国忧民,就是从忧国忧民联系到具体的自己。这种情形比比皆是,就不再列举。值得指出的是,诗经里忧患国家、国君、人民的诗文很多,但还没有直接出现过一处忧国忧民字样,这不是偶然的，因为西周时期一是还是天下观念，而非国家观念；二是还没有形成民本主义思想。这样的概念的出现，须得有了国家观念和民本主义者才能完成。

三是私忧、公忧都值得体谅和尊敬。《诗经》记载的百般之忧，是形形色色的，鲜明生动的，老百姓有老百姓的忧，士有士的忧；吏有吏的忧，官有官的忧；君有君的忧，臣有臣的忧；男有男的忧，女有女的忧，忧的主体，是组成社会的各类群体、各个阶层。虽然我们能够读到并感受到的大多是士大夫和明君贤臣的理性忧患，担忧的是家国大事，可以称作"公忧"，但他们之中很多人之忧是鸡毛蒜皮的个人之事，鲜明生动，可以称作"私忧"，诗人也都郑重其事地记载下来，《诗经》因而充满了人性化和人情味。可惜的是后来这种私忧却很少见，公忧的传统发扬光大，私忧的情味基本中断。

忧未艾也

——《春秋》之忧与无义战时代国与士的纵横捭阖

《春秋》是周朝时期鲁国的官史，也是我国现存最早的官方修史，记载从鲁隐公元年（公元前722年）到鲁哀公二十七年（公元前481年），总共241年的历史。现本《春秋》经过了孔子的整理修订，孔子编删后还专门讲过一段话，说明了《春秋》与他的深厚关系：知我罪我，其惟《春秋》。孟子则为这一时期下了一个定义：春秋无义战。正因为它体现、反映了孔子、孟子的价值观，故又叫《春秋经》，进而跻身四书五经，成为影响中国人民文化和心理的重要元素。

孔子修撰《春秋》强调微言大义，所以十分简练，仅一万六千余字，一般读者不能明白其中事情的来龙去脉和背景含义。春秋末年鲁国史官左丘明为解释孔子的《春秋》，在其基础上写成《春秋左氏传》，相对来说则比较详细，它对一些重要但是没有被记入国史历史作了补充，而且对"经"中的重要事件作了始末的解释。左丘明为了把二者区别开来，就在《春秋左氏传》中把孔子编删的称作"经"，把自己补充解释的称作"传"。现在，一般意义上的《春秋》就是指《春秋左氏传》。

《春秋》是历史散文，其所记录的言语和事件中，"忧"字不绝于书，全书累计约有94处，其中一些观点和阐述开启了忧的不同境界和维度。都是什么人，面对什么事，表现出了什么样的"忧"呢？

说出"又以为君忧"话的人为什么"宜为君"

鲁庄公十一年秋，宋大水，同宗紧邻的鲁国派使臣来慰问，宋国方面答复说："孤实不敬，天降之灾，又以为君忧，拜命之辱。"宋国把水灾归因为对天不敬，对鲁国的担忧表示感谢，这番话流传开来，得到一片喝彩。鲁国杰出政治家臧文仲评论道："宋其兴乎。禹、汤罪己，其兴也悖焉，桀、纣罪人，其亡也忽焉。"鲁国正卿臧孙达了解到说这话的是宋国公子御说，评论说"是宜为君，有恤民之心"。

后来宋国历史的发展验证了此二人的评论，哥哥当国君侄子做世子、基本没有机会的公子御说在一番内乱后成了宋桓公，对内励精图治，对外积极参与诸侯事务，为后来他儿子宋襄公成为春秋五霸之一打下了重要基础。臧文仲在这里总结历史得出的"其兴也勃焉，其亡也忽焉"的结论，成为著名的成语；臧孙达强调"有恤民之心"、"宜为君"，成为民本思想的宝贵源头之一。

"临祸忘忧，忧必及之"预言了一次政变结局

"临祸忘忧，忧必及之"这句名言，出自鲁庄公二十年冬郑厉公之口。面临祸患却忘记忧患，不去积极解决问题，忘了去忧的祸患就必然降到他的身上，这个深刻的道理，被郑厉公用来做成了一次很重要的说服动员工作。这时，东周周室王子颓与五大夫作乱篡位，周惠王被逼得四处流浪。王子颓等阴谋得逞后沉迷于观赏歌舞，而不去做收服人心、稳定社会的要事。郑厉公就以这一点认为颓没有当周王的品格，找到虢国国君虢叔，动员他一起匡扶周室，为了让虢叔有信心，郑厉公讲述了这个道理："寡人闻之，哀乐失时，殃咎必至。今王子颓歌舞不倦，乐祸也。夫司寇行戮，君为之不举，而况敢乐祸乎！奸王之位（篡夺周王之位），祸孰大焉？临祸忘忧，忧必及之。盍纳王乎（为什么不让周惠王复位呢）？"两人于是结成统一战线，次年平

定"子颓之乱"，惠王复位。

郑国的地位与影响在春秋时期发生了翻天覆地的变化。郑国位处中原核心区域，紧邻东周，春秋初期，深得周王信赖，好几任郑伯都在东周担任要职，郑国因此是东周"国际"舞台的重要玩家，周惠王时期竟能匡扶周室。随着王室衰落，诸侯崛起，特别是晋楚争霸以来，处在其间的郑国优势位置反而变得尴尬，两国都来争夺，不时大打出手，郑襄公时期 8 年之内，楚国打了郑国 7 次、晋国 4 次，郑国被晋楚欺负了 11 次。郑国因此也就无法决定自身命运，堕落为大国棋子。

鲁宣公九年楚国伐郑，晋国派人救郑，郑国打败楚师。郑国以小胜大，面对强敌取得了极为难得的胜利，"国人皆喜，惟子良忧曰，是国之灾也，吾死无日矣"。子良即公子去疾，是郑襄公的弟弟，主持国政，看问题长远，忧患意识也就异于国人，在他看来，晋国、楚国争夺霸主的历史过程还很漫长，郑国不过是大国争霸的舞台，自后陷于大国战争，一次对强敌的小胜可能会引来更大的报复性战争。今后会有数不清的战争灾害发生，故曰"国之灾也"。同时，他认为与两强都能交好才最符合郑国利益，而如今打败了楚军，只会让楚国记恨，随时会再来报复，这是郑国承受不了的。郑国的胜利又是在晋国的援救下取得的，从此郑国只能绑在晋国的战车上，还因为欠了晋国之情不得不缴纳更多的贡赋（霸主向各附庸国家征收的类似保护费性质的费用，当时是春秋时期大国与小国的明规则），这也是郑国不能承受的。

鲁襄公二年，楚国指使附庸于自己的郑国攻打宋国，晋国会合诸侯伐郑救宋，其时，郑国因为国君郑成公得病去世，正好有一次检讨、调整对外政策的机会，朝堂上"诸大夫欲从晋"，为政的子驷坚持遵循郑成公临终遗命，坚称"官命未改"，继续追随楚国对抗晋国联军。晋国率军救宋，当然有自己的盘算，所以当诸侯会合时，晋国大夫智罃发现齐国和滕、薛、小邾等国都不来，就表示"皆齐故也"，怀疑齐国挑战晋国霸权,声称"寡君之忧不唯郑。蓁将复于寡君,而请于齐"。意思是要先讨伐齐国。齐楚晋之心思,小国之艰难,由此可见一斑。

秦穆公的"吾忧":晋军不敢来不敢打

秦晋曾经爆发一场著名的战争——殽之战,秦国战败。其实在此前两国还爆发过一次大战——韩之战。公元前 645 年,因为得到秦国支持才登位的晋惠公,背弃自己赠给秦国土地的承诺,又违背承诺杀戮帮助自己当上国君的大臣,还在秦国借给晋国粮食渡过饥荒后不借给秦国粮食抗荒,一系列的施政措施引起诸侯抱怨、国内不服,秦国看到晋惠公失道寡助,就出动大军讨伐,晋惠公战败被俘。这场战争前后,主人公们先后有三处"忧"字,把故事引向深入。

战前,信心满满的秦穆公对前来约战的晋国使者炫耀般表达了自己之忧,"君之未入,寡人惧之,入而未定列,犹吾忧也。苟列定矣,敢不承命",意思是你没有带着军队到战场迎战,我很忧虑;你来了不摆开阵势,我也很担忧(古时候两军在摆开阵势之前不能开战),你既然已经列阵待战,我怎么敢不交战呢?!

战败被俘的晋惠公派人回到晋国作政治交代,他的"孤虽归,辱社稷"固然假惺惺,却感动了他的臣子们,"君亡之不恤,而群臣是忧,惠之至也。将若君何?"开始改革井田制度和军事制度,以备对秦大战。

对于战俘晋惠公是杀、是囚、是放?秦穆公感受到了晋国上下的沉重忧戚和在此之上形成的力量,他在考虑可能放回去才是最符合秦国利益,他是这么考虑的,"晋人感忧以重我,天地以要我。不图晋忧,重其怒也;我食吾言,背天地也。重怒难任,背天不祥,必归晋君"。最后,晋国把原先食言的黄河以西的大片土地划给秦国,派世子到秦国做人质,两国缔结和平盟约。

这段故事,反映了关键时刻忧的巨大力量。

晋楚争霸该如何站队的卫国之忧、宋国之忧

卫国、宋国之忧反映了小国的无奈。它们的处境颇似郑国。

春秋中期,楚国与晋国的争霸斗争颇为剧烈,中间的一些小国面临选边站,一旦站错队就遭遇祸患,卫国就是其中之一。卫成公倾向于与楚国交好,有的大臣主张与晋国交好,外交政策的不同把卫国撕裂成两派。后来卫成公被放逐,他的弟弟代为治理国家。不久楚国在著名的城濮之战中战败,卫成公逃亡陈国,后来在周王的干预下卫成公回国复位。为了调和两派(此时表现为赞成与晋国交好留在卫国的居者和赞成与楚国交好跟随卫成公出走的行者)纷争,卫成公派遣大夫宁武子先回去与留守的人制定了盟誓:"天祸卫国,君臣不协,以及此忧也。今天诱其衷,使皆降心以相从也。不有居者,谁守社稷?不有行者,谁扞牧圉(谁跟着保护流亡的国君)?不协之故,用昭乞盟于尔大神以诱天衷。自今日以往,既盟之后,行者无保其力(跟随君主出行的不要自恃其功),居者无惧其罪(留居国内的不要害怕受到惩罚)。有渝此盟,以相及也。明神先君,是纠是殛。"国人听说这一盟誓后都放弃以前的纷争。

这个故事把国家的忧患不是归因于天,而是实事求是地归结为"君臣不协",并用在神面前举行盟誓的方式化解政治派别之间的争斗,具有很高的政治智慧。遗憾的是,大国干预下的小国政治,难以自主发展,后来作为霸主的晋国根据支持与晋国交好的部分卫国人的诉讼,对卫成公审判并囚禁,再次给卫国带来动荡。卫成公两落两起,卫国不得已成为晋国的附庸。

顺便交代一下刚刚说到的城濮之战中晋方统帅晋文公战争胜利后的独特表现:"城濮之役,晋师三日穀,文公犹有忧色。左右曰:'有喜而忧,如有忧而喜乎?'公曰:'得臣犹在,忧未歇也。困兽犹斗,况国相乎!'及楚杀子玉,公喜而后可知也,曰:'莫余毒已已。'"晋国大胜并且战利品丰厚,文公为什么还面带忧色呢?他左右的人纳

闷儿，"有了喜事而忧愁，如果有了忧事反倒喜悦吗？"文公说："楚国统帅得臣还在，忧愁就没法完结。被困的野兽还要争斗一下，何况是一国的宰相呢？"结果楚国因为战败把晋文公最为忌惮的得臣杀死，晋文公才如释重负，终于没有人来同他作对了。

鲁成公十八年，晋厉公被刺杀，年幼的晋悼公继位，重点在国内实施新政，楚国觉得有机可乘，再次采取种种军事和政治措施逼迫宋国疏远晋国倒向自己，"宋人患之"。宋国大夫西鉏吾对局势的分析高人一筹，他首先揭露了大国争霸的虚伪野心，"大国无厌，鄙我犹憾"（大国贪得无厌，把边境拓展到宋国还不满足，指其暗含吞并之心），劝慰大家说，楚国这么做只会让那些原本服从他们的国家离心，会让吴国和晋国感到威胁，这对于宋国来说反倒是好事，"吾庸多矣，非吾忧也"，毕竟"且事晋何为？晋必恤之"。宋国一方面积极备战反击，一方面向晋国告急，晋国新任最高执政官韩献子认为，"欲求得人，必先勤之，成霸安疆，自宋始矣"，决定从救援宋国开始，谋求霸业复兴。楚军听说晋国军队来了，立即退军，宋国得以保全。

晋国之忧在内在外？

鲁成公十六年，楚国与晋国再次爆发一次大战——鄢陵之战，这是一次争夺郑国附属国的战争，晋国虽然险胜，但在准备和实施战斗的过程中，晋国方面围绕着什么是"晋国之忧"、国家有外患好还是内忧好，进行了深入地探讨。四月，晋国大臣范文子认为，天下诸侯如果都对晋国唯命是从而只有郑国背叛，"晋国之忧"很快就会到来。

为什么他会这么认为呢？这要结合后面他再次阐述对忧的理解的时候才能明白。五月，战争一触即发时，范文子发表他的观点，"我伪逃楚（我军假装打不过逃避开楚军），可以纾忧。夫合诸侯，非吾所能也，以遗能者。我若群臣辑睦以事君，多矣。"在他看来，晋国此时的情况和人才储备，没法做到像晋文公时代做唯一霸主，能够把国事办好就不容易了。六月，战斗即将打响，范文子仍不欲战，阐明了他的核心思想，"吾先君之亟战也，有故。秦、狄、齐、楚皆强，不尽力，子孙将弱。今三强服矣，敌楚而已。唯圣人能外内无患，自非圣人，外宁必有内忧。盍释楚以为外惧乎？"这段表达明白如话：原先晋国有秦、狄、齐、楚四个诸侯强国环伺，如果晋国不积极斗争，就会被他们削弱压迫，但现在局面不同了，另外三强已经服了晋国的霸主地位，只有楚国一个敌国旗鼓相当，不如留着作为外忧来做推动晋国内部团结和继续发展的动力，因为我们把楚国也打服了，晋国就该有内忧了。

范文子"外宁必有内忧"的这个观点，和孟子"出则无敌国外患者，国恒亡"的观点如出一辙，仅从政治角度看，是颇有道理的。后来晋国国内政治的发展，确实被他不幸言中，先是晋厉公取得鄢陵之战的胜利以后，更加骄奢，任用亲信，排斥异己，鄢陵之战中有功的将领也居功自傲，二者冲突加剧，终于导致一场内乱，晋厉公被刺杀，晋国政局陷入长期的动荡之中。中行氏、范氏、智氏、赵氏、韩氏、魏氏六家卿大夫垄断国政，长达上百年，晋国出现类似于东周的臣重君轻局面。六卿为了各自权力和利益最大化，又不断内讧，在公元前五世纪末晋定公时期，六卿终于火并，郑国、齐国支持的中行氏和范氏被消灭，其余四家实力更强，晋国公室更加危险。当赵简子终于为灭掉中行氏和范氏而庆贺时，他的谋士说了一句"虽克郑，犹有知在，忧未艾也"，他提醒赵简子，赵氏最危险的对手其实是智氏，只要他们在，赵氏的忧患就没有穷尽。

也正是在这次消灭中行氏、范氏的战争中，一度不占优势的赵简子为了激发士气，阵前出台了破天荒的政策：克敌者，上大夫受县，下大夫受郡，士田十万，庶人工商遂，人臣隶圉免。在此之前，不是贵族出身是不可能受县受郡的，奴隶也永远是奴隶，赵简子的新政策为以少胜多发挥了重大作用，成为后世兵家的楷模，商鞅甚至将赵简子的这种以奖励鼓舞士气编制成系统的制度作为秦国的国法，成为战国中后期秦国强大军事力量的精神支柱——军功爵制度。

又过了不久，实力最强大的智氏再次与三家火并被灭掉，剩下的三家已经不可压制，终于以三家分晋结局，百年霸主晋国不复存在，早早退出历史舞台。问题是智氏被灭掉了，无论是赵氏还是晋国，亦然"忧未艾也"。比如，三家分晋后，韩、赵、魏三国各自为政，都无力再抵挡住秦国，就为后来秦国东进扫除了障碍，直接促成了秦国最后的统一。否则，统一强大的晋国存在，秦国恐怕只能委屈地待在西边。

回过头来再说范文子的"外宁必有内忧"理论，无论从晋国分裂的结局看，还是从科学性看，他的观点并不全面，内忧外患不是非此即彼的排除关系，外宁和内忧更不是必然的因果关系，一个国家兴亡归根结底还是内部治理得不得民心，外因不是决定因素。

霸主政治下的曹国"若之何忧犹未弭"

晋国与秦国争霸的关键之战麻隧之战，晋国取胜，巩固了霸主地位。曹国国君曹宣公拥护晋国称霸，参加了麻隧之战，卒于军中。曹宣公的弟弟公子负刍借着留守监国的便利，杀死曹宣公的世子，自立为国君，是为曹成公。

曹成公的做法违背了政权传承规则，诸侯们认为此风不可长，要求联合伐曹，霸主晋厉公觉得曹国为麻隧之战把国君都搭上了，就把这事往后拖。两年后，晋厉公带领诸侯联军攻打曹国，逮捕曹成公送往东周京师，让曹宣公的另一个素有贤名的弟弟子藏监国，又准备让周王册封他当曹国国君。没想到子藏却说"为君，非吾节也"，用"圣达节，次守节，下失节"的道理不肯失节为下，逃亡到宋国。

曹国国事没有人管，曹国就在次年向晋国请求让曹成公回国。曹人提出了国之忧：自我国先君宣公即世，国人曰："若之何忧犹未弭？"而又讨我寡君，以亡曹国社稷之镇公子，是在大泯曹也。先君无乃有罪乎？若有罪，则君列诸会矣。君惟不遗德刑，以伯诸侯，岂独遗诸鄙邑？意思是，我们先君为晋国作战死了，新君被你们捉去了，监国公子给你们逼走了，曹国人都在问："国家的忧患还没消除，怎么办？"晋国这么做是要大举亡曹啊，可不符合霸主的德行。

一方面是曹国的请求，一方面是诸侯的规矩，晋国左右为难，继续拖下去。这年七月，曹国再次请求让国君回来，晋厉公没法再拖，就把球踢给了逃亡的子臧：你回国就让你们的国君回国。子臧妥协回国，曹成公也跟着回国。曹成公当了二十多年国君，几乎年年都跟着晋国东征西讨，最后又像曹宣公一样死在军中。

这段曹国以忧要回国君的故事只是《春秋左氏传》记录的关于曹国之忧的一个故事，它还记载了另一个。鲁桓公九年冬，曹国世子姬射姑到鲁国朝贺，鲁国按照礼节以上卿之礼仪接待，举办宴会并第一次敬酒后，音乐奏起，没想到世子闻乐而叹。大夫施父以为他对接待礼仪不满，以责备的口气说："曹大子其有忧乎，非叹所也。"书中没有记下世子的解释，但次年春，当国君55年的曹桓公去世，姬射姑继位，是为庄公。据此猜测，射姑当时确实有忧，他应该是个大孝子，担忧父亲的病情，为父亲生病自己却在观赏音乐觉得愧疚而叹。

一次专场音乐会引发的"忧深思远"

吴国在春秋后期才迟迟登上历史舞台，但一亮相就不凡。

楚晋争霸，吴国一度是最大的受益者。公元前六世纪，晋国为了赢得战略优势，就扶持楚国背后的吴国，把中原地区先进的战车技术和作战兵法输入吴国，吴国迅速崛起。鲁襄公时期，吴国先后由吴王寿梦和他的大儿子诸樊、二儿子余祭、三儿子余昧为君，积极与中原地区交往，以过去的蛮夷之国得到了中原各个国家的认可，建立起良好的外交关系。余祭即位后，他于鲁襄公二十九年派四弟季札（吴王阖庐之叔）告知中原各国新君登位的消息。这一趟中原外交，季札以其政治家的睿见和深厚的文化修养，展示了新秀吴国的国家风采，赢得了广泛尊敬，连孔子都表示仰慕之情，相传他在季札死后，特地去其墓前写了碑文"呜呼有延陵君子之墓"。

《春秋左氏传》记载的季札出使路线是鲁国、齐国、郑国、卫国、晋国五国。鲁国是周公后裔封地，保留着完好的周乐文化，季札第一站到达鲁国，就被安排"请观于周乐"。乐师依次为之歌《周南》、《召南》、《邶》、《鄘》、《卫》、《王》、《郑》、《齐》、《豳》、《秦》、《魏》、《唐》、《陈》、《郐》、《小雅》、《大雅》、《颂》，为之舞《象箾》、《南籥》、《大武》、《韶濩》、《大夏》、《韶箾》，直到季札表示"观止矣！若有他乐，吾不敢请已"才结束。出乎意料的是，吴越之地一向被认为是蛮荒之地，文化落后，季札的表现却完全推翻了这一成见。他对每一首歌、每一支舞都作了精彩又恰如其分地评论，开宗明义，切中要害。特别是他对于《卫》、《唐》的评论："美哉，渊乎！忧而不困者也。吾闻卫康叔、武公之德如是，是其《卫风》乎？""思深哉！其有陶唐氏之遗民乎？不然，何忧之远也。非令德之后，谁能若是？"听出了强烈的忧患意识，总结提炼了"忧而不困"、"忧深思远"两大观点，深刻地阐述了要忧患而困于忧患、忧患越深谋划越远的道理，被后人广泛引用。

五国中每到一个国家，季札都敏锐地看到了这个国家的政治忧患，并对为政者直截了当地提了出来，演绎了他的忧深思远理论的准确性。他告诉鲁国的叔孙穆子，"子其不得死乎？好善而不能择人。吾闻'君子务在择人'。吾子为鲁宗卿,而任其大政,不慎举,何以堪之?祸必及子!"他告诉齐国的晏子,"子速纳邑与政!无邑无政,乃免于难。齐国之政,将有所归,未获所归,难未歇也。"(晏子听从劝告把政与邑交给陈桓子,免于栾、高之难)。他告诉一见如故惺惺相惜的郑国子产,"郑之执政侈,难将至矣!政必及子。子为政,慎之以礼。不然,郑国将败"(后来子产果然执政并做出重大贡献)。他在晋国,先是对赵文子、韩宣子、魏献子说"晋国其萃于三族乎"!后又告诉叔向,"吾子勉之!君侈而多良,大夫皆富,政将在家。吾子好直,必思自免于难"(季札准确预言了后来的三家分晋)。

一次诸侯会盟引发的关于忧患的讨论

鲁襄公二十七年(公元前546年)第二次弭兵会盟后,东周列国诸侯形成新的天下秩序:晋国、楚国同为盟主,两霸原先各自的附庸国向两霸同样缴纳贡赋,齐、秦两国则保持独立不霸不附,各国之间尽力保持和平。弭兵会盟制度是古代中国人高超政治智慧的结晶,第一、第二次世界大战后出现的国盟、联合国,据说就参考了古代中国创造的弭兵会盟制度。

此后五年即鲁昭公元年春天,各国在宋国召开会盟研究有关问题,其时楚国风头正健,"得志于晋",所以出席会盟的楚国公子兼令尹围成为大家关注的焦点。《春秋左氏传》记载这个历史性场景只用了400字,却密集地用了14个"忧"字。

当公子围身着类似国君穿的服装举行仪式时,各国代表一片哗然。鲁国、郑国、蔡国对公子围的衣着和仪仗展开评论,楚国随员赶紧解释这是代表楚国国君进行会盟,服装都是从国君那里借来的。郑国外交官话中有话跟了一句,借来就不会还回去了。楚国随员马上反击,你们郑国人还是忧虑你们国内有人要叛乱吧,郑国外交官紧追不舍地讽刺，如果借了不还，先生就毫不担忧吗？

其他国家代表一看有了热闹，也纷纷跟进。齐国代表是打圆场，我替你们二位无事生忧难过。陈国代表却是挑拨，不生忧怎么成啊，他们二位其实不是很快乐吗？卫国代表则对二人生忧之事感到理解，如果有些事早知道了，虽忧何害？身处会盟漩涡的宋国的代表赶紧把话题扯开，"大国令，小国共。吾知共而已"，他其实也是借机道出了宋国的苦水，大国发令，小国供职，我只知道供职而已。晋国代表也打哈哈，把话题扯到音乐上去。

会盟结束后，郑国代表团把话题继续了下去。郑国外交官先对各国代表的发言进行了点评，认为从发言上看，鲁、宋、晋的代表老成平和，"皆保世之主也"；而齐国代表"代人忧"、陈国代表"乐忧"、蔡国代表"虽忧弗害"，这些大夫们话中兆忧，忧能无至乎？然后他又阐述了一番自己判断的理论依据："夫弗及而忧，与可忧而乐，与忧而弗害，皆取忧之道也，忧必及之。"他在此处提到的取忧之道：对不相干的事生忧，对当忧之事反而觉得可乐，对忧患觉得无害，尽管未必有着科学的逻辑支撑，但认为如果处理不当"忧必及之"的推论，还是比较深刻的。

子产的"忧乐同之"观造就了一个小国的大政治家

子产是郑国的宗室公族，担任卿和执政长达二三十年，纵横捭阖于郑国乃至春秋舞台，很多施政之举和为政之论，如"择能而使"的用人观、"不毁乡校"的民本思想、"宽猛相济"的治国理念等，几千年来都传为美谈。他被称作小国里走出的大政治家。

子产的成就，与他"忧乐同之"的思想密切相关。

子产在陪同郑国国君郑简公出使晋国时，晋国以鲁国国君新丧为名接待怠慢，子产令人拆除晋国宾馆的围墙并以此安置郑国使团的车马。当晋国方面责备时，他指出晋国对郑国使团不够尊重，错误在晋国一方，最终得到晋国方面的道歉与隆重接待，"晋侯见郑伯有加礼，厚其宴好而归之"。就是在这次外交斗争中，子产以鲁国国君去世既让霸主晋国难过，也是"敝邑之忧"的体谅立场，提出霸主晋国当与郑国这样的附庸"忧乐同之"。

子产所处的时代是春秋中晚期，已经礼乐崩坏，郑国的国家实力和政治地位远非当年可比。如果用"郑国之忧"来总结，内忧是"国小而逼，族大宠多"，公族之间时不时发生严重的残酷杀戮；外忧是"介于大国，诛求无时"，成为晋、楚两个大国的受气包。面对这些"郑国之忧"，子产为政的指导思想就是设身处地，忧乐同之。

郑国执政子皮想安排自己宠爱的儿子去担任地方主官，征求子产的意见，子产觉得这么做对孩子不好，名义上爱实际上是害，还打了形象的比方"未能操刀而使割也，其伤实多"。说这番话时子产完全站在子皮的立场上，立即得到了子皮的采纳，并由此看出他对自己忠，子皮遂把家事、国事统统托付给子产。对于公孙黑作乱，起初只有苗头时，子产鉴于他是公族要员，还维护他。等到了发难作乱要荼毒其他公族时，子产立即出手坚决打击，毫不手软，最后为了维护他的体面和家族利益，说服公孙黑自尽了局。郑国在各地设有乡校，老百姓经常在这里议论政治，有的人主张毁掉，子产不同意，他说："其所善者，吾则行之，其所恶者，吾则改之，是吾师也。"子产把乡校作为获取群众议论政事的反馈信息的场所，注意根据来自公众的意见，调整执政的政策和行为，因此得到了郑国人的爱戴。

子产甚至与山川忧乐同之。一年郑国大旱，派官员去祭祀桑山祈雨，他们却砍去了山上的树木，子产以其超前的生态观批评道，祭祀山神，应当培育和保护山林，现在反而砍去山上的树木，罪过就很大了。于是剥夺了这些人的官爵和封邑，这大概是历史上首次生态问责。

介于晋楚中间的尴尬地位，曾使得郑国两头受气，子产以其高超的外交手段和政治智慧，制定了郑国"从晋和楚"国策，游走两国之间，化害为利。子产对待晋、楚二霸，敢于开展有礼、有节、有利的斗争维护郑国利益。有一年，郑国遭遇连绵火灾，损失巨大，为了避免乱中生乱，子产加强了国防部署，立即遭到晋国的指责，说晋国国君以"郑之有灾，寡君之忧也"，郑国却在边界加强戒备，"将以谁罪？"面对晋国气势汹汹的指责，子产抓住"郑之有灾，寡君之忧"八个字作了完美的答复：就像你所说，郑国的火灾就如同晋国之灾，我们已经给晋国增添了忧患，如果有人乘着火灾之乱对郑国不利，不是更加重了晋国之忧吗？那样我们罪过就更大了。最后他给晋国吃了口头定心丸，"既事晋矣，其敢有二心？"这番与晋国忧乐同之的道理得到了晋国的认可，没有再说什么。还有一年，楚公子围聘于郑，且娶于公孙段氏，既聘，带着部属意图进入王城，子产患之，派人去说理，并暗示如果楚国不讲理，郑国自有应对之策，公子围发现郑国已做了戒备，只好乖乖地按照子产的要求办。

讲求"宽猛相济"之道的子产，有的政策在推行中也产生过严重不良反应，当时各国甚至传言子产暴虐，孔子差一点儿都相信了。后来经过多方面观察，孔子完全改变了看法，称赞子产是郑国"国基"，"人谓子产不仁，吾不信也"。子产自己"苟利社稷，死生以之"的名言，大概就是他和郑国"忧乐同之"的表白吧。

春秋中晚期的楚国何以在忧患中沉浮兴衰

忧患意识之所以宝贵，是因为凭借它可以提前发现风险苗头而采取措施，避免所忧患的事情发现，或者提前采取措施让不可避免的忧患之事尽可能减少负面作用。楚国有一个大臣，不能不说他很有忧患意识，但他为了自己的私利放任、推动所忧患之事发生并恶化，最后不仅祸国殃民，也戮及自身。这个人就是楚平王时期的费无极。

公元前528年楚平王即位，即位之初，对内抚慰民众，宣布休养生息五年才考虑用兵，对外敦睦诸侯，信守诺言，让蔡人和陈人复国，树立了较好的政治形象。忠良之后伍奢此时受到楚王信任，位在费无极之上。费无极在为太子建到秦国迎亲时发现新娘子十分漂亮，为了得到楚王宠信，迎回新娘子后就力劝楚王自娶，楚平王听从其计，调包新娘子，把秦女娶作自己的夫人。这使得费无极从此深受楚平王宠信，但也开启了此后政治恶化的魔瓶盖子。

纸终于包不住火，这一丑闻后来暴露，费无极开始有预谋地排斥陷害太子以免除后患。他先是建议派十几岁的太子建去驻守北部重地方城，接着又向楚平王密报太子建和伍奢密谋在方城造反，还得到了一些诸侯国支持。心虚多疑的楚平王听信谗言，把伍奢抓起来，还派人去杀太子建，太子建闻讯后出逃宋国。

看到楚平王没有追究私自给太子建通风报信的人，费无极生怕事情反转，干脆再次以忧患意识说服楚怀王，企图把伍奢的儿子们骗回都城一并杀死："奢之子材，若在吴，必忧楚国，盍以免其父召之。彼仁，必来。不然，将为患。"伍奢的儿子伍尚、伍子胥都在地方为官，他们在这个选择面前，二人作了分工，伍尚回京去救父亲，伍子胥出逃吴国，以避免全家被害并将来为家人报仇。伍尚回到京城后果然与父亲一起被杀，伍子胥逃到吴国，利用吴、楚两国的矛盾，于公元前506年大举伐楚，占领楚国都城，费无极随即以陷害伍氏忠良等罪名被杀，楚国差一点儿被灭国。此前，楚平王已死，伍子胥便将楚平王的陵墓掘开，当众鞭尸三百，以此报了不共戴天的杀父兄之仇。

费无极完全了解伍子胥等人的水平能力，并视作潜在对手，以其"若在吴，必忧楚国"的理论借刀杀人，一步步推动形势恶化，最后真的造成了这个结局，其中所有人物和国家无一得好。费无极以忧患意识兜售其奸，成为千古奸佞的代表人物。这一悲剧性事件的背后，是楚国竞争对手晋国导演下的吴国的崛起以及吴、楚争霸南方的尖锐斗争。

说到吴国的崛起，虽说是晋国有意扶持的结果，归根到底又是楚国自身政治斗争恶果的延续，因为主张扶持吴国以抑制楚国的人，恰恰就是差点被楚王杀害而叛逃到晋国的申公屈巫。楚国为什么两次遭到自己所拥有而不能用的杰出人才的报复？归根到底，还是内政不修使然。一些政治评论家在此前后发表的评论，回答了这个问题。公元前519年，吴、楚爆发战争，楚国加紧坚固首都城墙，大臣沈尹戍做出评论道："民无内忧，而又无外惧，国焉用城？"一方面四面树敌，一方面老百姓无法安安稳稳种田保收，只靠修城来对付所惧怕的吴国，"能无亡乎？"两年后，楚国到处筑城迁民，郑国执政子大叔听说后反对这种做法，"楚王将死矣，使民不安其土，民必忧。忧将及王，弗能久矣。"

如果这些有见识的意见得到采纳，楚国差点儿亡国之患也许就消除了。直到这次亡国之患发生后，楚国上下沉痛反思，先是快速复国，最后又反攻吴国，到最后尽有吴越之地，楚国霸业才稳固下来。

周室之忧、大国之忧、小国之忧：忧患何以密布春秋时期大大小小的王国

鲁昭公三十二年（公元前510年），也是周敬王十年，周敬王派使者来到晋国，请求晋国牵头组织各国诸侯修建都城成周。周敬王贵为天子，却有"周室之忧"，对晋国国君不敢颐指气使，反而恭恭敬敬称为"伯父"，先是道歉天降祸于周"以为伯父忧"，接着诉说了王城被毁，天子即位十年无处安身的窘境，以历史上周成王"合诸侯，城成周，以为东都，崇文德焉"的先例，激励晋国再干一次这功德无量的善事，"伯父若肆大惠，复二文之业，弛周室之忧。"晋国经过一番算计，反正是诸侯一起来修，还能减轻晋国的防守负担，就痛快答应下来，"天子有命，敢不奉承，以奔告于诸侯。迟速衰序，于是焉在。"晋国当年十一月合诸侯之大夫，令城成周，第二年春天完工。

周敬王是东周的君王，按说是天下之王，诸侯之王，但他一没有实力，连个都城都修不起，即位十年"不皇启处"；二说话没人听，只能低三下四仰仗诸侯盟主晋国来主持这件事。这时候甚至整个春秋战国时代，天下已经唯实不唯名，周室不过是形式上的一面旗子，号令天下的实权早转移到实力最强的诸侯手中。

周王有"周室之忧"，诸侯中的大国亦然。周敬王二年的时候，郑国执政子大叔陪同郑国国君到晋国朝见，就向晋国提出了"大国之忧"的问题。子大叔假借别人之言"忧宗周之陨，为将及焉"，但对于王室摇摇欲坠的局势，以及周王室安危带来天下秩序的不可确定的变化，他们只能"吾小国惧矣"，认为不是郑国这样的小国所能操心的。那该谁来操心呢？子大叔以其高超的外交辞令说道："然大国之忧也，吾侪何知焉？"听话听音，晋国听出了这番话的含义：享受盟主权力的人，也该尽盟主的责任，否则天下不服。

小国的忧患则更多。公元前488年，吴国一度当上了盟主，召集列国会盟，规定了吴国治下的各国规则。但是散会不久，参加了会盟的鲁国就讨伐邾国，从邾国逃出来的大臣请救于吴，指责鲁国恃力"背君之盟，辟君之执事，以陵我小国。邾非敢自爱也，惧君威之不立。君威之不立，小国之忧也。若夏盟于鄫衍，秋而背之，成求而不违，四方诸侯，其何以事君"？小国承认霸主的地位，缴纳贡赋，就是希望在霸主治下能够享有国家保全和和平，因此最怕的就是霸主威信不足，各国不照它的要求办，照样自行其是，欺凌小国。邾国求救者不从自身说起，而是状告鲁国侵犯吴国的霸主地位，如果吴国不管，吴国"威之不立"，四方诸侯就不再认吴国为霸主，那才是"小国之忧"。

吴国初为霸主，也想长久，于是答应了求救者的请求，第二年组织伐鲁。

　　为什么会有周室之忧、大国之忧、小国之忧？失序使然。大家都有忧，说明在秩序和规则被破坏和不确定的世界里，所有各方都是受害者，大有大的难处，小有小的苦处；高有高的难处，低有低的苦处。大家都有忧，也说明都在期盼天下尽快实现从传统秩序的失序向新秩序的确立。

其忧思有如此者

——《礼记》（含《大学》、《中庸》）之忧与
儒者标准

　　儒家五经中的《礼记》、《中庸》、《大学》既是并列关系，也是总分关系，因为《中庸》、《大学》本来都是《礼记》中的篇章，《中庸》就是《礼记》的第三十一篇，《大学》则是《礼记》的第四十二篇。成书于汉朝的《礼记》，记录了孔子大量的谈话，虽然不少研究者认为这些孔子言论并不可信，但它们强调和深化了《论语》中的忧患意识。

《礼记》之忧

　　《礼记·儒行》中孔子与鲁哀公谈话时对君子标准与忧患意识进行了深入充分的探讨。

　　《儒行》通篇是孔子与鲁哀公的对话，孔子通过回答鲁哀公的提问，解释了君子的行为和德行应当如何，阐述了一个真正儒者的行为是什么样子的，这是对君子最完整、最确切的表述，是中国古代知识分子的理想行为准则，是儒者的典范。孔子这样介绍儒者应有的忧患意识和忧国忧民的情怀："儒有今人与居，古人与稽；今世行之，后世以为楷；适弗逢世，上弗援，下弗推。谗谄之民有比党而危之者，身可危也，而志不可夺也。虽危起居，竟信其志，犹将不忘百姓之病也。其忧思有如此者。"这段话的大概意思是：儒者虽然和当代的人生活

在一起，但他们的言行却和古代的君子相合；儒者今世之行为，可为后世之楷模。命运多舛，生不逢时，位于其上者不拉他们一把，位于其下者不推他们一下，谗谄之徒勾结起来危害他们，但所有这些只能危害他们的身体，却改变不了他们的志向。虽然处境险恶，他们还想着施展自己的抱负，特别是念念不忘老百姓的痛苦。儒者的忧患意识就是这样的。

在这里，孔子把真正的儒者的标准定义为其自立、容貌、备豫、近人、特立、刚毅、自立、仕、忧思、宽裕（宽容大度）、举贤援能、任举、特立独行、规为（规范言行）、交友、尊让（重视谦让）十六个方面的严格要求。忧患意识、忧民情怀是这其中的重要一条。

《中庸》之忧

《中庸》子记载了孔子这样一段话，"无忧者，其惟文王乎！以王季为父，以武王为子，父作之，子述之。武王缵大王、王季、文王之绪，壹戎衣而有天下，身不失天下之显名；尊为天子，富有四海之内。宗庙飨之，子孙保之。"这段话看似是孔子强调"无忧"，其实不然。孔子回望他之前的历史，认为能够无忧无虑的人，恐怕只有周文王，因为只有周文王才有无忧的资格：英明的父亲为他开创基业，英武的儿子又继承了他的事业，并把三代未竟之业实现，拥有四海之内，得天下又享有美名，并且还持续数百年。孔子这段话，是一种否定性的强调：千古以来只有周文王一人可以无忧，其他的人既然与周文王不可比，就不能像他一样无忧，而是必须有忧，必须要始终保有忧患之心。离周文王差距有多大，忧患就该有多长。

其实，即使圣贤如周文王，也无法做到"无忧"，否则他也就不推演《周易》了。《礼记》就记录了"文王色忧，行不能正履"这样一个情节。周文王当世子的时候，每天给他父王王季请安三次，每听到"一切安好"的答复，文王就脸露喜色；一旦听到王季身体抱恙的消息，就会满脸忧愁，甚至连走路都迈不开步子。周文王的这种纯孝，成为孔子判断孝的最后标准，在《论语》中，孔子的弟子孟武伯问什么是孝，他的回答是"父母惟其疾之忧"。

《大学》之忧

四书五经之中的《大学》则是《礼记》的第四十二篇。"所谓修身在正其心者，身有所忿懥，则不得其正，有所恐惧，则不得其正，有所好乐，则不得其正，有所忧患，则不得其正。心不在焉，视而不见，听而不闻，食而不知其味。此谓修身在正其心。"这段话是强调君子仁人在"正其心"时，不能有个人的忿懥、恐惧、好乐、忧患，否则就不能修得正心，也就是无法修炼成君子之心、仁人之心。"有所忧患，则不得其正"一句，绝非强调君子仁人不能忧患，此处的"忧患"是一个狭义的概念，仅仅是指关于自身的忧患，比如忧贫忧食，比如患得患失。谁能把一颗充满关于食物是否美味、财富多寡、名利得失的忧患的心修炼成君子之心呢？在这一点上，孔子的认识是一贯的，所以他才主张"忧道不忧贫"。

"乐极则忧"是常说到的一个词语，意思是喜乐到了极点就会忧愁，这里的"乐"是 lè 音，而不是读作 yuè。但这个词汇发端于《礼记》，起初的"乐"字却是读作 yuè 而不是 lè 音。《乐记》篇对乐（yuè）的作用和意义进行了非常专业、深刻的阐述，其中就有一句"乐（yuè）极则忧"，但它的读音、含义都与现在常用的这个成语有所不同，它讲的是音乐的道理，音乐到了最高亢的点位往往会引发愁绪。这一篇中的"角乱则忧"、"敦乐而无忧"都是指音乐的表演方式、急缓程度与情绪的关系，而不是表达欢乐和忧患的关系。现在的"乐极则忧"已经不是本音本意了。汉语词汇中有很多这样的例子。

《礼记》中还有"故君子有终身之忧,而无一朝之患。故忌日不乐"、"有忧者侧席而坐"、"三年忧"等忧的用法,它们都类似于《尚书》中提到的"居忧"的意思。其中"某有负薪之忧"的"忧"字含义是疾病。这两种用法现在都一般不用。但孟子把子思在这里说的"君子有终身之忧,而无一朝之患"借用过来,还原"忧"字本来的含义,遂使得"君子之忧"升华了仁人之心的新境界。

君子忧道不忧贫

——《论语》之忧与儒家的忧与不忧

以语录体和对话体为主记录孔子及其弟子言行的《论语》，集中体现了孔子的政治主张、伦理思想、道德观念及教育原则等，作为四书之首，是奠定儒家思想的基础经典，因而是几千年间读书人必读的典籍，它对传统士大夫乃至普通人价值观的形成和构建精神世界发挥着决定性作用。《论语》中的忧患意识，对后世中国人的忧患意识形成发展具有极其关键的影响。

《论语》共计二十篇，总计字数达 2.1 万多，其中直接出现的"忧"字有 15 处，同时有相近的"患"字 17 处，可谓有着强烈的忧患意识。

《论语》15 处"忧"字都出现在哪里、忧的是什么？

《为政》篇中，孔子的弟子孟武伯问什么是孝，子曰："父母惟其疾之忧。"这句话有两种翻译：一是父母只对子女的疾病担忧，表示的意思是父母爱自己的子女，无所不至，唯恐其有疾病，子女能够体会到父母的这种心情，在日常生活中格外谨慎小心，努力不生疾病，这就是孝。二是对父母要特别为他们的疾病担忧，表示的意思是照顾好父母尽量不要让他们生病，如果生病要特别重视和加强照顾，这就是孝。

《雍也》篇中，孔子赞叹弟子颜回甘于清贫，"贤哉回也！一箪食，一瓢饮，在陋巷，人不堪其忧，回也不改其乐。贤哉回也！"颜回不以清贫为忧，还能在其中得到乐趣，孔子认为这就是贤的一种。

《述而·第三章》篇中，孔子主动表达自己怎么看待忧、理解忧："德之不修，学之不讲，闻义不能徙，不善不能改，是吾忧也。"在这里，孔子用问题列举法阐述了自己忧虑些什么，表示自己忧虑的是修德、讲学、赴义、向善等一系列重大问题。

《述而·第十九章》中，孔子让弟子子路可以这样介绍孔子是一个什么样的人——叶公问孔子于子路，子路不对。子曰："女奚不曰：'其为人也，发愤忘食，乐以忘忧，不知老之将至云尔。'"孔子希望自己是一副"发奋读书忘了吃饭，自得其乐忘了忧愁，不知道衰老将要来到"的乐天派样子。

接下来的《子罕》、《颜渊》、《宪问》篇中，孔子反复强调君子、仁者不忧的话。

子曰："知者不惑，仁者不忧，勇者不惧。"

司马牛问君子。子曰："君子不忧不惧。"曰："不忧不惧，斯谓之君子已乎？"子曰："内省不疚，夫何忧何惧？"

子曰："君子道者三，我无能焉。仁者不忧，知者不惑，勇者不惧。"子贡曰："夫子自道也。"

在这里，孔子把不忧作为君子之道、仁者内涵的重要内容进行了强调，同时谦虚地表示自己离君子、仁还有差距。

《颜渊》篇还记录了孔子弟子司马牛的忧虑——司马牛忧曰："人皆有兄弟，我独亡。"子夏曰："商闻之矣：死生有命，富贵在天。君子敬而无失，与人恭而有礼，四海之内皆兄弟也。君子何患乎无兄弟也？"子夏对司马牛没有亲兄弟的忧虑给出了高度儒家的劝解：只要修身成为"敬而无失，与人恭而有礼"的君子，四海之内皆兄弟，何必忧患没有亲兄弟呢？子夏表达的深层意思是，君子不是一家一亲的小我，而是胸怀天下的大我。

　　孔子关于忧的论述中最为知名的一句话"人无远虑，必有近忧"，出自《卫灵公·第十五章》篇，浅显地说明了一个深刻辩证的道理：人如果没有长远的考虑，一定会有眼前的忧患。

　　《卫灵公·第三十一章》篇还记录了孔子关于君子重在谋道而非谋身的重要论述，"君子谋道不谋食。耕也馁在其中矣，学也禄在其中矣。君子忧道不忧贫。"孔子用两个同义句的反复，斩钉截铁地表达了明确的要求，君子不要谋食、忧贫，而要全心全意去忧道、谋道——担忧自己有没有领悟到道，忧虑以仁道为基础的理想社会有没有建立起来，进而追求和践行。

　　《季氏》篇中，孔子和冉有围绕治国问题深刻探讨了一番——冉有曰："今夫颛臾，固而近于费，今不取，后世必为子孙忧。"孔子曰："求，君子疾夫舍曰欲之而必为之辞。丘也闻，有国有家者，不患寡而患不均，不患贫而患不安。盖均无贫，和无寡，安无倾。夫如是，故远人不服则修文德以来之，既来之，则安之。今由与求也相夫子，远人不服而不能来也，邦分崩离析而不能守也，而谋动干戈于邦内。吾恐季孙之忧不在颛臾，而在萧墙之内也。"这段对话和这番道理的前因后果是，春秋后期鲁国公室被削弱，以季氏为代表的三支宗族势力（史称三桓，鲁桓公三个儿子的后人）强大，垄断国政，到了本文中的季孙这一代即季康子，上面受到鲁国国公收回政权的压力，下面有家臣阳虎觊觎，就想以对外用兵的办法巩固地位。孔子的政治主张一是维护公室地位反对卿专权，二是征伐之权在天子不在诸侯，所以坚决反对季孙氏的企图，孔子晓之以道理，动之以利害，特别是对季孙氏"萧墙之忧"的劝诫，警告季孙氏的忧患是家臣坐大取而代之，应该是打动了季康子，成功制止了这一动向。潘维城的《论语古注集笺》说："春秋三传皆不载季氏伐颛臾事，则其闻夫子之言而止也必矣。"潘维城在《论语古注集笺》说春秋三传，即《春秋左传》、《春秋谷梁传》和《春秋公羊传》，都没有记载季氏伐颛臾的事情，可见季孙听到了孔子的言语，所以停止了这一企图。根据史料，鲁国此后也没有对之动武，颛臾又存在了好几百年，战国末期才被远道而来的楚国所灭。

其实，孔子为政时亦有"萧墙之忧"，就是担忧萧墙内的公室之权被萧墙外的卿大夫抢去。孔子被鲁定公重用为司寇主持鲁国国政，决定以堕三都（即三桓各自在封地的"首府"，比如季孙氏的是费城）的方式，加强公室集权，逐步消解三桓的强盛势力。季桓子出于防止家臣犯上的考虑，同意堕三都，并派仲由等臣率兵毁掉自己的费城。然而三桓之中孟氏反对，坚持不毁掉自己的成城，定公发兵讨伐，却无法攻下。而定公在季氏的唆使下观齐女乐败坏礼数，更让孔子寒心。最后，公室的坚定拥护者孔子被赶出了鲁国，开始周游列国。

周游列国的孔子，还留下了"路叟之忧"的故事。汉朝刘向《说苑·敬慎》记载："孔子行游，中路闻哭者声，其音甚悲……见之，丘吾子也，拥镰带索而哭。孔子辟车而下问曰：'夫子非有丧也，何哭之悲也？'丘吾子对曰：'吾有三失。'孔子曰：'愿闻三失。'丘吾子曰：'吾少好学问，周遍天下，还后，吾亲亡，一失也；事君奢骄，谏不遂，是二失也；厚交友而后绝，是三失也。树欲静乎风不定，子欲养乎亲不待。'"《后汉书·刘陶传》把这个故事简化为"听民庶之谣吟，问路叟之所忧"，后以"路叟之忧"指百姓的疾苦。

但《论语》没有记载这个典故。值得注意的是，关于孔子忧患的内容，远不止《论语》里面的这些。孔子在其整理的《诗经》典籍中，选取了大量有关忧的情怀的诗文故事，在参加创作的《周易》典籍中，阐发了有关忧的深刻理论，在编删过的《春秋》典籍中，刻画了很多忧者的形象，记录了孔子大量谈话的《礼记》典籍中，强调和深化了《论语》中的忧患意识。这些内容已在其他部分专文谈过。

如何理解孔子的忧与不忧

《论语》中既强调忧，又有多处要"忘忧"、"不忧"，《礼记》又有"无忧"，后人因而陷入了迷雾：孔子到底是忧还是不忧呢？要理解孔子之忧的实质，必须要结合一字多义的语境、字意大小深浅明暗的差别。

忧的基本含义有两个：一个是忧患和它的同义词如担忧、忧虑等，一个是忧愁和它的同义词如忧愤、忧苦等，两个词义都常用。在《论语》中，有的"忧"字就是忧患之意，有的则是忧愁之意。

从前面引文看，"不堪其忧"、"忘忧"、"不忧"等处，其中的"忧"字就当作"忧愁、忧苦"解。人不堪其忧的意思是别人忍受不了这样的忧苦；乐以忘忧的意思是自得其乐忘记了忧愁；君子不忧的意思是修身成为仁义之心的君子后就不会有忧愁。这些"忧"字强调的是一种情绪，孔子是反对人处于忧愁之中的，他强调也善于自得其乐，是个乐天派。

而"是吾忧也"、"忧道不忧贫"、"季孙之忧"、"近忧"、"惟其疾之忧"、"忧曰"等处的"忧"字，其意在忧患，都可以直接换作忧患、担忧、忧虑。在这里，孔子强调的是一种意识，即意识、思想、精神层面上的忧患，他坚定主张要有这种忧患意识。

如果再从"忧"字深含的意义，从其大小、深浅、明暗各方面看，《论语》的忧，实际上有四个层次：第一个层次是为衣食而忧，第二个层次是为自己修身能不能修成君子和仁心而忧，第三个层次是忧能不能把自己之道行之于天下建功留名，第四个层次是把国家治理得井井有条，建成以道为基础的理想社会，实现天下大治。第一个层次是稻粱之忧，不堪其忧和忘忧、何忧的忧即是如此；第二个层次是君子之忧，他的德之不修之忧、"我无能焉"之叹即是如此；第三个层次是责任之忧，忧"学之不讲，闻义不能徙，不善不能改"，即是此忧；第四个层次是天下之忧，忧道不忧贫之忧——只在乎基于仁的理想社会能不能建立，不在乎自身贫贱富贵。孔子强调千古以来只有周文王一人可以无忧，既是对周文王建立以道为基础的周朝社会的赞美，也是反过来强调周文王之外的所有人，都必须要忧。

从忧的客体上看，孔子强调要有所忧有所不忧。孔子强调当忧的第一个方面是修身成君子成仁，"君子不可以不修身"，唯修身方能成君子，第二个方面是家国天下（此处的家指的是卿大夫的封地或王国属国）的大治，再现三皇五帝和文王、武王、周公的仁义之政。它们关乎孝、关乎仁、关乎道，总起来看，即内圣外王。除此之外，食、贫、愁等具体而微的事务，都是所不当忧的。

由此就不难得出结论，孔子是要人无忧吗？非也！苏东坡是最了解孔子的人之一，他在诗中说，"仲尼忧世接舆狂"，揭示了孔子的忧世之本质。

《论语》忧患意识的深远影响

综上所述，搞清楚了《论语》或者说孔子并不存在忧与不忧的矛盾，而是主张忧患不忧愁。忧患是正视甚至是预见困难和风险并做好应对准备，人要解决将出现的忧；忧愁则是被苦难所愁困，是人屈服于忧。前者是孔子所主张的状态和精神，后者是他所反对的。要忧患不忧愁，显示了孔子的以解忧为己任的高尚的精神品格，这后来演化为士大夫的责任感、使命感和天下情怀。正是这种"知其不可而为之"的大勇气，才使孔子成为"万世之师"吧。

孔子大量关于忧的直接论述，说明春秋时期忧已经成为君子阶层的一个鲜明特征和普遍意识。在此基础上，孔子承上启下，把上层社会的忧患意识凝练进仁的基本内核之中，从而成为人人内在的追求，成为全社会的普遍意识。

孔子就季孙将伐颛臾事件的政治表态，就内忧外患该如何处置问题，既提出了内部施政的原则是"有国有家者，不患寡而患不均，不患贫而患不安。盖均无贫，和无寡，安无倾"，也提出了外部亲邻睦邻的"故远人不服则修文德以来之，既来之，则安之"的理念，他主张治国者要关注外部危险，但更要关注内部隐患，治国应以化解内忧为主，不能用对外"谋动干戈"的方式转移内部矛盾。孔子这一主张在此后数千年间一直是中央王朝的为政思想，也树立了中华民族不搞侵略扩张主张和平共处的大国文明形象。

孔子忧道不忧贫的价值观，他对道——天地万物（包括人和国家、诸侯，特别是指君子和国家）立乎天地之间的根本力量和保持万物和谐的基本伦理秩序——的义无反顾的追求，奠定了儒家思想的基本内核。舍身成仁、先公后私、忧以天下、忧国忘家，这些中国人民的宝贵传统和品格，追溯其源，无不与此相关。汤一介指出，自孔子以来，从中国历史上看，儒家学者多对社会政治抱有"以天下为己任"的忧患意识。它是由于儒家始终抱有的对天下国家一种不可推卸的社会责任感和历史使命感而产生的，进而形成了传统士大夫的批判精神。

忧患意识与基于此的批判精神，不正是中国传统文明的精华吗？

生于忧患　死于安乐

——《孟子》之忧与君子天下情怀的激发

　　孟子（约公元前372年到公元前289年），名轲，字子舆，邹国（今山东邹城东南）人，战国中后期的哲学家、思想家、教育家。孟子是孔子之后儒家学派的代表人物，号称"亚圣"，与孔子并称"孔孟"，记载其思想言行的《孟子》作为儒家经典的"第二经典"，一直深刻影响着中国人的思想和生活，对构建中华文化产生重大影响。

　　《孟子》记载有孟子及其弟子的政治、教育、哲学、伦理等思想观点和政治活动，共计三万八千多个字，分为七篇十四卷二百六十章。它对于传统忧文化或忧患意识的构建具有极其重要的地位，因为它解决了忧的主体、客体、时空、立场问题，也阐述了忧患对于一个国家生死安危的因果关系。这极大地拓展提升了忧的境界与价值。

《孟子》对忧文化的拓展提升之一：君子当忧并且是终身之忧

　　如果说在孔子那里，君子忧还是不忧，毕竟是有些犹豫和不肯定的话，那么到了孟子这里，这个问题则得到了确定的解决：孟子斩钉截铁地说，君子有终身之忧。

　　孟子的这一主张见于《离娄下》第二十八章，是这么说的：君子所以异于人者，以其存心也。君子以仁存心，以礼存心。仁者爱人，有礼者敬人。爱人者，人恒爱之；敬人者，人恒敬之……是故君子有终身之忧，无一朝之患也。乃若所忧则有之：舜，人也；我，亦人也。舜为法于天下，可传于后世，我由未免为乡人也，是则可忧也。忧之如何？如舜而已矣。若夫君子所患则亡矣。非仁无为也，非礼无行也。如有一朝之患，则君子不患矣。

这段话的大意：君子和一般人不同的地方，就在于他的居心。君子把仁放在心上，把礼放在心上。仁人爱他人，有礼的人尊敬他人。爱他人的人，别人总是爱他；尊敬他人的人，别人总是尊敬他……所以君子有终身的忧虑，却没有突发的灾患。但是这样的忧虑是有的：舜是人，我也是人。舜为天下人所效法，能流芳百世，我却仍然不免是个普通人。这个才是值得忧虑的事。有了忧虑怎么办呢？尽力像舜一样罢了。这样的话君子引以为患的事就没有了。不是仁义的事不干，不合礼节的事不做。即使有突发的灾患，君子也不以为痛苦了。

孟子在这里强调了两个观点：一个是衡量一个君子的标准是什么？是以仁存心，以礼存心，是有终身之忧，无一朝之患。一个是君子应当何时忧患，忧患什么，忧而何为？君子要终身忧患能不能像舜那样法于天下，传于后世，努力向舜学习做到像舜那样。

这段话里最重要的意思是君子要为进德修业不如圣人而终身忧虑。人一生中肯定会受到各种突发而来的情况所干扰，但这些情况相对于人的终身追求而言是太小了，不要被它们带来的打扰所痛苦，才能全心全意毕生致力于成为舜那样的人。在这里，孟子借用舜这个伟大的目标，来对比日常遇到的困难、苦难，告诫人们怎么应对它们：如果站在平地上看苦难，再小也是小山一样挡在面前，而当你站在众山之巅看那些小山小丘，它们就不值得一提了。换作另外一句来表达，就是将军赶路，不追小兔。

《孟子》对忧文化的拓展提升之二：君子要把天下作为忧的空间，把民作为忧的客体，把民之所忧作为忧的立场，"忧民所忧"、"忧以天下"

孟子像孔子一样，周游列国宣传推广自己的主张，他分别向齐宣王、梁惠王、邹穆公、滕文公等诸侯王公进言献策，讲述自己的民本主义思想。《孟子》把这些内容放在第一章《梁惠王》上、下篇作为开篇，意在表明民本主义是孟子最为重要的思想主张。

孟子一生主要活动在齐国，因为齐国建立了招引人才的稷下学宫，这个学宫颇类似于齐国王室的智库。当时天下的不少英才都荟萃于此，孟子就在学宫先后长达30多年，还当过学宫主持。这一时期主要是齐宣王时代，所以孟子和齐宣王有多次会见和对话，齐宣王对于一些重大国政问题和思考，经常听取孟子的分析意见。不过，齐宣王没有听进过多少孟子的中肯建议，常常是"顾左右而言他"。

其中最著名的一次对话发生在有一天齐宣王见孟子于雪宫，《孟子》记载了这次对话的大意。王曰："贤者亦有此乐乎？"孟子对曰："有。人不得，则非其上矣。不得而非其上者，非也；为民上而不与民同乐者，亦非也。乐民之乐者，民亦乐其乐；忧民之忧者，民亦忧其忧。乐以天下，忧以天下，然而不王者，未之有也。"孟子这番话是想解释什么是"王政"——这是孟子向各位诸侯王公游说的核心主张，行王政，也就是孟子有时候的另一种说法——仁政，国王就得能够乐以天下、忧以天下，乐民之乐、忧民之忧，那样民亦乐其乐、民亦忧其忧，就能上下同欲者胜。

"乐民之乐者，民亦乐其乐；忧民之忧者，民亦忧其忧。乐以天下，忧以天下"是国王得到天下归服的前提、条件和方法。孟子此时提出的这一要求，是具体针对齐宣王这样的王者，虽然并不是针对"君子"、"贤者"，但它很自然地就被拓展到了所有君子以及以后的士大夫身上，直到宋朝范仲淹把它明确出来。

孟子是从魏国也就是梁国来到齐国的，他在魏国的时候去游说梁惠王，梁惠王站在池塘边，一边欣赏着鸟兽一边说："有德行的人也享受这种快乐吗？"孟子答道："贤者而后乐此，不贤者虽有此，不乐也。"孟子在这里讲述的贤者"后乐"的意思，应该是范仲淹"后天下之乐而乐"思想的发端。

梁惠王、齐宣王的问题几乎是相同的，孟子的回答不尽相同，第二次回答与第一次互为补充，在境界上要更高、更宽，显示了孟子思想的发展。孟子在同梁惠王、齐宣王的讨论中，从国王之乐引导到"与民偕乐"、"独乐乐不如众乐乐"，从乐引导到忧，从他们只是担忧自己的享乐能不能常有，到引导他们要明白"民为贵，社稷次之，君为轻"的道理，站在民之立场"忧民之所忧"，以天下为对象"忧以天下"，最后归于"后乐"，这不仅是对于国王们，同时也是对孔子所主张的忧，都在所忧的客体和空间上，有了极大的甚至是最大化的拓展；在忧的站位和立场上，有了极大的甚至最大化的提升。在这里，孟子所主张的忧有了更大、更远的境界。

《孟子》对忧文化的拓展提升之三："忧之如何"——用行动体现忧的价值

前面孟子已经讲到，"忧之如何？如舜而已"，那么"如舜"又如何呢？只要人人努力终身向尧舜学习，则能实现他在《告子下》提出的"人皆可以为尧舜"。孟子通过这样一个逻辑关系，讲清楚了君子忧之怎么办的问题，忧患不是目的，忧而后行之才是目的；忧固然有价值，有忧必行才是更高的价值，孟子把忧患意识和改进的实践辩证统一起来，完美地结合起来。

《孟子》的《滕文公上》记载了尧舜之忧，尧舜时期洪水泛滥、禽兽逼人、五谷不登，他们深以为忧，但面对这些忧愁，尧舜没有被吓倒，而是通过选用大禹治理洪水，任命后稷教会人们种植五谷，一批贤能辅佐自己治理天下，看似无法跨越的困难一个个迎刃而解。孟子讲述尧舜"圣人之忧民如此"这段历史，不仅是赞美尧舜所忧的不是为自己谋利益，而是为天下排忧解难；也是宣传他的选贤举能治理国家的主张，同时也再一次强调，忧患面前最好的方案是行动。

在《离娄下》部分，孟子再次引用舜的典故，以舜化解父母对自己"恶之"以尽孝的曲折故事，讲述了舜"天下之士悦之，人之所欲也，而不足以解忧；好色，人之所欲，妻帝之二女，而不足以解忧；富，人之所欲，富有天下，而不足以解忧；贵，人之所欲，贵为天子，而不足以解忧"，仍然孜孜致力于让父母理解和认可自己。孟子虽然是用这个故事表达大孝的价值观，也还是体现了他有忧而必行的主张。

《孟子》对忧文化的拓展提升之四："生于忧患，死于安乐"阐述忧患对一个国家生死安危的因果关系

孟子对尧舜特别是舜帝十分崇拜，《孟子》里引用舜的故事仅少于孔子言行。在孔子、孟子看来，尧、舜、禹三代是中国历史上最为美好的历史时期。舜帝从"忧民如此"到天下大治，就是孟子认为的忧患与大治最好的因果关系。

孟子也经常用夏桀、商纣的故事警醒人们，在《梁惠王上》里就引用《尚书·汤誓》里夏朝末年国人对无道之君夏桀"时日害丧，予及女偕亡"的控诉，分析了夏朝灭亡、夏桀身死的原因是对着台池鸟兽"独乐"。孟子用这段历史阐述了国家、君主因为耽于安乐而覆亡的道理。

也许孟子觉得这些道理的阐述过于分散吧，于是他在《告子下》篇里用一整段专门作了阐述。孟子曰："舜发于畎亩之中，傅说举于版筑之间，胶鬲举于鱼盐之中，管夷吾举于士，孙叔敖举于海，百里奚举于市。故天将降大任于是人也，必先苦其心志，劳其筋骨，饿其体肤，空乏其身，行拂乱其所为，所以动心忍性，曾益其所不能。人恒过，然后能改；困于心，衡于虑，而后作；征于色，发于声，而后喻。入则无法家拂士，出则无敌国外患者，国恒亡。然后知生于忧患而死于安乐也。"

这篇言论不仅在古代被广为读传引用，在当代更因被以《生于忧患，死于安乐》收入课文之中而享有盛名。孟子先是三段排比句，气势磅礴地论述了担大任者都经历过重重忧患、忧患对于人才成长有什么作用、忧患为什么能够推动人才长成，令人不得不信服。借助于这个逻辑，孟子从人扩展到国家，点出了"国恒亡"的现象的本质。在对人和国家的分析基础上，孟子发出了千秋回响的警示鸿音：生于忧患而死于安乐！

这九个字，在塑造中华民族精神方面，在激励人们和国家排忧解难方面，千百年来产生了巨大的影响。每当一个人在成长过程中遇到困难，就会以此激励自己，用英雄乐观主义去克服困难继续前进；当一个国家遇到不堪承受的突发灾难或外来侵略时，总会有人站出来以此激励自己和国人，用多难兴邦的道理鼓舞人们战胜忧患。同样，每当有人耽于安乐，每当国家风气崇尚奢靡，清醒者就会以此进行批评，总会起到振聋发聩的作用，挽回了一次次危局。

国学大师林语堂专门写过一篇文章《需说才志气欲》，对《孟子》有这么一番评价与推介："现代青年人，应该多读《孟子》，常读《孟子》；年年再读《孟子》一遍。孟子一身都是英俊之气，与青年人之立志卒励工夫，是一种补剂。"

如果说《诗经》、《易经》、《论语》是忧文化的源头，《孟子》就是上游一条清澈而富有营养的澎湃支流，它的注入让中国忧文化更有声势和激情，浩浩荡荡向前冲去，汇入中华文化的浩渺大海。

中　篇

圣人有忧之

——尧舜之忧与中华文明起源时期的艰难开拓

　　当尧之时，天下犹未平，洪水横流，泛滥于天下。草木畅茂，禽兽繁殖，五谷不登，禽兽逼人。兽蹄鸟迹之道，交于中国。尧独忧之，举舜而敷治焉。舜使益掌火，益烈山泽而焚之，禽兽逃匿。禹疏九河，瀹济漯，而注诸海；决汝汉，排淮泗，而注之江，然后中国可得而食也。当是时也，禹八年于外，三过其门而不入，虽欲耕，得乎？

　　后稷教民稼穑。树艺五谷，五谷熟而民人育。人之有道也，饱食、暖衣、逸居而无教，则近于禽兽。圣人有忧之，使契为司徒，教以人伦：父子有亲，君臣有义，夫妇有别，长幼有序，朋友有信。放勋曰："劳之来之，匡之直之，辅之翼之，使自得之，又从而振德之。"圣人之忧民如此，而暇耕乎？

　　尧以不得舜为己忧，舜以不得禹、皋陶为己忧。夫以百亩之不易为己忧者，农夫也。分人以财谓之惠，教人以善谓之忠，为天下得人者谓之仁。是故以天下与人易，为天下得人难。孔子曰："大哉尧之为君！惟天为大，惟尧则之，荡荡乎民无能名焉！君哉舜也！巍巍乎有天下而不与焉！"尧舜之治天下，岂无所用其心哉？亦不用于耕耳。

　　在先秦典籍中，几乎没有不宣讲尧、舜、禹伟大功绩的。在中国的历史叙事中，在儒家的价值观里，尧、舜、禹是伟大的圣人，他们不仅领导人们战胜了种种大自然灾害，还创建了后世的基本文明，是中华文明的奠基者。孔子孟子都非常尊崇尧、舜、禹。

从《孟子·滕文公上》里这一段孟子对尧、舜、禹的赞美来看，他们一个共同的巨大优点是多忧，他们的伟大功绩就来源于找到了正确的解忧之法、解忧之人。

尧、舜、禹时代，是中国开创时期，这时"天下犹未平，洪水横流，泛滥于天下。草木畅茂，禽兽繁殖，五谷不登，禽兽逼人"，先人们没有生存的基本环境。这是尧帝的第一重忧虑。先人们没有畏惧，向大自然开战，经过烧荒、治水，终于有"中国可得而食也"——中国可以种庄稼吃粮食的条件。

尧、舜、禹时代，农耕技术非常落后，人们吃不上饭、穿不上衣，怎样发展农耕就成为他们的第二重忧虑。于是尧帝就设立农官，教民稼穑，树艺五谷，终于"五谷熟而民人育"。诗经《大雅·生民》篇就以优美的颂词歌颂了后稷种植庄稼、养育人民的功绩。

尧、舜、禹时代，社会很不成熟，对于只初步解决了吃住问题的先民而言，由于文化礼仪法治十分欠缺，"近于禽兽"，这成为尧、舜、禹的第三重忧虑。经过设立司徒，教以人伦，得以建立起了"父子有亲，君臣有义，夫妇有别，长幼有序，朋友有信"的良好秩序规范，物质文明与精神文明得到和谐发展。

至此，儒家的理想社会框架构建完成。这背后的发展动力，是尧、舜、禹这些圣人们"忧民如此"。所依仗的途径，则是选贤用能，贤能治国。

尧帝之所以能够开创中华之基业，根本上就是他"举舜而敷治"，用对了人。尧帝不任用自己的儿子们，选用诸侯们众口称赞的舜，根源在于对天下不治之"忧"，而其忧非舜不解，于是延伸出"以不得舜为己忧"。尧帝之所以又解决了农耕、教化问题，也在于他把善于稼穑的后稷"举为农师，天下得其利"，把崇尚刑法与德化相辅相成的契"使为司徒"，社会才建起了五伦纲常。后稷、契因为他们的杰出才能和成就而被后世纪念为谷神、商祖。

舜帝之所以能够与尧帝并肩称圣，关键是他领导了大禹、皋陶治水成功，大禹在皋陶的大力协助下，改堵为疏，引洪入海，彻底解决了史前肆虐洪水对人们的危害，并退水整田为民族持续生存留够了肥沃土壤。干成这件德政，归功于舜帝用人得当，如果不是大禹、皋陶，先民们不知道能不能战胜洪水繁衍至今，所以"舜以不得禹、皋陶为己忧"。大禹的故事已经家喻户晓，千古流传，皋陶同样在中华历史上声名赫赫、影响深远，他除了协助治水的巨大功绩，还以司法活动奠定了中华后世的法律思想，与尧、舜、禹同为"上古四圣"，被史学界和司法界公认为"司法鼻祖"，他的刑罚德化并重的法律思想对中国古代法律文化有着重要影响，也是"依法治国"和"以德治国"相结合思想的源头之一。

尧舜以降，任官必选贤，治国必得才成为共识，忧天下不治，忧贤能未用，成为历代政治家永恒的忧虑，忧虑之轻重、深浅、远近，破解这些忧虑的办法路径之差异，就成为他们成就大小、史评高低的主要尺度。

象箸之忧

——箕子之忧与商朝为什么灭亡

《韩非子》和《史记》都记载了一段被称作"象箸之忧"的故事。

箕子，商朝最后一位君王商纣王的宗亲，任当朝太师，因劝谏纣王不被采纳，"乃被发佯狂而为奴"。他与著名的忠臣比干、微子被孔子誉为殷商"三仁"。

箕子在古代中国政道传承上具有重要地位。周武王灭商后的第二年，就去专程拜访箕子，讨论商政得失，请教治国之道。箕子依照相传是大禹从天帝那里受赐的《洛书》，阐述治国九法，史官进行整理，列为《尚书·洪范》。这段故事见载于《史记·周本纪》："武王已克殷，后二年，问箕子殷所以亡。箕子不忍言殷恶，以存亡国宜告。武王亦丑，故问以天道。"武王接受箕子的宝贵治国建议，并"封箕子于朝鲜而不臣也"。

箕子到封地后，有一次去周朝朝拜，路过原来商朝的都城朝歌，看到城墙宫室毁坏，长满了野生的禾黍。箕子对商朝由于商纣王的昏庸而灭亡大为伤感，想大哭一场来祭奠，可是此时已是周朝，自己还做了周朝的诸侯，于理不合；偷偷地哭泣几声，又觉得那是妇人之举，只好作《麦秀之诗》委婉抒发内心的情感。其诗曰："麦秀渐渐兮，禾黍油油。彼狡僮兮，不与我好兮！"这里所谓的狡僮，就是纣王。《国风·郑风》有一首《狡童》，"彼狡童兮，不与我言兮。维子之故，使我不能餐兮。彼狡童兮，不与我食兮。维子之故，使我不能息兮"，《毛诗序》认为是讽刺郑昭公之诗，因其"不能与贤人图事"，遂致"权臣擅命"之局。箕子用其意，批评纣王不能听取自己的谏言，空负自己对于国事的寝食难安。殷朝遗民听到他的这首诗，皆为流涕。箕子的忧伤成为《诗经·黍离》的源头之一，麦秀之忧与黍离之忧是同一种情怀，后人常以"麦秀"、"黍离"并举，寄托深切的亡国之痛。箕子这首诗，是中国现存最早的文人诗，为后世寓意诗的发端。

麦秀之忧只是箕子的忧虑之一，此前他还有更为著名的一次忧虑，也就是他劝谏纣王被拒的事情。这段故事在历史上留下了"象箸玉杯"这个成语，也称作"象箸之忧"。

《韩非子·喻老第二十一》是这样记载这个故事的：

昔者纣为象箸而箕子怖。以为象箸必不加于土硎，必将犀玉之杯；象箸玉杯必不羹菽藿，则必旄象豹胎；旄象豹胎必不衣短褐而食于茅屋之下，则锦衣九重，广室高台。吾畏其卒，故怖其始。居五年，纣为肉圃，设炮烙，登糟邱，临酒池，纣遂以亡。

司马迁《史记·宋微子世家》也记载了这个故事，但有所不同：

纣始为象箸，箕子叹曰："彼为象箸，必为玉杯；为杯，则必思远方珍怪之物而御之矣。舆马宫室之渐自此始，不可振也。"

两个版本记载的同一个故事的大概意思：当年纣王使用象牙筷子，箕子见了觉得害怕。因为箕子认为，用了象牙筷子，必然会不用陶杯，改用犀角做的杯子；用了象牙筷子、玉杯，必然不会吃粗粮菜蔬，而是去吃山珍海味；山珍海味必然不能穿着粗布短衣，坐在茅屋中吃，一定要穿着华贵的衣服，坐在宽广的屋子，高高的亭台上吃。国家哪能扛得住这样的奢靡，肯定会引起天怨人怒而灭亡。箕子怕那个结局，所以在开始看到的时候感到恐惧。

历史的发展果然被箕子不幸言中，其后五年，纣王的奢侈欲望不断升级，建了摘星楼，造了酒池肉林，为了防民之口，又设了炮烙的酷刑，终至众叛亲离。西部的属国周国看准时机，组织八百诸侯征伐纣王，牧野之战商朝战败，朝歌失陷，商纣王自焚于摘星楼，商朝因此而亡国。周武王在会盟天下诸侯起兵伐纣时，历数纣王之罪，就把这件事作为一个重要例证，"今商王受，弗敬上天，降灾下民。沉湎冒色，敢行暴虐，罪人以族，官人以世，惟宫室、台榭、陂池、侈服，以残害于尔万姓。焚炙忠良，刳剔孕妇。皇天震怒，命我文考，肃将天威，大勋未集。"

明朝开国皇帝朱元璋在总结历史教训时提到了商纣王的典故，他说"昔商纣崇饰宫室，不恤人民，天下怨之，身亡国灭"，要求自己和大臣们要引以为鉴。

箕子"畏其卒，故怖其始"，这种以小见大、见微知著，反映了他多么强烈的忧患意识！箕子的意识固然是来自他的睿智，更是建立在对人性和规律的认识把握之上的。人的需求是递进升级的，就像一个故事所讽刺的，有的人一旦富起来，先是大手大脚，接着换汽车，然后换房子，最后就发展到换配偶。这个递进升级的步骤一旦打开，在缺乏强有力制约的情况下，就会像纣王这样停不下来，直到折腾到没有能力为止，不把自己折腾坏不算完。用现在的经济学理论来解释，就是需求满足的刚性原则。

《韩非子》是历史上著名思想家、法学家，他著《韩非子》是为了用故事讲述道理，在讲述象箸之忧的故事后，韩非子总结道：故箕子见象箸以知天下之祸，故曰："见小曰明。"箕子看见象牙筷子便知道天下将有大祸降临。所以说："能从小处看出以后的发展的人是可以称之为聪明的。"

夫忧所以为昌也

——赵襄子之忧与三家分晋

赵襄子是春秋晚期百年霸主晋国的卿，因为联合韩、魏两大世家灭掉了晋国最大世家智氏并分其土地，形成晋国国政由韩、赵、魏三家把持的局面，而被视为战国时期赵国的奠基人。他公元前476年子承父业，接过晋国卿的职务和赵氏家族首领的权力，在位长达51年，牢固夯实了赵氏在晋国的地位。

吕不韦组织编写的《吕氏春秋》的《慎大》篇绘声绘色地记录了赵襄子虽胜不骄而忧的故事。

赵襄子攻翟，胜老人、中人，使使者来谒之，襄子方食抟饭，有忧色。左右曰："一朝而两城下，此人之所以喜也，今君有忧色，何？"襄子曰："江河之大也，不过三日。飘风暴雨，日中不须臾。今赵氏之德行，无所于积，一朝而两城下，亡其及我乎！"孔子闻之曰："赵氏其昌乎？"

夫忧所以为昌也，而喜所以为亡也。胜非其难者也，持之其难者也。贤主以此持胜，故其福及后世。齐荆吴越，皆尝胜矣，而卒取亡，不达乎持胜也。惟有道之主能持胜。

这则故事也见于《列子·说符》。

这则故事显示了赵襄子作为政治家、军事家的强烈的忧患意识。一朝而取两城，赵襄子闻讯却是不喜反忧。他的忧患不是演戏，而是发自肺腑，是建立在自己对自然现象、历史典故中反映的规律的清醒认识之上的。他发现，洪水、暴风、骤雨等一切看似盛大的现象，都很快会消失，由此他认识到，一朝而得两城，如果还没有积累起深厚的德行，或许就是败亡的开始，所以闻胜而"有忧色"。赵襄子的忧色，与奠定晋国霸主地位的晋文公"城濮之役，晋师三日毂，文公犹有忧色"，英雄表现所同，这大概是他们能够取得伟大成就的原因吧。

赵襄子的父亲是赵简子，这一对父子都有强烈的忧患意识，也因此都在春秋舞台上晋国政坛中留下了深刻的印记。我们在介绍春秋之忧的部分，概要介绍过赵简子绝地反击，率领智氏、赵氏、韩氏、魏氏灭掉中行氏、范氏，晋国执政贵族集团从六卿大夫变为四卿大夫的历史。赵襄子面对赵简子"忧未艾也"的情形，再一次抓住时机灭掉了赵氏最大的对手智氏。

赵襄子"有忧色"这个故事能够被记载和流传，很大程度上得益于孔子的评论。孔子去世时赵襄子还没有接过家族大位，但晚年的孔子不愧为大智者，他通过这件事就做出了准确的判断和惊人的预言，他判断赵氏家族的大权将交给庶出的赵襄子（当时还称作赵无恤），他预言赵襄子将昌盛赵氏家族事业。后来历史的发展完全符合了孔子的判断和预言。后来，赵襄子坚决顶住当时实力和权力处于巅峰的智氏家族的打击，成功策反随同智氏一起征伐赵氏的韩、魏两大世家反戈一击，晋国四卿之格局骤变为晋国三卿，赵襄子死后二十多年，周威烈王封赵国、韩国、魏国，正式承认三大世家的诸侯地位，百年霸主晋国一分为三，不复存在。"赵氏其昌"，赵氏由家而国，正是几代人忧患的结果。

吕不韦在《吕氏春秋》讲的故事，都是为了阐明某一治国施政的道理，他记下赵襄子这段故事，也是为了论述"夫忧所以为昌也，而喜所以为亡也"的深刻道理，强调"胜非其难者也，持之其难者也"的观点。

　　吕不韦根据赵襄子闻胜不骄而有忧色，从孔子的评论延伸开来，自然地总结出了"夫忧所以为昌也"的道理，就是忧患造就昌盛。喜乐又是与忧患、昌又是与亡对立的，吕不韦进而提出了"喜所以为亡也"的观点，与上一个道理浑然一体，从两个维度为治国者敲响了警钟。这一道理又为后世的人们一次次验证。宋代欧阳修"忧劳可以兴国，逸豫可以亡身"的结论，或许从"夫忧所以为昌也，而喜所以为亡也"这句话中得到了启发。

　　吕不韦从赵襄子对取胜的忧患继续发挥，认为持胜同样需要忧患，因为"胜非其难者也，持之其难者也"。在这里，吕不韦列举了曾先后跻身春秋五霸和战国七雄的齐国、楚（荆）国、吴国、越国的例子和教训，指出他们虽然取得过一次次胜利，占领过一座座城池，其结果却都是"卒取亡"，原因就在于"不达乎持胜也"。他的这个观点，在后世变成一次次帝王与大臣关于创业与守业谁难的讨论和思考，为唐太宗、明太祖等治国施政的实践所汲取。

忧天地崩坠

——杞人之忧与古人天地宇宙观

杞人忧天的故事，在中国几乎家喻户晓。《列子·天瑞》里是这样记述这个故事的：

杞国有人忧天地崩坠，身无所寄，废寝食者。又有忧彼之所忧者，因往晓之，曰："天，积气耳，亡处亡气。若屈伸呼吸，终日在天中行止，奈何忧崩坠乎？"其人曰："天果积气，日、月、星、宿，不当坠耶？"晓之者曰："日月星宿，亦积气中之有光耀者，只使坠，亦不能有所中伤。"其人曰："奈地坏何？"晓之者曰："地，积块耳，充塞四虚，亡处亡块。若躇步跐蹈，终日在地上行止，奈何忧其坏？"其人舍然大喜，晓之者亦舍然大喜。

长庐子闻而笑之曰："虹蜺也，云雾也，风雨也，四时也，此积气之成乎天者也。山岳也，河海也，金石也，火木也，此积形之成乎地者也。知积气也，知积块也，奚谓不坏？夫天地，空中之一细物，有中之最巨者。难终难穷，此固然矣；难测难识，此固然矣。忧其坏者，诚为大远；言其不坏者，亦为未是。天地不得不坏，则会归于坏。遇其坏时，奚为不忧哉？"

这位两三千年前的杞人可谓"人生不满百常怀千岁忧"的典范，所思所忧人类和宇宙的终极问题，竟然"忧天地崩坠，身亡所寄"到了"废寝食者"的程度。这位杞国忧者就像哲学家一样可爱，他代表了早期人类的好奇和忧患，而这是人类和科学发展的动力，那位没有留名的"晓之者"和长庐子则是可敬。远古时代，人类对大自然的认识极为有限，大多数自然现象得靠怪力乱神作解释，他俩却具备了朴素的唯物主义宇宙观，算得上那个时代伟大的科学家。

热心的"晓之者"肯定有过和杞国忧者同样的好奇和忧患，所以他才有一番理论来给后者解惑、解忧。他的宇宙、天空、日月星辰、地球成因的解释，在基本面上和当代宇宙大爆炸理论是吻合的：整个宇宙"亡处亡气"，"积块"形成日月星辰包括地球，其他的地方就是浩瀚天空，整个宇宙按照物理学规律在运行，日月星辰不到生命周期结束是不坠的，即使生命结束时发生大爆炸即"只使坠"也不会对地球造成直接影响，因为宇宙浩渺无尽，地球在其中微不足道。古人就有这样的科学知识，怎不可敬！

《列子》没有交代长庐子是什么人，《史记·孟子·荀卿列传》只是提到这个人是楚国人，没有留下更多记载，但他在这里留下的短短一段话，显示他是一位有哲学思维的科学家。他表达了四个方面的观点：一是宇宙既然是"积气"、"积块"，有积就会有散，"奚谓不坏"、"会归于坏"，这个充满辩证法的观点是符合物质基本属性和宇宙规律的，已为今天的科学所证实；二是我们生活的地球和天空只是宇宙中微小的颗粒即"空中之一细物"，这比地心说、日心说都要更为宏大；三是他认为宇宙和大自然"难终难穷，难测难识"，这不是不可知论者，而是表示宇宙没有穷尽因而也就难以完全被认识，人类到今天仍然有很多未知区域；四是他认为人类对大自然就应该忧虑否则"遇其坏时"人类怎么办？也肯定了对大自然运行的担忧"诚为大远"。春秋战国时期，我们有一个诸子百家的黄金时代，令人没有想到的是这其中竟然还有这样了不起的天文科学家、物理学家、哲学家！而且这样的人有一批，比如还有先人总结出"天行有常，不以尧存，不以桀亡"的客观规律，可惜长庐子这一派没有传人（这一派人与楚国颇有渊源，不知是否受楚文化影响），中国人对大自然的深刻探索被大大延迟了。

在中国人早期的精神世界里，既有天人合一的观点，也有天人冲突的观点，杞国忧者显然是认为天和人是会冲突的，《列子》记载的女娲补天、夸父逐日、精卫填海、愚公移山故事，都体现了这种天人冲突观点和人类与大自然勇敢斗争的精神，也都是儒家经典所不载的。儒家一统后，中国人的忧患和关注都集中于天人合一下的人和人、人和自己的关系上，对于人和自然的忧患难得一见，因是我们的人文精神在发展，科学精神却弱化了，随之变得保守起来。这方面的一个表现，就是后来把杞国忧者矮化、丑化，"杞人忧天"这个成语完全脱离本义，演变成或用来指因无知而产生的毫无根据的忧虑，或用来指超出自己能力的不必要的担心，或用来讽刺徒劳无益的庸人自扰。

辗转流浪的杞国杞人注定是忧患者

还可以从另外一个角度来读杞人忧天的故事。

这位"忧天地崩坠"者没有留下自己的名字，而以其国名被冠以"杞人"，让《史记》都觉得没得写的小国因此而广为人知，也得以让后人有机会了解杞国的故事，可谓以一人之力而存一国之历史。

杞国的故事，是一个小国的流浪史，是一部因为忧患而虽屡经磨难但得以持续一千多年的小国奋斗史。

河南开封有个杞县，这让很多人认为杞国就是现在的杞县，杞人忧天的故事就发生在这里，事实并不尽然。根据有关史料，在夏朝时期，杞国就已存在，国君为大禹后裔，但封国具体位置已不可考。《大戴礼记·少间篇》记载，商汤击败夏桀灭亡夏朝之后，杞国迁封今河南杞县一带（河南杞县由此得名），殷商甲骨文证实商王武丁曾娶一位杞国的女子为妃。周武王灭亡商朝后，再次分封杞国东楼公为杞国国君，主管对夏朝君主的祭祀。周厉王时期，杞国受到周边大国攻打，无法在河南地区立足，迁到山东新泰一带。公元前647年，由于淮夷与宋国的入侵，杞国被迫继续向东迁徙，杞成公将杞国迁到缘陵（今山东昌乐县附近）。到公元前544年，杞文公再把杞国迁到淳于（今潍坊市坊子区黄旗堡街道杞城村），紧邻西侧的大国齐国。公元前445年，楚国楚惠王西北结好秦国，东南结好越国，全力以赴向东北方向扩张，灭亡杞国，尽有江淮以北之地，跻身战国七雄之一，杞简公成为杞国末代君主。虽然《史记》说"杞小微，其事不足称述"，只留下两百多字的极简史，但杞国从夏朝开国到战国灭亡，延续大概1500年左右，是中国历史上存活最久的王国之一。

　　杞国能够存活如此之久，根本原因是商周和春秋战国时期杞国邻居对大禹的尊重和对大禹祭祀不能断绝的信奉。杞国没有被近在咫尺的齐国吞并，却被远方的楚国所灭（陈国也是被它所灭），应该和楚国信奉的楚文化与中原文化不同有关。中国古代，无论是国与国的战争还是朝代兴替，有一条基本原则是"灭国不绝祀"，祀指的是宗庙祭祀，这个原则的内容就是"灭人之国，不杀其后，以其保持对先人的祭祀"，保证他们在另一个世界得到供养。能不能做到这一点，是观察这个政权行不行仁政的重要论据。因为中国古人相信人死后会到另一个世界，但那里的人只有依靠人间的后代祭祀才能得到供养，所以古人讲"国之大事，在祀与戎"。被称作蛮夷的楚国很可能还没有接受这一文化。

　　"灭国不绝祀"原则自从三代形成，一直得到较好的贯彻。周武王灭商建周，除了分封禹的后代杞国，将尧的后代封在蓟国，舜的后代封在陈国，还"封纣子武庚为殷侯"以奉殷祀，后来武庚伙同管叔、蔡叔、霍叔反动管蔡之乱，被周公东征平定，又"封微子启于宋，以绍殷后"。但他们已无法保留尧、舜、禹和夏商文化,孔子就曾遗憾地说:"夏礼吾能言之,杞不足徵也;殷礼吾能言之,宋不足徵也。"春秋战国时期封国大幅减少,各封国后人都得到适当安置。秦灭六国,对六国之裔多数保留,他们很多在秦末都起义反秦复国。其后汉代秦、王莽建立新朝代西汉、曹魏代东汉、晋朝灭蜀代魏等,都坚持了"灭国不绝祀"这个原则,体现了古代中国的礼仪之邦和人文精神。到了刘裕建宋灭晋,首开尽灭皇族宗室的恶例,从此朝代兴替的血腥味越来越浓烈、残忍。

透过杞国的流浪史和在大国缝隙生存的艰辛泪,回过来再读杞人忧天的故事,就更容易理解杞人为什么会有这么多的忧患了,绝非无谓之忧。大国欺凌、颠沛流离逼迫它有着强烈的生存忧患,它受益于周天子高高在上享有至高权威统治下的列国和平平等相处的政治局面,受害于周天子权威崩坠后各国乱战无处立足的形势,故而也就对抽象的天会不会也崩坠有所忧患了。忧天杞人大概就生活在杞国辗转山东潍坊一带、临近被楚国吞灭的时期。杞国灭国的风险,对杞人而言不正是"天地崩坠,身无所寄"吗?其忧不虚,只是小国面对这一巨大忧患无能为力罢了。

寡人忧国爱民

——齐宣王之忧与求治之道

战国时期著名策士王斗与齐宣王有这样一段对话：

王斗曰："昔先君桓公所好者五，九合诸侯，一匡天下，天子受籍，立为大伯。今王有四焉。"宣王说曰："寡人愚陋，守齐国惟恐失之，焉能有四焉？"王斗曰："否，先君好马，王亦好马；先君好狗，王亦好狗；先君好酒，王亦好酒；先君好色，王亦好色。先君好士，是王不好士。"宣王曰："当今之世无士，寡人何好？"王斗曰："世无骐耳，王驷已备矣；世无东郭俊、卢氏之狗，王之走狗已具矣；世无毛嫱西施，王宫已充矣。王亦不好士也，何患无士？"王曰："寡人忧国爱民，固愿得士以治之。"王斗曰："王之忧国爱民，不若王爱尺縠也。"王曰："何谓也？"王斗曰："王使人为冠，不使左右便辟，而使工者，何也？为能之也。今王治齐，非左右便辟无使也，臣故曰不如爱尺也。"（《战国策·齐策》）

齐宣王在对话中提出的"忧国爱民"主张，据考证是"忧"与"国"见诸典籍的最早的组合成词，他留下了忧国、爱民两个词组，留下了忧国爱民、忧国忧民两个成语。

齐宣王大约出生于公元前 350 年，去世于公元前 301 年，这个时期是战国中后期，剧烈的七雄兼并已经开始，齐国早已从齐桓公时期的霸主地位跌落，百年霸主晋国更是被臣子瓜分，秦国独大的局面开始形成，各国诸侯都在担忧能不能守住自己的地盘和百姓，因为此时各国之间大臣和百姓经常选择适合自己的地方去谋位谋生，人才和人口竞争颇为激烈，在这个情况下，各国诸侯稍微贤明一点儿的都不得不忧国爱民。

在这段对话里，齐宣王表达了他的两个忧虑：一是"守齐国惟恐失之"，二是"当今之世无士"。策士王斗先是用齐桓公称霸的往事勾起了齐宣王的好胜之心，接着用齐宣王好马就有了良驹，好狗就有了名犬，好色就有了美人，一针见血地指出，齐国无治国安民之士，不是天下无士，而是他不好士，只喜欢任用"便辟"的结果。一番雄辩，打动了想有一番作为的齐宣王，他自责地说，"寡人有罪国家"，还立行立改，结果"举士五人任官，齐国大治"。

齐宣王由此认识到了求才得才、好士有士的道理，知而后行，不惜耗费巨资招致天下学士来到齐国"稷下学宫"，一时间，邹衍、淳于髡、田骈、接予、慎到、环渊等各国才俊闻声而来，多达数百人，孟子、荀子等巨儒更以学宫为基地，齐桓公时期开创的稷下学宫达到鼎盛。儒家、墨家、道家、法家、兵家、刑家、阴阳家、农家、杂家各学派学人会集于此，著书立说，成为春秋战国时期百家争鸣的生动缩影，有力推动了"先秦文化"的创造发展。"稷下学宫"与"百家争鸣"，具有十分紧密，相互成就的内在联系，其经验值得探究。

王斗把齐宣王的天下无士的忧虑解除了，他的另一个担忧怎么解呢？齐宣王请教于在稷下学宫的孟子。下面是这次请教对话的节选：

孟子曰："王请度之！抑王兴甲兵，危士臣，构怨于诸侯，然后快于心与？"

王曰："否。吾何快于是？将以求吾所大欲也。"

曰："王之所大欲可得闻与？"王笑而不言。

曰："为肥甘不足于口与？轻暖不足于体与？抑为采色不足视于

目与？声音不足听于耳与？便嬖不足使令于前与？王之诸臣皆足以供之，而王岂为是哉？"

曰："否。吾不为是也。"

曰："然则王之所大欲可知已。欲辟土地，朝秦楚，莅中国而抚四夷也。以若所为，求若所欲，犹缘木而求鱼也。"

曰："若是其甚与？"

曰："殆有甚焉。缘木求鱼，虽不得鱼，无后灾。以若所为，求若所欲，尽心力而为之，后必有灾。"

曰："可得闻与？"

曰："邹人与楚人战，则王以为孰胜？"

曰："楚人胜。"

曰："然则小固不可以敌大，寡固不可以敌众，弱固不可以敌强。海内之地方千里者九，齐集有其一。以一服八，何以异于邹敌楚哉？盖亦反其本矣。今王发政施仁，使天下仕者皆欲立于王之朝，耕者皆欲耕于王之野，商贾皆欲藏于王之市，行旅皆欲出于王之涂，天下之欲疾其君者皆欲赴愬于王。其若是，孰能御之？"

在齐宣王时期，齐国一度比较强大，所以他认为守齐的战略是化守为攻，主动出击，有了"欲辟土地，朝秦楚，莅中国而抚四夷也"的"大欲"。孟子作为齐国王室智库稷下学宫的主持，则坚决反对这种认识，认为应该行王道而不是霸道，只有发政施仁才能无敌天下，他尽心尽力地为齐宣王分析局势，"小固不可以敌大，寡固不可以敌众，弱固不可以敌强。海内之地方千里者九，齐集有其一。以一服八，何以异于邹敌楚哉"，以"后必有灾"的警醒意图打消他的这一雄心壮志。

齐宣王没有听进去，趁燕国内乱之机，派匡章率军攻破燕国，燕王哙被杀，齐军占领燕国。齐国要不要吞并燕国？齐宣王又征求孟子意见，孟子认为关键要看是否"燕民悦"，强调"取之而燕民不悦，则勿取"。齐宣王认为"不取，必有天殃"，决定吞并燕国，并在燕国"杀其父兄，系累其子弟，毁其宗庙，迁其重器"，施行暴政。各诸侯国纷纷反对，要组织联军救燕。孟子借机再次劝谏齐宣王："天下固畏齐之强也，今又倍地而不行仁政，是动天下之兵也。王速出令，反其旄倪，止其重器，谋于燕众，置君而后去之，则犹可及止也。"齐宣王再次没有采纳。（本段引文见《孟子》）

后来因为齐军军纪败坏，掠夺民财，导致燕人叛乱，在赵、魏、韩、楚、秦等国的压力下被迫撤军，燕人立燕昭王复国。齐宣王看到局面发展完全被孟子言中，后悔没有听取孟子的主张，感叹道"吾甚惭于孟子"。

可惜这还不是结局，齐宣王破燕引发的多米诺骨牌才刚刚开始，三十年后孟子预警的"后必有灾"应验了：燕昭王为报此仇，在乐毅的指挥下统率燕国及赵、秦、韩、魏五国联军攻打齐国，连下70余城，使齐国只剩下即墨、莒这两座孤城，尽管最后依靠田单以火牛阵破敌复国，齐国却从此一蹶不振。

此时的齐宣王如果地下有知，怕要从坟墓里爬出来找孟子要后悔药。一副忧国爱民心，由于其法不当，已经不只是缘木求鱼，竟然成为南辕北辙，最后是祸国害民！

屈平忧世多离骚

——屈原之忧与楚国兴亡

1953 年，在屈原逝世 2230 周年之际，世界和平理事会通过决议，确定屈原为当年纪念的世界四大文化名人之一，纪念他对中国文学、世界文学的伟大贡献。屈原开创了中国文学史上由集体创作向个人创作的诗歌时代，开创了以长篇诗歌表达情怀的浪漫主义诗歌流派。

屈原最伟大的代表作、中华文化瑰宝之一《离骚》，通篇中没有一个"忧"字，却是公认的忧国忧民巨作，伟大历史学家司马迁在《史记》中就用"忧"字评价了这部伟大作品：屈平"忧愁幽思而作《离骚》"（屈原名平，字原），还强调："离骚者，犹离忧也。"宋朝诗人苏辙在《次韵子瞻见寄》中也认为："屈平忧世多离骚。"屈原的其他多部作品也都表达了忧患的主题。《楚辞》指出："《天问》者，屈原所作也，屈原放逐，忧心愁悴，彷徨山泽，经历陵陆，嗟号日闻，仰天叹息，楚有先王之庙，及公卿祠堂，图画天地山川，神灵奇伟，及古贤圣怪物行事，周流罢倦，休息其下，仰见图画，因书其壁，呵而问之，以泄愤懑，舒泻愁思。"《楚辞》还指出："《渔父》者，屈原所作也，屈原驰逐江湘之间，忧愁吟叹，而渔父避世隐身，钓鱼江滨，欣然自乐，时遇屈原川泽之域，怪而问之，遂相应答。"

忧患意识驱动屈原"上下而求索"

屈原是楚国的王族，长期在朝廷担当重任，为什么这么忧虑？

这就要从屈原所处的时代说起。他经历的时代，是战国的中晚期，这是战国七雄快步走向中华一统的时代，也是秦、楚、齐三国大国实力和地位重新配置的时期。楚国终于熬死了几百年老对头晋国，没有了北向问鼎的主要狙击者，争霸天下的主要对手变成了秦国、齐国。这段时间的博弈，将决定三大国中谁能成为最后的王者。

七雄之中，秦、楚、齐三国本来居于第一阵营，楚国实力尤为强大。屈原前半生赶上了楚国辉煌时代的最鼎盛末期，楚怀王从祖与父楚宣王、楚威王手中接下的楚国，灭吴亡越尽有其长江下游地区，灭陈亡许尽有其中原之地，疆土数倍于楚国发迹地长江中游一带，西起大巴山、巫山、武陵山，东至大海，南起南岭，北至今河南中部、安徽和江苏北部、陕西东南部、山东西南部，幅员辽阔，邻秦接齐，地位极其重要，是制约齐、秦争雄的关键力量。但在屈原后半生，即楚怀王后期和顷襄王时期，相对于蒸蒸日上的秦国，楚国急剧衰弱，已经被秦国抛在后面。七雄重新分为两个阵营，一是追求扩张的强国秦国，一是在防御守成中挣扎的齐、楚、燕、韩、赵、魏六国。

一超六强的国际格局中，六国对秦国和其他五国采取什么样的地缘政治战略和策略，是个至关重要的大问题，合纵连横的大戏轮番上演。对于楚国来说，是连横盟秦，还是合纵盟齐，是个性命攸关的战略问题，又是见仁见智的问题，很难下决心，很难说好坏。楚国采取了投机主义政策，在两个战略中犹豫徘徊，虽然得到过不少好处，却造成楚国轮番与秦国和与齐国为首的六国为敌。楚国在秦国的节节进攻面前不断丧城失土，还在关键时候，因两次贪图小利，被主张连横的秦国相国张仪诱惑戏弄，发生中国古代史上著名的张仪"诈楚"事件，秦怀王被秦国骗去客死。楚顷襄王即位后秦国继续把主要矛头对准楚国，多次伐楚，直至公元前278年攻入楚都郢城，烧毁了楚王族的夷陵，楚国被迫迁都于陈（今河南省淮阳，为楚国灭亡的陈国故地），国家中心从传统的长江中游地区转向东北部新征服地区。

楚国何以从一流大国滑向二流国家？楚国上下对此都在反思。

屈原清醒地看到秦国削弱乃至吞并楚国的野心，因此成为合纵政策的支持者，坚定主张与齐国结盟，共同对付秦国威胁。他在出使齐国归来后，预见了张仪来楚是秦国又一轮对楚打击的开始，于是请求楚怀王杀死张仪，遭到怀王宠妃、公子子兰、令尹等盟秦派的打击和排斥。屈原积极推行吴起变法的举措，又遭到守旧派的谗讥中伤。在两大势力的夹击下，屈原被迫离开权力中枢，还遭遇两次流放。被放逐的屈原，忧国忧民之心反而更加炽热，念念不忘的是国家命运，并"吾将上下而求索"，思考总结国家问题出在了哪里。他用诗歌记下了自己的反思，其中最著名的就是《离骚》和包括《哀郢》在内的《九章》。

屈原对于自己的被排挤和流放，思想情感上都难以接受，他平生都把国家和楚王放在最重要的位置，一直"先君而后身"、"惟君而无他"。正因为他自觉爱国之心坦坦荡荡、日月昭昭，就像知子莫若父一样，"相臣莫若君兮"，君主是知道自己毫不利己的爱国之心的，所以不屑于研攻取悦楚王的方式和方法。这给了他的政敌以机会，不断在楚王那里构陷他，导致他因忠见谤，忧患意识和爱国之心成了"招祸之道"，导致"患罪遇罚"：

> 吾谊先君而后身兮，羌众人之所仇也。
>
> 专惟君而无他兮，又众兆之所仇也。
>
> 壹心而不豫兮，羌不可保也。
>
> 疾亲君而无他兮，有招祸之道也。
>
> 思君其莫我忠兮，忽忘身之贱贫。
>
> 事君而不贰兮，迷不知宠之门。

忠何罪以遇罚兮，亦非余心之所志。（以上均见《九章·惜诵》）

结合自身的遭遇，屈原的反思集中于楚国路线和楚王用人方面，认为楚国之衰是因为反对改革的守旧派和主张与秦交好的盟秦派过于强大，楚怀王、顷襄王偏偏重用他们而不采纳自己的正确主张。

自己以忠君爱国之心被迫害，楚怀王偏信包围在他身边的"小人"——屈原的不同政见者，引发了屈原的忧虑如江河而来，不可断绝。仅《九章》里，就有9处10个"忧"字，比如"登大坟以远望兮，聊以舒吾忧心"、"心不怡之长久兮，忧与愁其相接"、"心郁郁之忧思兮，独永叹乎增伤"、"数惟荪之多怒兮，伤余心之忧忧"、"忧心不遂，斯言谁告兮！"对于处于逆境的屈原，这些忧虑生之于心、积之于心，无处释怀。他怀念过去楚怀王英明进取的时候，自己辅佐他实现了国家富强的理想，"惜往日之曾信兮，受命诏以昭诗。奉先功以照下兮，明法度之嫌疑。国富强而法立兮，属贞臣而日娭"。他虽然为自己"何贞臣之无罪兮，被离谤而见尤"感到委屈，但相信自己还会回到朝堂，"待明君其知之"。没想到"至今九年而不复"，担忧自己"老冉冉其将至兮，恐修名之不立"，屈原一度彷徨要不要放弃自己的"贞臣"追求，而去与那些小人同流合污，但他最后选择了绝不去做"君子所鄙"的"屈心而抑志"、"变心以从俗"，坚守自己。

屈原已经开始预见到了自己的命运将像《离骚》中反复提到的比干、介子推、伍子胥那样"忠信而死节"，于是当他发现自己的民生之忧随着"哀民生之多艰"、"民离散而相失兮"、"何百姓之震愆"无可排解，听闻400年楚国都城郢都被秦军攻占焚毁后的国殇之悲达到顶点，他绝望于自己的爱国之心、报国之志、治国之能已经没有机会施展，写下绝命诗"知死不可让，愿勿爱兮。明告君子，吾将以为类兮"，毅然为国捐躯，希望自己的死能引发"子胥死而后忧"的政治效果，激励楚国上下发愤图强恢复荣光。

浪漫主义更是现实主义诗人写在郢都和天空的忧思

楚国彻底沦为二流国家的标志性事件和导致屈原沉江自杀的重大事件是同一件事：公元前278年楚国400年都城被攻占、被毁灭，而屈原早在15年前也就是他第二次被放逐的公元前294年，就以政治家的敏锐写下了《哀郢》，显示了屈原强烈的忧患意识和惊人的预判能力。他作这首诗时，郢都还是楚国的首都，但屈原表达了深切的郢都哀痛，诗中明面上表达的是被流放去国难回的思君、爱国、忧民哀伤，实际上却是对于强敌所向之下楚国政治不清明、战略总摇摆、贤人不见用的必然结局的哀忧，也是他忧之极深而发出的预警。当结局到来，屈原一人之哀成为楚国人人之哀。被毁灭的郢都如同一座纪念碑，告诫当政者，贤才不能见容于朝，国政必危。

极富想象力的屈原视野极其广阔，除了担忧国事，还把探索的对象拓展到古往今来、天上地下，对自然现象和历史典故满怀忧思，汇总了心中的若干个问号而写成《天问》。其中的三处"忧"字，既有通过"不任汨鸿，师何以尚之？佥曰'何忧，何不课而行之？'"的发问，对鲧治水"失败"的翻案；也有通过"启代益作后，卒然离蠥。何启惟忧，而能拘是达？"的发问，对大禹之后传子不传贤现象的分析；还有对日月更替时分雷电交加的自然现象会带来什么后果的"薄暮雷电，归何忧？"的思考。《天问》充满了科学精神，天文、地理、历史、哲学都成为屈原思考研究的对象，也是他忧患的客体。他对历史规律、自然规律、政治哲学的思考，在同时代的全世界来说，也是深刻的，富有想象力的。屈原的一百多个问题，代表了先古时期先人们对于蒙昧的宣战和探索，大大开阔了后来中国人的知识和思维。同时，屈原天问，探求的是天道，这里的"天"既指物质形态的天空也指抽象神秘的天意，有时候还指最高统治者，《天问》对自然现象与社会现象的发问，是屈原借问天表达和探求如何实现公平正义、政治清明、君明臣贤、国泰民安。

屈原被戴上了浪漫主义的桂冠，他的诗歌中不乏浪漫的文辞、形象和想象，但他是不是浪漫主义诗人，或者说他是现实主义诗人更多一些还是浪漫主义诗人更多一些，还当斟酌。确切地说，文字浪漫的屈原，是清醒的现实主义者，也是深沉忧患的政治家。

屈原沉江而死，却永远活在了中国文学史上、中国文化里，每年五月端午，人们吃粽子、赛龙舟，就是为了纪念这位忧国忧民的伟大的爱国主义诗人，继承弘扬他的精神。赢得后人以一个隆重节日来年年纪念的文学家，仅此一人而已。

忧思难忘　不可断绝
——曹操之忧与魏国开创

短歌行·二首

其一

对酒当歌，人生几何！

譬如朝露，去日苦多。

慨当以慷，忧思难忘。

何以解忧？唯有杜康。

青青子衿，悠悠我心。

但为君故，沉吟至今。

呦呦鹿鸣，食野之苹。

我有嘉宾，鼓瑟吹笙。

明明如月，何时可掇？

忧从中来，不可断绝。

越陌度阡，枉用相存。

契阔谈讌，心念旧恩。

月明星稀，乌鹊南飞。

绕树三匝，何枝可依？

山不厌高，海不厌深。

周公吐哺，天下归心。

　　这是魏武帝曹操著名的一首集豪放与婉约于一体的诗作。中国人很少有不知道曹操曹孟德的，借助于家喻户晓的《三国演义》，曹操一直活在中国人的文化世界里、戏剧舞台上，尽管罗贯中在这部小说中把曹操刻画为并不尽符合历史事实的"奸雄"。

　　这首诗既抒发了曹操作为诗人的细腻情怀，又抒发了作为创业者的求贤若渴，更抒发了作为政治家的忧患意识、雄心壮志，短短128个字，"忧"字出现了3次，是整首诗中出现频率最高的字。

　　尽管对于这首诗的创作时间众说纷纭，主张它作于曹操中晚年的居多。其时曹操不管有没有拜相称王，他挟天子以令诸侯，政治地位已经不可撼动，在汉末割据势力之中经济和军事优势十分明显，他还在忧什么呢？

　　这首《短歌行》实际上就是一曲《求贤歌》，与曹操先后发布的《求贤令》、《举士令》、《求逸才令》等共同组成一个整体，反映了曹操求贤若渴、唯才是举的思想情感。在诗中，曹操不仅用统一天下的雄心壮志吸引人，用韶华易逝的危机感说服人，更用贤不足用、忧心忡忡的真情实感打动人。曹操的爱才、求才、识才、惜才，确实显示了他政治家的非凡之处。

　　曹操对于人才的忧患，还在于贤才在敌而不能尽为己用。他麾下人才之盛在汉末已经冠绝群雄，但他仍旧时时刻刻盯着"锅外"的贤能。刘备是他的第一对手，当刘备还狼狈不堪地在他屋檐下苟且时，他却对刘备说："天下英雄，唯使君与操耳。"孙权继承兄长孙策的班底打下了东吴一片天地，他在率领孙刘联军打败曹操后，曹操却由衷地感叹："生子当如孙仲谋。"南宋词人辛弃疾在《南乡子·登京口北固亭有怀》的"天下英雄谁敌手，曹刘"和"生子当如孙仲谋"两个佳句，就来源于曹操的故事。被尊为古今"第一义士"的关羽，滞留于曹营之际，曹操千方百计地感化他，为他配备最好的装备，给他横刀立马的机会，为他奏请封侯的待遇，即使关羽最终逃走并斩杀曹营大将，曹操仍旧对其念念不忘。也正是这一番心意，为自己赢得了后来华容道的逃得生天。

但曹操作为政治家、军事家，他的忧虑忧患远不至于贤不足用，在深度、广度上还要更深、更广，他忧的是政治昏聩造成汉室倾废，他忧的是狼烟并起群雄割据，他忧的是长期战乱生民百一，他忧的是烈士暮年而统一大业未能成功。这份更深、更广的忧，既见之于他的其他诗作，如《秋胡行·其二》"大人先天，而天弗违。不戚年往，忧世不治"，也见之于时人对他的评论，比如他的老部下凉茂这样告诉反对曹操的割据势力："曹公忧国家之危败，愍百姓之苦毒，率义兵为天下诛残贼，功高而德广，可谓无二矣"（《三国志·魏书》）。如果不是政治清明、社会安定、人民安康的治世，就已经值得忧虑了，更何况汉末时局又恶化到国家危败、百姓苦毒！这是曹操忧患的深层原因。他也做到了为国消除忧患，晚年曹操可以欣慰地做出自我评价说："设使国家无有孤，不知当几人称帝，几人称王！"

曹操生逢乱世，也就有了"安天下"的大志。汉末，上有董卓倒行逆施、荒淫残暴，中有军阀争地夺利、相互残杀，下有黄巾不堪压迫揭竿而起，造成国家动荡、生灵涂炭、士卒苦惨。汉末形势之乱严重到了什么程度？曹操在自己被称为"汉末实录"的《蒿里行》一诗中作了真实的记录，"铠甲生虮虱，万姓以死亡。白骨露于野，千里无鸡鸣。生民百遗一，念之断人肠。"曹操选用汉乐府旧题《蒿里行》来记录这一悲惨世界，并完全化用了它的含义，让人看到丰收的田野竟然变成了蒿草丛生的荒地，在意境上上承《诗经》的"彼黍离离"，下启唐朝诗人杜甫的"城春草木深"、南宋词人姜夔的"尽荠麦青青"，用强烈的今昔对比表达深沉的忧思。《蒿里行》一诗不见一个"忧"字，却淋漓尽致表现出对人民的无限同情和对国事的关注和担忧，反映了诗人极其沉痛的忧国忧民之心。从此之后，"白骨露于野，千里无鸡鸣"诗句以其高度的概括和直观的写实，成为对乱世最有代表性的控诉，被反复引用。

正是为大志所驱使，曹操没有像一般的诗人那样仅仅停留在抒发自己"念之断人肠"的哀伤，而是一手执笔，一手持兵，拔刀而起，"散家财，合义兵"，首倡义兵号召天下英雄讨伐董卓，开始了长达30年的戎马征战生涯。从初平二年（191年）至建安十三年（208年），曹操先后消灭长江中下游以北各割据势力，消除了"几人称孤几人称王"的动荡局面，统一中国北方大部地区，基本恢复了北方的和平安宁。但大乱难治，平定北方耽搁了他太多时间，错过了举国一统的窗口期，当他终于可以放手南进的时候，刘备和孙权在蜀、吴两地、长江流域羽毛已丰，难以撼动，他的统一大业因为赤壁之战的大败而受阻，止步于北方，魏、蜀、吴鼎立局面基本成型。直到220年曹操去世，控制范围仍未有突破。中国历史上，在战争舞台上征战三十年的创业之主寥寥无几，但曹操未以为苦，统一未竟身先死，才让他"忧从中来，不可断绝"，他的遗嘱就表示了自己的遗憾："天下尚未安定"。

曹操不只是军事家、诗人，还是善于治国理政的优秀政治家。他在北方实行了一系列政策来恢复经济，稳定局面，如推行屯田，兴修水利，倡导节俭，实行盐铁官卖制度和有利于自耕农的税赋制度，对社会经济的恢复和经济的整顿起了积极作用，出现了"农官兵田，鸡犬之声，阡陌相属"的安定繁荣景象，他统治的北方成为经济实力最为雄厚的地区，奠定了后来魏晋立国的基础。后世史学家司马光赞誉曹操"化乱为治"。

曹操的苦心经营，特别是对自己去世后人亡政息的忧患，促成了他身后政局的革命性变革。220年3月15日，66岁的曹操逝世于洛阳，这年 11 月 25 日，识时务的汉献帝正式禅让帝位给魏王兼丞相曹丕，曹丕三次上书辞让，汉献帝不许。12 月 11 日，曹丕接受群臣劝进，登受禅台称帝，改元黄初，大赦天下。两天后，曹丕封汉献帝为山阳公，奉以河内郡山阳邑万户。禅让制这种传说中尧舜时期的帝位传承制度，在曹丕手上复活，恢复了国家政权和平交接的人文情愫，这一制度后来多次被效仿复制。虽然禅让制也是以暴力和流血做后盾，但残暴程度和所流鲜血毕竟少的多得多，对国家和民生不失为好事。在曹操深谋远虑打下的基础上，曹丕对中国政治文明做出了重要贡献。曹丕还继承了曹操对人才的重视，创造性架构了"九品中正制"，对于当时和后世的人才选拔制度产生了深远影响。

俗话说，盖棺论定，曹操却成为中国历史上最难以定论的历史人物之一。曹操被追尊为太祖武皇帝（魏武帝），这给了他生前没有得到的皇帝名分，也给了他身后无穷的非议。从魏晋到隋唐，曹操一直被视作救世之英雄，到了宋朝以后，尤其是尊汉贬魏的罗贯中《三国演义》问世之后，就转而被斥为谋篡之巨奸，"白脸"曹操称为舞台上的固定形象。

近代以来，保卫中国统一成为严峻的时代命题，一生致力于统一中国的曹操，又得到了形象拨乱反正的机会。同样是政治家、军事家、诗人的毛泽东，这样评价曹操：曹操是了不起的政治家、军事家，也是个了不起的诗人……曹操统一中国北方，创立魏国。他改革了东汉的许多恶政，抑制豪强，发展生产，实行屯田制，还督促开荒，推行法治，提倡节俭，使遭受大破坏的社会开始稳定、恢复、发展。毛泽东还以"往事越千年，魏武挥鞭，东临碣石有遗篇"的诗词致敬曹操。古今所通者，忧国忧民之心，为国为民之志而已。

甘心赴国忧

——曹植之忧与皇室贵族的尴尬处境

曹植是东汉末年政治家、军事家、文学家曹操（魏武帝）的嫡子，是魏文帝曹丕的亲弟弟，父子、兄弟三人合称"三曹"，共同开创了中国文学史上拥有重要地位的建安文学，曹植是其代表性人物。

曹植是著名文学家，但不像其父兄那样还是有大成就的政治家，反而是个经常被后人抱屈的悲剧性人物。忧是曹植诗赋中大量出现的一个字，他的忧患意识，有助于后人读懂他的命运密码。

曹植"忧国忘家，捐躯济难"的忠臣之志却是皇帝侄子的一道难题

这是37岁的曹植写给曹丕之子、亲侄子魏明帝的《求自试表》（节选）：

臣植言：臣闻士之生世，入则事父，出则事君；事父尚于荣亲，事君贵于兴国……今臣蒙国重恩，三世于今矣。正值陛下升平之际，沐浴圣泽，潜润德教，可谓厚幸矣！而位窃东藩，爵在上列，身被轻暖，口厌百味，目极华靡，耳倦丝竹者，爵重禄厚之所致也。退念古之受爵禄者，有异于此，皆以功勤济国，辅主惠民。今臣无德可述，无功可纪，若此终年，无益国朝，将挂风人"彼己"之讥。是以上惭玄冕，俯愧朱绂。

方今天下一统，九州晏如。顾西尚有违命之蜀，东有不臣之吴，使边境未得税甲、谋士未得高枕者，诚欲混同宇内，以致太和也。故启灭有扈而夏功昭，成克商、奄而周德著。今陛下以圣明统世，将欲卒文、武之功，继成、康之隆，简贤授能，以方叔、召虎之臣，镇卫四境，为国爪牙者，可谓当矣……昔汉武为霍去病治第，辞曰："匈奴未灭，臣无以家为。"固夫忧国忘家，捐躯济难，忠臣之志也。今臣居外，非不厚也，而寝不安席，食不遑味者，伏以二方未克为念。

……窃不自量，志在效命，庶立毛发之功，以报所受之恩。若使陛下出不世之诏，效臣锥刀之用，使得西属大将军，当一校之队；若东属大司马，统偏师之任，必乘危蹈险，骋身奋骊，突刃触锋，为士卒先。虽未能擒权馘亮，庶将虏其雄率，歼其丑类。必效须臾之捷，以减终身之愧，使名挂史笔，事列朝荣。虽身分蜀境，首悬吴阙，犹生之年也。如微才弗试，没世无闻，徒荣其躯而丰其体，生无益于事，死无损于数，虚荷上位而忝重禄，禽息鸟视，终于白首，此徒圈牢之养物，非臣之所志也。流闻东军失备，师徒小衄，辍食忘餐，奋袂攘衽，抚剑东顾，而心已驰于吴会矣。

……志欲自效于明时，立功于圣世。每览史籍，观古忠臣义士，出一朝之命，以殉国家之难，身虽屠裂，而功铭著于景钟，名称垂于竹帛，未尝不拊心而叹息也。臣闻明主使臣，不废有罪。故奔北败军之将用，秦、鲁以成其功；绝缨盗马之臣赦，楚、赵以济其难。臣窃感先帝早崩，威王弃世，臣独何人，以堪长久！常恐先朝露，填沟壑，坟土未干，而声名并灭。臣闻骐骥长鸣，伯乐昭其能；卢狗悲号，韩国知其才。是以效之齐、楚之路，以逞千里之任；试之狡兔之捷，以验搏噬之用。今臣志狗马之微功，窃自惟度，终无伯乐韩国之举，是以于悒而窃自痛者也。

……而臣敢陈闻于陛下者，诚与国分形同气，忧患共之者也。冀以尘雾之微补益山海；荧烛末光增辉日月。是以敢冒其丑而献其忠，必知为朝士所笑。圣主不以人废言，伏惟陛下少垂神听，臣则幸矣。

　　这篇声情并茂、史理通达、特别感人的文章，是中国历史上著名的上表之一。曹植在国、家、己（躯）三者面前，坚持国家利益至上，以霍去病"匈奴不灭，何以家为"的典故，结合当时天下三分的局势，倡导"固夫忧国忘家，捐躯济难，忠臣之志也"，把士人的"忧国忘家"情操与臣子"捐躯济难"的本分结合起来，提出了"忠臣之志"的概念和内涵。曹植阐发的以忧国尽忠为核心的忠臣之志，体现了强烈的爱国主义情怀和深沉的英雄主义信仰，引发了后来忧国忠臣的不断共鸣，激励一代代人为国尽忠献身。

　　然而，这篇上表对当时的皇帝却是一道不折不扣的大难题。

　　魏文帝曹丕病逝后，其子曹叡即位为明帝，改元太和。公元228年，曹休伐吴失败，明帝曹睿在这年的冬十月"诏公卿近臣举良将各一人"。当时被封为雍丘王的曹植以"忧患共之"的心态，以"壮士"之自诩，一直不甘心当一个"闲王"，便趁此国家用人之际，上此表请求皇帝让他去试一试。

　　曹植的请求未得到明帝准许，4年后抑郁去世，终成遗恨。

　　魏明帝没有答应曹植，倒不是说他缺乏识人之明、容人之量，而是出于军事上的考虑、政治上的考虑。曹植觉得只要自己能去，必定"虽未能擒权馘亮，庶将虏其雄率，歼其丑类。必效须臾之捷，以减终身之愧，使名挂史笔，事列朝荣"，可见他对自己的军事才华十分自信。即使不幸战死疆场，"虽身分蜀境，首悬吴阙，犹生之年也"，也以为国捐躯为荣。但实际上，曹植的军事能力连曹操也不信任，他虽然跟着父亲出征过几次，却一直没有单独率军征战制胜的机会和记录。如果让曹植出征，无论打胜、打败、牺牲哪一种结果，都是魏明帝难以面对的。如果他打不了胜仗，不仅耽误了国家大事，魏明帝也没法处分他。如果他牺牲了，魏明帝就得背上陷皇叔身死的罪名，说不定还会被歪曲为借助敌手去掉政敌的恶名。

如果他打胜了呢？那可能会孕育更大的危机。曹植一次次"忧国"，在他看来，"国忧"是吴国蜀国偏安一隅，国家不能统一。而自己一番坦坦荡荡的忠臣之志、文武双全的壮士之能，却无法为国分忧，是以身心难安。但他理解了文帝、明帝最大的国忧是什么吗？在曹丕曹叡看来，最大的"国忧"之一却在萧墙之内，素有大志的曹植正是国家安定的一个忧患因素。所谓怀璧其罪，因为曹植是曹操的嫡子，具有继位的正统性；他曾受到曹操宠爱，一度被考虑立为接班人，还有一支支持自己的杨修等政治势力；他的文学才华受到时人的好评。如果他再出山立功，即使他自己无意，也很可能被别有用心的人利用，制造政权合法传承的危机，陷国家于巨大风险之中。魏明帝时期就曾发生一件明帝重病时部分大臣商量迎立曹植即位的事情。后来的历史，也证明了这样的情形会令人担忧，杨广平定南陈、李世民平定王世充窦建德、朱棣雄踞燕京，最后都有意无意地改写了政权传承。

同一个"国忧"，两种结论，于是，曹植和曹丕、曹叡父子皇帝的关系就成为历史上一个耐人寻味的故事。

曹植的英雄主义忧患既成全了他也伤害了他

忧是曹植文学世界里反复出现的一个景象，在他的诗文中，有数不清的"忧"字。这与他的身世有关，更与他的志向、时代、情感有关。当一个顶天立地的大英雄，凭自己的战功而不是皇弟皇叔当王，凭自己的英雄事迹而不是漂亮诗赋扬名天下，曹植的内心深处，是炽热的英雄主义的信仰，是浓浓的英雄主义的忧患。

曹植之时。得寿41年的曹植，经历了汉末魏初的艰难时期，也见证了曹魏最好的时代。他的人生分为三个阶段，早期是汉末，群雄割据天下大乱，跟随父亲曹操南征北战，荡平群雄。中期是魏代汉立，曹丕建魏，自己以王爷皇弟的身份居于封地。后期是明帝当政，魏国一统北方最为强大，受汉禅让名分最正，政治根基最为牢固，虽然对蜀对吴征战时有失利，但相对蜀汉孙吴的巨大优势赋予了它牢牢的主导权，不像蜀吴总是惴惴不安于被吃掉。总的说，曹植经历的曹操、曹丕、曹叡"三世"，是曹魏政权人才最盛的崛起上升时期。

曹植之志。曹植都有什么志向呢？在他的诗文中，曹植对自己的志向做了多次正反两方面的表达。他至少三次用否定法排除了哪些不是自己的志向。他在《求自试表》中强调了"如微才弗试，没世无闻，徒荣其躯而丰其体，生无益于事，死无损于数，虚荷上位而忝重禄，禽息鸟视，终于白首，此徒圈牢之养物"、"非臣之所志也"。他在《杂诗七首·其五》更加直白地否定以当一个富贵闲人为志，"闲居非吾志，甘心赴国忧。"对于自己最擅长的诗词文章，曹植也不当作志向，他在《与杨德祖书》就说："辞赋小道……昔扬子云先朝执戟之臣耳，犹称壮夫不为也。吾虽德薄，位为藩侯，犹庶几戮力上国，流惠下民，建永世之业，流金石之功，岂徒以翰墨为勋绩，辞赋为君子哉！"曹植在一番否定之后，直接表达了自己的志向，是"丈夫志四海，万里犹比邻"（《赠白马王彪并序》），是"愿得展功勤，输力于明君"（《薤露行》），是"名编壮士籍，不得中顾私。捐躯赴国难，视死忽如归"（《白马篇》）。他后来提炼总结的"忠臣之志"，是他的志向的最有代表性的表述。

曹植之才。离曹植时代不远的南朝宋文学家谢灵运有"天下才有一石，曹子建独占八斗"的评价，明朝史学家王士禛尝论汉魏以来两千年间诗家堪称"仙才"者，曹植、李白、苏轼三人而已。曹植的文学才华独步汉魏，这一点毫无争议。但曹植对自己的才能很有信心，自我肯定的却非文学才华，而是治国的"王佐才"，是自喻战场上的"壮夫"、"壮士"，他希望得到的用武之地也是治国领军。他意象中的自己是真正的自己吗？曹操的结论和史书的评价给出了另一个曹植。曹操是公认的善于识人用人的政治家，曹植一度曾是最受曹操宠爱、

最有机会接班的人，却因为两件事情让曹操发现他不堪重任，曹操才
果断放弃了他。史书对曹植的评价则是"放荡不羁，任性而行，不自
雕励，饮酒不节"——这样的人，可以成为一个好诗人，但却难成为
一个好统帅、好丞相，更不要说好皇帝。

曹植之时、志、才的不匹配，孕育了曹植之怨。在《七哀诗》、
《美女篇》、《弃妇诗》、杂诗中，曹植反复抒发弃妇、怨妇、美女
等的忧情，这固然是汉乐府诗的传统，但曹植用来自喻，怨愤之气直
冲牛斗，如《美女篇》"盛年处房室，中夜起长叹"、《弃妇诗》"忧
怀从中来，叹息通鸡鸣"。在《鰕䱇篇》里他大声发问，"谁知壮士忧？"
在《七步诗》、《赠白马王彪》、《朔风诗五章》等诗篇，甚至以相
关物象直斥朝廷的排挤打压，"煮豆燃豆萁，豆在釜中泣。本是同根生，
相煎何太急？"明帝重病时部分大臣商量迎立曹植即位的事情发生后，
差点儿受到牵连的曹植写下《怨歌行》，"为君既不易，为臣良独难。
忠信事不显，乃有见疑患"，借周公自喻，抱怨为臣之难。

曹植的忧怨情绪严重到什么程度了呢？"形容枯悴，忧心如焚"
（《释愁文》）、"忧心如酲"（《责躬》），就是心中忧愁烦闷，
就像火烧火燎的情形、酒醉后病态的样子，以致"深（有的版本是沉）
忧令人老"。这么严重的忧虑怎么化解？曹植也是一遍遍地问，"何
吾人之介特，去朋匹而无俦。出靡时以娱志，入无乐以销忧"（《闲
居赋》），"弦歌荡思，谁与销忧？"（《朔风诗五章》）其实，他
是清楚知道自己忧从何来，他在《赠王粲诗》中就写到，"谁令君多念，
自使怀百忧"。

文帝、明帝时期，也就是曹植的中后期，朝廷在政治上对曹植采
取严加防范、贵而不用的态度，曹植感觉自己受压制，"常自愤怨，
抱利器而无所施"。对于尸禄素餐的不忍，对于无用武之地的不甘，
对于兄弟曹彰暴死和曹丕、曹睿猜忌引发的疑惧，构成了强烈的命运

冲突，为文豪的诞生提供了充分的情感温床。文学天才曹植自我认定并咏叹"悲剧性"命运，对这种愤怨毫不隐瞒，在一首首诗中狂吐。

曹植因之而成为伟大的文学家，也成为一个著名的悲剧性人物。他有英雄之志，却无用武之地、无英雄之为；他有王侯之富贵，心念的却是沙场的兵戈；他嫌弃"辞赋小道……壮夫不为也"，却只能凭借文章奠定自己的历史地位。

他的悲剧在当时的时代是不可避免的，因为曹植的"国忧"和"己忧"是矛盾的、冲突的。他有着浓烈的"国忧"，却也有着同样浓烈的"己忧"。与对自己的才华高度自信相伴生的，是曹植对于生命苦短、声名并灭的忧患和恐惧。他本来就有"天地无穷极，阴阳转相因。人居一世间，忽若风吹尘"的生命苦短感叹，又受"先帝（曹丕）早崩，威王（曹彰）弃世"的影响产生"臣独何人，以堪长久"的短寿预期，备添"先朝露，填沟壑，坟土未干，而声名并灭"、"没世无闻"的身后忧虑，同时还耻于"挂风人'彼己'之讥"（被诗人作诗笑话素餐尸禄），曹植的功名之心极其强烈。他一次次要求出山，有为国分忧之心，有对功名心的看重和对个人生命意义的珍视，个人英雄主义未必不是他的内在动机。

在《求自试表》中，曹植强调"忘家"、"捐躯"，把国、家、己的关系摆得清清楚楚，但在自己身上，在实践中，他最忘不了、最忧患的客体之中，是否只有国家，而没有他自己呢？朝廷出于政治需要对曹植有所打压，但曹植安享王位，一生富贵，虽然好几次封地被徙，从雍丘王到东阿王到陈王，却也平安寿终。曹植自己并无异心，为国捐躯也是肺腑之言，但他选择和要求的是军事上进的"硬捐躯"，而不是政治上退的"软捐躯"，他没有意识到，从政治上看，他如果舍得个人功业名声，安于王侯，退到台后，当需要的时候多说软话恭顺的话，多说在政治上鼓劲儿、团结的话，不需要的时候就不说话，才是最重要的"甘心赴国忧"、"捐躯赴国难",而这也可能是他对国家能够做出的最大贡献。但曹植完全无视自己敏感身份对于政局的影响,一再向文帝、明帝提出任职的要求,让皇上难堪,并在大量诗作中流露出对他们的不满,这对魏文帝、魏明帝父子的人品和执政合法性带来了巨大的伤害,让二帝在政治上失分,对曹魏政权是很不利的。

所以,对于一般人而言能够统一在一起的国忧、己忧,在曹植这里是内在冲突的,甚至是根本性的冲突,他个人的英雄主义忧患不符合国家的需要。由此看来,曹植对于国、家、己关系问题的处理,有时候是颠倒的,个人功名忧患与国家需要的关系在处理上并不恰当,这使得他的"国忧"、"己忧"都终生无法排解。

这或许证实了曹植的大局意识和政治水平,并非他自夸的那般雄才大略。

非才之难,所以自用者难,曹植的故事再次演绎了这个道理。

不过,如果仅对曹植求全责备也不公道,亲王宗戚是该进还是该退、该忧还是该乐,在曹植之后的历朝历代,这一尴尬一直是他们首当其冲要面对的难题和套在脖颈上的枷锁,不少人重复着曹植的悲剧。

受命以来 夙夜忧叹

——诸葛亮之忧与蜀国战略错位

诸葛亮是三国刘备开创蜀国基业的主要助手，享有"千年名相"之誉，他在《后出师表》表达的"鞠躬尽瘁，死而后已"决心，成为他自己的写照，留下了历代将相引以为典范的诸葛亮精神，是中国传统文化中忠臣的典范、智慧的化身。

在刘备死后，诸葛亮被委以托孤重任，执掌军政大权，实际上成为蜀国的一号人物，此时的诸葛亮是一种什么心情呢？诸葛亮在千古名作《前出师表》中用八个字概括了自己作为蜀国丞相的精神状态："受命以来，夙夜忧叹"。这又是为什么呢？

诸葛亮在《隆中对》的主张僵化成为蜀汉的政治路线政治正确

《隆中对》中诸葛亮对自己人生有个小目标，也有个大目标，前者是"苟全性命于乱世"，后者是"自比于管仲、乐毅"。随着蜀国建立，诸葛亮26岁时向刘备提出的跨有荆州、益州建立霸业的战略目标也已实现，他已经活出了自己的期望以外，为什么还会"夙夜忧叹"呢？

他是想当皇帝建立自己的诸葛王朝？刘备死前托付后事时对诸葛亮有这样一番话："君才十倍曹丕，必能安国，终定大事。若嗣子可辅，辅之；如其不才，君可自取。"后来，蜀国"政事无巨细，咸决于亮"，诸葛亮既有"篡蜀"的法理依据，也有权力基础，还有曹魏代汉的邻国镜鉴，但诸葛亮始终坚守对托孤刘备痛哭流涕表达的忠心："臣敢竭股肱之力，效忠贞之节，继之以死！"正因为此，诸葛亮才能成为传统文化中忠臣的代表人物。

他是怕政敌加害有性命之忧？蜀国政坛虽有荆州派和益州本土派的分野，但没有激烈的分歧，更谈不上尖锐的冲突，再加上刘禅根据刘备嘱托对诸葛亮无保留地信任，诸葛亮的地位稳如泰山，身家性命安全无忧，这一点是毋庸置疑的。

诸葛亮夙夜忧叹的根子还得从刘备那里去寻找。刘备的崛起是东汉末期的一大奇迹，与当时的各路军阀诸侯相比，他没有什么资源和优势，尽管他得到了一个"皇叔"的加分项，彼时军阀诸侯中汉室宗族不乏其人，实力也比他大。刘备的成功根本上得益于他的用人和志向，他终生高举"复兴汉室"的政治旗帜，实力虽弱却有道德之师的政治优势。刘备初见诸葛亮时，正处于一连串大败之后的人生低谷，所谓"败军之际、危难之间"，他出给诸葛亮的考题却是"汉室倾颓，奸臣窃命，主上蒙尘。孤不度德量力，欲信大义于天下"，让诸葛亮谈谈计将安出。诸葛亮的答卷就是著名的《隆中对》，在对天下局势深刻分析之后，他提出被誉为中国历史上最伟大之一的战略构想："若跨有荆、益……诚如是，则霸业可成，汉室可兴矣。"这段话确立了刘备集团的三步走战略目标：第一步跨有荆、益；第二步建立霸业；第三步兴复汉室。所以，兴复汉室不仅仅是刘备集团争夺民心的旗号，作为政治责任，既是刘备蜀汉的政治正统性的根基，也是他们的最终目标，这件事做不到，刘备和诸葛亮就不算成功，蜀国也只是偏安一隅的割据政权谈不上成功。

从这里就很容易弄清诸葛亮所忧者何？天下三分之后如何完成统一中国兴复汉室的战略使命。

从当时的三国态势也很容易弄清诸葛亮所叹者何？以最弱小的蜀国之力去完成兴复汉室的战略使命几乎注定是不可能的事情。

诸葛亮之忧，在于知其不可为；诸葛亮之叹，在于知其不可为而为之。所以，诸葛亮自从"臣受命之日，寝不安席，食不甘味"。

解忧之策，在于北伐。诸葛亮受命之际，蜀国的情形并不好，正如他在前、后《出师表》说的，蜀国"今天下三分，益州疲弊，此诚危急存亡之秋"，"固知臣伐贼，才弱敌强也"。其时曹丕已经受禅建魏，政治上的合法性、正统性更强，并且实力强大，综合实力约在蜀国的五倍十倍之上，比如人口，按照《三国志》记载，蜀国人口约在一百万户，魏国人口在四百万户之上，而且刘备与诸葛亮当时所探讨的"天下有变"的条件并未出现。尽管如此，诸葛亮仍然决定逆水行舟，尽人事而为，至于结果，"凡事如是，难可逆见。臣鞠躬尽瘁，死而后已。至于成败利钝，非臣之明所能逆睹也。"

这种不计后果的为北伐而北伐，能够实现目标吗？从228年到234年，诸葛亮连续发动5次针对魏国的北伐战争，但从战略战术上看，确如他所预料的一样都未取得成功。从战术上看，除了第三次北伐攻占武都、阴平，蜀汉取得二郡之外，别无收获。第一次大败，第二次、第四次粮尽退军，第五次更以作为蜀国丞相、北伐统帅的诸葛亮身死五丈原而仓促撤退。从战略上看，蜀国举国之力北伐，巨大的战争成本透支了蜀国的承受能力，而对魏国却只是造成边陲之患。

诸葛亮对于北伐曹魏兴复汉室的政治主张的坚持，使得它成为蜀国的政治路线，坚持它成为一种政治正确，后来姜维对魏进行了十一次北伐，其结果大胜两次，小胜三次，不克四次，大败一次，小败一次，没有什么有价值的战果，反而由于连年征战，蜀汉国力耗损巨大，逐渐走向衰落。

难解的"诸葛亮难题"

集忠臣智多星于一体的形象,凭借家喻户晓的《三国演义》的强化,让诸葛亮在民间获得了崇高的声望,几乎成为中国历史上少见的"完人"。但后世对其才智的评价,在其去世后很快就分为不同的两派,并且持续千年,争论的焦点是诸葛亮的北伐政治路线到底对不对,要不要对蜀国的衰落灭亡负责。下决心北伐,对于诸葛亮确实不是一个容易的决定,要不也用不着"夙夜忧叹",作为蜀国丞相和作为汉室遗民双重角色的冲突,以及这个冲突带来的巨大压力,让诸葛亮难以决断。坚持北伐兴汉固然是对汉朝、对刘备的大忠,但如果拖累了蜀国那对蜀国是不是就是不忠呢?作为蜀国丞相没有北伐兴汉就没有尽到丞相的政治责任,但连续6年全力北伐而把国政抛在一边还是不是合适的丞相呢?面对这一"诸葛亮难题",诸葛亮选择了他的解题思路和方法,有人就对这个答卷评价说,蜀国兴于诸葛,亦衰于诸葛,没有诸葛亮,很可能就不会有蜀汉,没有诸葛亮,蜀汉很可能不会先吴而亡。

《三国志·诸葛亮传》给诸葛亮作了这一个结论:"识治之良才,管、萧之亚匹矣。然连年动众,未能成功,盖应变将略,非其所长欤!"后世没有驳斥这个评价的,诸葛亮长于治国、短于打仗是个共识。假如诸葛亮也这么认识自己,在一次次"夙夜忧叹"之后,见机而改弦更张,决断中止此前的北伐兴汉的政治路线,发挥本人最为出色的治国理政的才能,先把蜀国国力搞上去,如果有合适时机和合适统帅,再举起为刘备、关羽复仇之旗号,大举兴师沿江而下进击旗鼓相当的东吴,据有其地使蜀国做大、做强,即使不能一统全国,也许能形成南汉北魏并立之局,倘如此,三国的历史就会改写了吧?诸葛亮的后半生对手、魏国统帅司马懿就这样评价他:"亮志大而不见机,多谋而少决,好兵而无权(指用兵的权变)",这句话实际上就是批评诸葛亮所坚持的北伐兴汉的政治路线"志大而不见机",背离了蜀国和当时三国鼎立的现实,背离了客观条件,也背离了他本人的优点。毛泽东同志也评价说:"其始误于隆中对,千里之遥而二分兵力。其终则关羽、刘备、诸葛三分兵力,安得不败?"(毛泽东评点《隆中对》)

大历史看,诸葛亮北伐之败更加衬托了他的南征之功。诸葛亮在《后出师表》解释说,"思惟北征,宜先入南",在北伐之前进行了一系列南征,七纵七擒孟获,蜀国西、南四郡皆平,为了便于控制,把原来的四郡改为建宁、云南、兴古、永昌、越嶲、牂柯六郡,把统治势力扩展到了今贵州东部边境,最西边入今缅甸境内,最南边达今云南省最南端,不仅为蜀汉北伐提供了兵源和战略物资,更是汉族政权和中原文明首次直接统治西南诸夷地区,为后来成为中华大地不可分割的一个组成部分产生了深远影响。

诸葛亮积劳积忧成疾,病死在第五次北伐的五丈原,践行了他的"鞠躬尽瘁,死而后已"的决心,出师未捷身先死,长使英雄泪满襟。诸葛亮之功、诸葛亮之忧、诸葛亮难题、诸葛亮精神,都让人们思考:战略和路线何其重要!天下三分,源于益荆战略和联吴南征路线的胜利,蜀国中衰,实则源于兴汉战略和北伐路线的错误,或者说,源于对过去争夺民心旗号与主张的僵化。

忧我国家

——唐太宗之忧与大唐盛世的创建

唐太宗享有"千古一帝"的美誉，他治国理政、用人纳谏的政治智慧收录于《贞观政要》，是后世帝王必读之教科书。千百年来，唐太宗对一代名相房玄龄"忧我国家"的赞誉，激励一代代帝王将相更加忧国忧民。

贞观之治的密码是"忧勤"

对唐太宗和《贞观政要》极为推崇的另一位"千古一帝"康熙皇帝，他的《圣祖御制诗》第一集第一首就是《贞观政要》。以文治武功自负的乾隆帝更对贞观之治和贞观之贤连用两个"盛"来形容，曾写下一诗一序。乾隆《读贞观政要》诗曰：

懿德嘉言在简编，忧勤想见廿三年。

烛情已自同悬镜，从谏端知胜转圜。

房杜有容能让直，魏王无事不绳愆。

高山景仰心何限，字字香生翰墨筵。

乾隆为《贞观政要》作序言说："太宗英武之资，能用贤良之士，时若房玄龄、杜如晦、魏徵、王珪诸队，布列左右，相得益彰。盖自三代以下，能用贤纳谏而治天下者，未有如此之盛焉。""余尝读其书、想其时，未尝不三复而叹曰：贞观之治盛矣！然其所以致治，则又在于用此数贤。"

　　唐太宗为什么能够开创后人敬仰不止的贞观之治？为什么能够留下帝王宝典《贞观政要》？乾隆在一诗一文里给出了答案：唐太宗本人忧勤，贤良之士布列左右。大帝评大帝，自能看门道。乾隆"忧勤"、用贤二词的评价，实在是对唐太宗开创贞观之治经验的最简洁直白的总结。

忧乐同之故能组建史上最强执政团队

　　唐太宗虽然是继承唐高祖帝位而登基的二世皇帝，但他却是一个实实在在的创业帝王，隋末天下大乱，生灵涂炭，李世民以卓越的眼光看到了历史机遇，动员其父李渊起兵，从群雄之中脱颖而出，成就大唐帝国。忧国忧民，既是唐太宗起兵的内因，也是他登基后开创盛世的力量源泉。唐太宗自己是这么说的："自惟寡薄，厚享斯休，每以抚大神器，忧深责重，常惧万机多旷，四聪不达，战战兢兢，坐以待旦。"遇到重大灾害造成民生困苦或宫殿损毁，他就"矜物罪己，载怀忧惕"（矜恤万物，检讨自己，常怀忧虑戒惧）。对于唐太宗因为深感责任重大而深切忧患，《贞观政要》作者吴竞评价说，唐太宗"帝志在忧人，锐精为政，崇尚节俭，大布恩德"。大臣马周在上疏中说："百姓知陛下甚忧怜之，故人人自安。"需要多解释一句的是，因为太宗名讳中有个"民"字，唐代都避讳它，所以"志在忧人"的实际表述应该是"志在忧民"。

　　唐太宗是最有民本思想的皇帝之一。他不仅提出了"水能载舟亦能覆舟"的思想，而且在他所著的《晋宣帝总论》中阐述过"天下之大，黎元为本"。

　　唐太宗深忧天下，思治心切，但他更知道只靠自己的忧勤是远远不够的，他提出了以铜为镜、以古为镜、以人为镜尽量少犯错误的"三镜说"，提出了"三事说"，勤行三事："一则鉴前代成败事，以为元龟；二则进用善人，共成政道；三则斥弃群小，不听谗言"，"三镜说"、"三事说"聚焦于同一个指向：人才意识、历史意识。

在中国封建时代的君臣佳话里，唐太宗和他的大臣们总是被作为经典提及。唐太宗组织驾驭保持了一支极高水平的执政团队，大家和他同忧勤、同忧乐，齐心协力开创了贞观之治，即所谓的"进用善人，共成政道"。这支团队除了乾隆诗中提到的房杜魏王（房玄龄、杜如晦、魏徵、王珪）四位，还有李绩、李靖、长孙无忌、尉迟恭、马周、虞世南等，共计二三十位，都是当时杰出的政治家或军事家。

唐太宗组建这支团队，以贤能进，因材致用，不拘一格，虽然以秦王府旧将为主，但来源甚广。有的是口碑不好的前朝佞臣，如萧瑀、虞世南，前者被唐太宗写诗赞为"疾风知劲草，板荡识诚臣"，后者获评"德行、忠直、博学、文辞、书翰五绝"，他们留下一个深刻的历史课题：前朝佞臣为何变成大唐忠臣？有的原先属于敌对阵营，魏徵是太子李建成的重要参谋，曾经主张针对秦王李世民先发制人；在民间赫赫有名的门神秦琼、尉迟恭，原先也都是对手们的干将。有的则出身卑微，马周出身于贫家孤儿，客居中郎将常何家里，没有任何功名，却因代替常何写的上疏被唐太宗发现是大才，立刻放在身边，很快提拔为朝廷重臣。马周"理天下者，以人为本。欲令百姓安乐，惟在刺史、县令"，"国之兴亡不由蓄积多少，惟在百姓苦乐"的政治主张，完全为唐太宗接受和实践，称赞他"周见事敏速，性甚慎至。至于论量人物，直道而言，朕比任使之，多称朕意。既写忠诚，亲附于朕，实藉此人，共康时政也"。

唐太宗对他的核心团队十分坦诚，经常就政策或者历史问题进行讨论，相互之间"披露腹心，非常恳到"。该批评的就批评，如房玄龄、封德彝就挨过几次很重的批评；该提醒的就提醒，他和大臣们一起算对于贪腐的政治账、经济账，揭示"且为主贪，必丧其国；为臣贪，必亡其身"的道理，告诫大家不要做划不来的事（朕尝谓贪人不解爱财也。至如内外官五品以上，禄秩优厚，一年所得，其数自多。若受人财贿，不过数万。一朝彰露，禄秩削夺，此岂是解爱财物？规小得而大失者也。唐太宗这个反贪经济账，也成为今天反贪教育的重要手段）；该认错的就认错，多次对没有采纳大臣的意见政策出了问题而主动改正并且做检讨，对于一些所谓的天变警兆，他会公开反思"颇有自矜之意，此吾之过也"；该奖励的就重奖，史书多次记载魏徵等人因为忠言进谏受赏缎绢；该封赏的就封赏，唐太宗不吝名位，他的核心大臣几乎都得封国公，是人臣一般能够得到的最高赏赐。唐太宗就这样用各种方式把他的忧勤意识传导到各位臣子。房玄龄史上素有"名相"之称，其中就有唐太宗栽培之功。太宗曾两次直截了当批评房玄龄，"公为仆射，当助朕忧劳，广开耳目，求访贤哲……读符牒不暇，安能助朕求贤哉？""公等食人之禄，须忧人之忧，事无巨细，咸当留意。今不问则不言，见事都不谏诤，何所辅弼？"房玄龄由此深知太宗之器重，多次主动分忧，他病危去世前还上书有所劝谏，太宗见表叹曰："此人危笃如此，尚能忧我国家。"褚遂良在《房玄龄碑》中就记述房玄龄感于太宗之殷切而"益深忧国"。从这些故事中可以看出，太宗眼里不容沙子，大臣们干不干活、出不出活他都清清楚楚，想惰政是不容易的。这就是君臣相长吧。

唐太宗对于团队核心成员终生信任，有始有终，其中24人事迹画像登上凌烟阁，他们之中除了侯君集因为支持太子李承乾谋反而被杀（对其按律当族诛，但网开了一面没有扩大化，留下了他的妻儿，而且凌烟阁名像没有被毁一直保留）、张亮因为谋反被杀，其他的都得善终，有的还在唐高宗时代发挥了重要作用。他实现了自己"朕终日孜孜，非但忧怜百姓，亦欲使卿等长守富贵"的承诺。贞观大臣们得到的恩宠之隆，善终之众，在历史上是极少的。明太祖对于古之帝王，最推崇汉高祖和唐太宗，并认为二者中又以太宗为优，最可贵的就是"能驾驭群臣，及大业既定，卒皆保全"。

人才怎么选拔、激励、约束，是管理学的恒久难题，唐太宗有许多开创性和革命性举措，在当时发挥了很大作用，对后世产生了重大影响。唐太宗改革完善了隋文帝创设的科举制度，扩充国学的规模，增加明经、进士两科考试科目，成为科举取士的主要考试方法。看到新中进士浩浩而来，唐太宗高兴地说："天下英雄入吾彀中矣！"贞观十七年二月，唐太宗因怀念当初一同打天下的众位功臣（当时已有数位辞世，还活着的也多已年迈），在长安城太极宫东北隅建凌烟阁，他亲题赞词，褚遂良题额，阎立本画像，共绘画开国功臣二十四人像于阁上，每思及往事，时常前往怀旧。凌烟阁由此成为重臣勋贵向往的精神家园，上凌烟阁成为唐朝乃至后世臣子最高的追求，明朝政治家张居正的《寄严少师三十韵》，就有"所希垂不朽，勋业在凌烟"之句，表达了他的向往。

三省六部制是在唐太宗时代完善和制度化的，他采用集体宰相制度，既是为了集思广益，也是出于对弊政、亡国之政的忧患，同时让大臣相互制衡以免权臣专权误国害身。贞观元年，太宗对黄门侍郎王珪阐述了决策制衡的重要性，"中书所出诏敕，颇有意见不同，或兼错失而相正以否。元置中书、门下，本拟相防过误。人之意见，每或不同，有所是非，本为公事。或有护己之短，忌闻其失，有是有非，衔以为怨。或有苟避私隙，相惜颜面，知非政事，遂即施行。难违一官之小情，顿为万人之大弊。此实亡国之政，卿辈特须在意防也……后至大乱一起，家国俱丧……卿等特须灭私徇公，坚守直道，庶事相启沃，勿上下雷同也。"贞观三年，太宗再次强调，"中书、门下，机要之司，擢才而居，委任实重。诏敕如有不稳便，皆须执论。比来惟觉阿旨顺情，唯唯苟过，遂无一言谏诤者，岂是道理？若唯署诏敕、行文书而已，人谁不堪？"

管理这样一支由时代精英组成的高水平团队，没有技巧是做不到的，在这方面唐太宗也十分娴熟，比如，他作为一代雄主，却擅长"示弱"，激发大臣竭尽全力。他会告诉身边重臣，自己一生戎马生涯，才华比不上历史上的著名皇帝，"天下事重，卿宜分朕忧劳。"他也会在听到大臣们劝谏的一番大道理后，感慨一番：如果不是某某，我哪里能听到这么宝贵的道理啊！他会把取得的重要成就归因于臣子，在周边民族送上"天可汗"的盛誉时，太宗却说"天下大宁，绝域君长，皆来朝贡，九夷重译，相望于道。凡此等事，皆魏徵之力也"。他因为李大亮的谏言下书说："有臣若此，朕复何忧！"还因为与虞世南商榷古今受益匪浅，由衷说过"群臣皆若世南，天下何忧不治"？

历史意识与忧患意识交融产生的内在制约力量和司法保障体系筑起盛世保护墙

唐太宗是具有深刻的历史意识的帝王。唐太宗十八岁起兵，二十四岁初平天下，二十八岁登基，如他自己所说是没有时间学习的，但从他和大臣们对话中看，他博览群书，熟知历史，对历史治乱之典故，帝相之高论，信手拈来，恰到好处。除了时时刻刻以隋炀帝为镜，《贞观政要》中他提到的历史人物和名言名句不下百处，通过他们对照国计得失。唐太宗学习历史常常结合实际古为今用，他读南北朝汉赵君主刘聪的传记《刘聪传》，看到"聪将为刘后起凤仪殿，廷尉陈元达谏，聪大怒，命斩之。刘后手疏，启请甚切，聪怒解而甚愧之"，立即联系到自己想建大殿的事，就对侍臣说，"朕近于蓝田市木，将别为一殿，取制两仪，仍构重阁，其木已具，远想聪事，斯作遂止"，他还举一反三，"人之读书，欲广闻见以自益耳，朕见此事，可以为深诫。"

-125-

看到历史书对皇帝们的丑事、为恶毫不隐瞒秉笔直书，唐太宗十分忧虑自己在史书上的形象会不会不好。贞观十六年，太宗对负责自己起居记录的谏议大夫褚遂良说："卿知起居，比来记我行事善恶？"褚遂良回答说："史官之设，君举必书。善既必书，过亦无隐。"太宗本来想试探能否影响褚遂良把他的历史形象书写的高大一点儿，听他这么回答，只好无奈地说："朕今勤行三事，亦望史官不书吾恶。"

唐太宗多次阐述后之视今犹今之视昔的思想，历史意识在他身上发挥了重要作用，不仅是他决策镜鉴，还在于激发了他青史留名的雄心，激励他开创贞观之治，也在于对史书恶名的敬畏让他时时克制约束自己的欲望，贞观后期虽然开始追求奢华不过没出大格。

唐太宗的"忧人"，既担忧老百姓民生温饱，也担忧他们会不会受司法不公的欺负，在帝王之中是极为难得的，这使他在中国法制史上也有重要地位。太宗登基伊始就强调"死者不可再生，用法务在宽简"。贞观十六年，他找负责司法的大理卿孙伏伽谈话，"朕常问法官刑罚轻重，每称法网宽于往代，仍恐主狱之司，利在杀人，危人自达，以钓声价。今之所忧，正在此耳。深宜禁止，务在宽平。"他还制定特别程序防止滥杀错杀，"自今以后，大辟罪皆令中书、门下四品以上及尚书九卿议之。如此，庶免冤滥。"太宗对于重刑的慎重态度，这个数字给出了最好的注脚：贞观四年全国断死刑者仅只二十九人。

杜绝司法扰民之忧最根本的是制定符合时代的法律体系，唐太宗为确立唐、宋、元、明、清法律基础的《大唐律》做出了杰出贡献。唐太宗刚一即位，便命令长孙无忌和房玄龄等人在《武德律》的基础上修订新的法典，经前后10年的时间，于贞观十一年完成，颁行天下，称为《贞观律》，全篇共十二篇，500条。《贞观律》大大减少了旧律中重刑条款的数量，缩小了族刑、连坐的范围，确立了五刑、十恶、八议、请、减、赎、当、免及化外人有犯、类推、死刑复奏等基本原则和制度。它基本确定了唐律的主要内容和风格，因严密完备而成一代之典，唐高宗年间在此基础上制定《永徽律》、《永徽律疏》，后世称之为《唐律疏议》（简称《唐律》）。《贞观律》和《永徽律疏》的制定和颁行是中国法律史上的一个重要里程碑，它们确立了中国古代刑法的规范，并且影响遍及朝鲜、日本、越南等亚洲各国，在世界法律体系中也占有重要的一席之地，成为独树一帜的一大法系。清代律学家吉同钧说："论者谓《唐律疏议》集汉魏六朝之大成，而为宋元明清之矩矱，诚确论也！"（《律学馆大清律例讲义·自序》）

中国历史上有一个"王朝瓶颈"，指的就是王朝第二任君主继往开来特别重要也特别艰难，往往会在这个阶段丧失政权，一旦安然度过的话王朝就会凭借惯性和忠诚持续下去。这个现象不仅在秦二世、隋炀帝身上得到了体现，南北朝和五代十国时期也多次发生。唐太宗作为大唐第二任君主，不仅安然穿越这个瓶颈，反而创造了第二任君主就开创王朝盛世的新的纪录，前无古人，后少来者。

中夜四五叹 常为大国忧

——李白之忧与唐朝文人晋身之道

请看看下面这一段诗，猜猜它的作者是谁。

炎凉几度改，九土中横溃。

汉甲连胡兵，沙尘暗云海。

草木摇杀气，星辰无光彩。

白骨成丘山，苍生竟何罪。

函关壮帝居，国命悬哥舒。

长戟三十万，开门纳凶渠。

公卿如犬羊，忠谠醢与菹。

二圣出游豫，两京遂丘墟。

……

中夜四五叹，常为大国忧。

这段诗，给我们记录了这样一幅悲惨世界：国家崩溃，汉胡厮杀，白骨成山，两京成墟，公卿如犬羊，二圣（唐玄宗、唐肃宗）仓皇逃亡，这幅景象，与曹操的"白骨露于野，千里无鸡鸣"惊人的相似，仿佛就是金国军队攻破汴京俘虏北宋二帝的预演。诗人为此忧患不已，入夜难眠，叹息国事。在我们的印象中，这么纪实的作品，一定是出自有"诗史"之称的杜甫这般的诗人吧？

不，不是，这么现实主义的力作，恰恰是最伟大的浪漫主义诗人、号称谪仙的李白的作品，这首《经乱离后天恩流夜郎忆旧游书怀赠江夏韦太守良宰》，是李白晚年的自传式纪实诗，是他最长的一首诗。

貌似潇洒的李白终生都在忧患大唐

李白前半生生逢大唐盛世，后半生遭遇安史之乱，亲身经历了国家由盛到衰，由治到乱；在这期间，他个人也从草莽到朝堂到江湖到图圄，个人命运由草莽剑客到宫廷诗仙，又到江湖浪子，再到"朝堂罪人"，发生多次翻天覆地的转折。国家的遭遇、个人的境遇相互交织，引发了李白长期的、巨大的忧虑，在他游山玩水的豪迈之下，是忧国忧民忧己的悲怆。他的诗歌给我们留下了这段心路。

貌似潇洒的李白终生都在忧患大唐。李白是有着远大政治抱负的人，他在诗与文中，在给皇帝的表与赋中，在给权要的信与书中，清楚地表述了清明政治应该是什么样子的，应当怎么样去建设，尤其是怎么选贤用能。这一点也是他一生各个阶段写成汇总的《古风五十九首》的主题思想，组诗以夏、商、周三代以来的"世道之治乱"为基本主题，体裁题材或戎马边塞，或咏怀先贤，或讽刺现实。类似的政治和历史类诗歌，在李白作品中占比很高。李白宫廷生活的熏陶和他对国家的担忧，使得他被后世评价为最早预言安禄山在杨贵妃庇护下要造反的人，他离开宫廷后所写《雪谗诗赠友人》，借历史上妲己、吕后等人映射杨贵妃，认为后宫干政必然要酿乱局。752年安史之乱爆发前3年，李白旅行专门来到安禄山的大本营幽州察看众说纷纭的安禄山，感于其飞扬跋扈、厉兵秣马，写下了《幽州胡马客歌》记下了这个狂人的野心。安史之乱后，李白看到"俯视洛阳川，茫茫走胡兵。流血涂野草，豺狼尽冠缨"，遂勇于投入永王平叛行动，却不慎卷入王子们的权力斗争，报国之躯反成戴罪之身。遇到大赦的李白以急切的心情"千里江陵一日还"，61岁时欲投李光弼军效力平叛，无奈因病未果，写有《闻李太尉大举秦兵百万出征东南，懦夫请缨，冀申一割之用，半道病还，留别金陵崔侍御》。次年即因病逝于当涂，死前他的愿望仍旧是"汉皇按剑起，还召李将军。兵气天上合，鼓声陇底闻。横行负勇气，一战净妖氛"（《塞下曲六首》）。

李白曲折又直接的求用之路

李白终生都在忧虑自己如何见用于朝廷而施展平生才学建功立业。

登上盛唐盛世时代舞台的李白，是满怀自信与豪情的。他"长不满七尺，而心雄万夫"，相信"天生我材必有用"、"我辈岂是蓬蒿人"，尽管"游说万乘苦不早"，必然会"大鹏一日同风起，扶摇直上九万里"，然后"天地皆得一，淡然四海清"，自己能够"功成画麟阁，独有霍嫖姚（霍去病）"，实现辅佐君王匡正天下的抱负，谁知受谗遭嫉，"奈何青云士，弃我如尘埃"、"怀恩未得报，感别空长叹"，不得不远离政治中心，"长安不见使人愁"、"使我长叹息，冥栖岩石间"。

李白有几年在宫廷里度过的，直接为唐玄宗服务。他是如何从一介布衣到皇帝秘书的？

唐玄宗时期，科举制度继续发展完善，已经成为读书人重要的晋身渠道，但不是唯一的甚至不是最主要的渠道。李白就不是通过科举考试杀出来的，他没有资格参加，因为他的父亲是商人。《唐六典》规定刑家之子，工商殊类不预，明确规定是罪人之子和商人之子是严禁参加科考的。好在唐朝还有一条主渠道：自荐和名望高的人推荐。只要为当政者赏识推荐，普通人也能直接入仕，于是李白低下高傲的头颅，用一篇篇才华横溢的诗文，四处奔走自荐，一直期待着"脱颖而出"。青壮年时期他写《与韩荆州书》、《上安州李长史书》、《上安州裴长史书》，给玄宗御妹玉真公主撰写《玉真仙人词》，甚至直接呈送唐玄宗《明堂赋》，晚年戴罪狱中他还写下《狱中上崔相涣》，无一不表达了"欲济苍生"之理想和对个人不用的忧患。李白的求用过程是曲折的，但他的方式又是最直接的。

盛世开放大气的格局给了他机会，使他在贺知章等人的推荐下一步登天，"玄宗召见于金銮殿，命待诏翰林"，写下"云想衣裳花想容"的名句。但"天子呼来不上船"的放荡不羁性格，从未接受过政务历练的经验欠缺，成了他在高层政治生活中的巨大缺陷，不到两年不得不上疏请求还山，玄宗赐金放还。

珍重友谊的李白始终忧友

李白的性情才华，使他收获了朝野各界各种朋友，他也非常珍视与这些人的友谊，无时无地不牵挂担忧他们，李白之忧中因此而有一面十分温馨感人的忧虑故人。他与杜甫、孟浩然、王昌龄的交往已成为诗歌史的传奇，对这些好友知己的忧思，化作了一首首千古名篇。赞誉他为"谪仙"并推荐给唐玄宗的贺知章，是他的伯乐，贺知章退休回越，他不仅写诗送行，两年后还不远千里去探望，贺知章去世后怀着深厚感情写下了《对酒忆贺监二首并序》、《重忆一首》的悼诗。他给民间好友汪伦留下的"桃花潭水深千尺，不及汪伦送我情"，给日本友人写下《哭晁衡》，为一起访仙求道的道友岑夫子丹丘生写下《将进酒》，这些好友不会想到与李白的友谊竟然使得自己万古留名。

朝堂难以安身的李白，似乎在江湖找到了归宿，他作诗说"吾爱孟夫子，风流天下闻，红颜弃轩冕，白首卧松云"，也在诗中表达"安能摧眉折腰事权贵，使我不得开心颜"，但他的心其实不在江湖、不在松林，否则，他不会误入永王帐中，更不会在 61 岁时欲投李光弼军效力平叛。朝与野、酒与友、诗坛与战场，都是他心之所系，也都是他灵魂无法安放之地。

李白忧国、忧己、忧友，这种忧虑伴随了他整整一生，他身在江湖山川,心系家国朝堂,忧国及友,忧己为国,安史之乱让大唐从盛转衰,让杜甫等友人飘零无讯,也让自己因为平叛救国而成为罪人,这一巨大转折打碎了他的功业梦,更加剧了他的忧虑,尽管"忧来其如何?凄怆摧心肝"(《古朗月行》),却"感物忧不歇"(古风五十九首·三十二)而不能自已,忧患累积,最后竟达百忧之多(《上崔相百忧章》)。

朝野都无法安放灵魂的人,何止李白。

诗仙李白者,忧者李白也!

穷年忧黎元　向来忧国泪

——杜甫之忧与盛世崩塌中的艰难民生

杜甫，家喻户晓的伟大诗人，中国凡是读过书的人，几乎没有不会背几句杜甫诗的。后人对杜诗有两个基本评价：真实记录了盛唐转衰的历史过程，真挚表达了忧国忧民的赤子情感，杜诗因此被称作"诗史"，杜甫因此被称作"诗圣"。

杜甫一生写诗一千五百多首，基本都流传下来，其中很多是传颂千古的名篇，除了"三吏"（《石壕吏》、《新安吏》、《潼关吏》）、"三别"（《新婚别》、《无家别》、《垂老别》），《自京赴奉先县咏怀五百字》、《奉赠韦左丞丈二十二韵》、《兵车行》、《丽人行》、《悲陈陶》、《哀江头》、《春望》、《羌村》、《北征》、《洗兵马》、《闻官军收河南河北》、《茅屋为秋风所破歌》等都是杜甫的经典作品，涉笔国家安危、社会动荡、政治黑暗、人民疾苦，记录了唐代由盛转衰的历史巨变。杜甫一生中经历最大的事件是安史之乱，透过这些诗篇，后人对于为什么大唐盛世突然倒塌，安史之乱为什么会发生，应该从大唐兴衰汲取什么样的教训，都能得到启示。

在唐朝由盛转衰的这个历史时期，杜甫的个人际遇、喜怒哀乐无不与时代巨变息息相关，黎庶之忧、陈陶战役之痛、城春草木深之悲、闻官军收复河南河北之喜，杜甫的忧乐都来自国家，来自他深沉的儒家知识分子"以天下为己任"的社会责任感和忧患意识。

安史之乱前的大唐危机四伏使杜甫"穷年忧黎元"

杜甫之忧,主要围绕两大主题,一是政乱民苦国事危,一是家寒仕艰志成空,这两个主题又交织在一起,贯穿于杜甫主要作品,尤其交织于《自京赴奉先县咏怀五百字》中:

杜陵有布衣,老大意转拙。

许身一何愚,窃比稷与契。

居然成濩落,白首甘契阔。

盖棺事则已,此志常觊豁。

穷年忧黎元,叹息肠内热。

取笑同学翁,浩歌弥激烈。

非无江海志,潇洒送日月。

生逢尧舜君,不忍便永诀。

当今廊庙具,构厦岂云缺。

葵藿倾太阳,物性固莫夺。

顾惟蝼蚁辈,但自求其穴。

胡为慕大鲸,辄拟偃溟渤。

以兹误生理,独耻事干谒。

兀兀遂至今,忍为尘埃没。

终愧巢与由,未能易其节。

沉饮聊自遣,放歌破愁绝。

岁暮百草零,疾风高冈裂。

天衢阴峥嵘,客子中夜发。

霜严衣带断,指直不得结。

凌晨过骊山,御榻在嵽嵲。

蚩尤塞寒空,蹴蹋崖谷滑。

瑶池气郁律,羽林相摩戛。

君臣留欢娱，乐动殷樛嶱。

赐浴皆长缨，与宴非短褐。

彤庭所分帛，本自寒女出。

鞭挞其夫家，聚敛贡城阙。

圣人筐篚恩，实欲邦国活。

臣如忽至理，君岂弃此物。

多士盈朝廷，仁者宜战栗。

况闻内金盘，尽在卫霍室。

中堂舞神仙，烟雾散玉质。

煖客貂鼠裘，悲管逐清瑟。

劝客驼蹄羹，霜橙压香橘。

朱门酒肉臭，路有冻死骨。

荣枯咫尺异，惆怅难再述。

北辕就泾渭，官渡又改辙。

群冰从西下，极目高崒兀。

疑是崆峒来，恐触天柱折。

河梁幸未坼，枝撑声窸窣。

行旅相攀援，川广不可越。

老妻寄异县，十口隔风雪。

谁能久不顾，庶往共饥渴。

入门闻号啕，幼子饥已卒。

吾宁舍一哀，里巷亦呜咽。

所愧为人父，无食致夭折。

岂知秋禾登，贫窭有仓卒。

生常免租税，名不隶征伐。

抚迹犹酸辛，平人固骚屑。

默思失业徒，因念远戍卒。

忧端齐终南，澒洞不可掇。

杜甫是一位感情丰富的诗人，这首诗里，诗人的情感有叹、笑、歌、耻、忍、愁、愧、战栗、悲、惆怅、恐、酸辛等一系列的表达，但这些都是他个人的情感而不是他的情怀，他的情怀是诗中"穷年忧黎元"、"忧端齐终南"的两个"忧"字。黎元即人民，是唐代对百姓的一个常见称呼，房玄龄所著《晋书》中收录了唐太宗"天地之长，黎元为本"的名言。这种"肠内热"引发的杜甫的忧心如焚终年都在，就像终南山那样的沉重，像辽阔的水面一样无法断绝（忧端齐终南，澒洞不可掇）。在这首500字的诗里，后人可以看到当时的社会现实：政之乱——"君臣留欢娱，乐动殷樛嶱"、"彤庭所分帛，本自寒女出。鞭挞其夫家，聚敛贡城阙"；民之苦——"朱门酒肉臭，路有冻死骨"、"岂知秋禾登，贫窭有仓卒"；国事之危——"恐触天柱折"；诗人家之寒——"老妻寄异县，十口隔风雪"、"入门闻号啕，幼子饥已卒"；仕之艰——"当今廊庙具，构厦岂云缺"、"顾惟蝼蚁辈，但自求其穴"；志之成空——"杜陵有布衣，老大意转拙"、"兀兀遂至今，忍为尘埃没"。杜甫目睹身历的所有这些悲像都发生在安史之乱前夕，时势如此，安史之乱怎么会不爆发，爆发了大唐怎么会不一败涂地，诗人从忧患到忧惧，竟尔很快变成现实。

杜甫对国家前途命运的担忧，还见之于更早的《同诸公登慈恩寺塔》。在京城长安杜甫和一群同僚登塔，别人感受到的是美景闲情，杜甫却是"自非旷士怀，登兹翻百忧"，他无法旷达地把国事抛在一边，当"秦山忽破碎，泾渭不可求。俯视但一气，焉能辨皇州"的情景入目而来，他看到表面上还是歌舞升平的唐王朝实际上已经危机四伏，不由得百感交集，心中翻滚起无穷无尽的忧虑。他的忧深虑远，不仅是那些一起登塔的其他诸公之作所不能企及，时人亦不多见。

杜甫不仅有着深远的政治眼光，还有难得的军事眼光。在《潼关吏》中，诗人经过潼关，看到正在修城筑墙进行防御，守关将领信心百倍，"胡来但自守，岂复忧西都"，乐观地认为叛乱胡人攻过来，他们一定能凭借城池坚固守关御敌，保证长安安全，杜甫认真察看后，却给他们泼了一大盆冷水，"哀哉桃林战，百万化为鱼。请嘱防关将，慎勿学哥舒！"

杜甫的"向来忧国泪"洒落衣中更滋泽后人心田

杜甫自身仕途与生活的艰难，很多时候成为他忧患的诱因，但他忧患的主要内容并不在此，更不局限于对自己的哀叹。在上述咏怀诗中，诗人在看到在丰收的秋天竟然有人饿死，自己因为做官，家人不用缴纳租税和承担劳役兵役，竟然还遭遇小儿饿死，他的忧患立即拓展开来，联想到了失业徒、远戍卒，他们及家人的生活岂不比这更要糟糕！这与在《茅屋为秋风所破歌》中表达的"何时眼前突兀见此屋，吾庐独破受冻死亦足"，都是完全一样的忧以天下的家国情怀。

出生于官宦世家的杜甫十分好学，对自己的才学也很自信，他"窃比稷与契"，理想是"致君尧舜上，再使风俗淳"，人生的向往是"会当凌绝顶，一览众山小"。但冯唐易老，李广难封，由于无法与先后执掌朝政的李林甫、杨国忠之流合污，他"即今倏忽已五十"时仍然只能以小吏之身"强将笑语供主人"，此时他的心境是"悲见生涯百忧集"（杜甫《百忧集行》）。尽管如此，他盈满心怀的仍旧是"乾坤含疮痍，忧虞何时毕？"（《北征》）迟迟不能平定的安史之乱所造成的巨大破坏让他因为"上感九庙焚，下悯万民疮"而更加"忧愤心飞扬"。（杜甫自传体性质诗歌《壮游》）

杜甫去世前漂泊道州（今湖南西南）一带时，与道州刺史元结同游，写下《同元使君春陵行》，勉励他把忧患精神传承下去，"道州忧黎庶，词气浩纵横"。元结果然做到了为官一任"免徭役，收流亡。进授容管经略使，身谕蛮豪，绥定诸州，民乐其教，立碑颂德"。

杜甫漂泊途中游览后蜀刘备庙时，感慨古人风云际会，伤悲自己烈士暮年，只能把一腔忧国忧民之心化作泪水，"向来忧国泪，寂寞洒衣巾"。但这不可断绝的忧国泪，并没有只是洒在衣巾，而是浇灌进了后来者的心灵。像杜甫一样的爱国主义诗人陆游晚年一次次为"忧国孤臣泪，平胡壮士心"而无法自安。"慷慨悲时事，蹉跎愧壮心。向来忧国泪，相对各沾襟"，明朝嘉靖年间敢于反抗皇帝重道废朝的礼部尚书孙承恩和友人一起洒下，相互共勉。"故老思飞将，中原忆旧臣。向来忧国泪，老去一沾巾"，清代为稳定台湾做出重要贡献的诗人陈肇兴反复吟唱，表达"盖家国之慨，前后同归"的情怀。"万里乘云去复来，只身东海挟春雷。忍看图画移颜色，肯使江山付劫灰。浊酒不销忧国泪，救时应仗出群才。拼将十万头颅血，须把乾坤力挽回"，清末女革命家秋瑾黄海"舟中日人索句并见日俄战争地图"，一边为国家危局泪洒黄海，一边呼吁国人不怕抛头颅、洒热血，站出来救时，共挽狂澜之既倒。

杜甫何以被誉为"诗圣"？"圣"字是一种道德评价，不只是功业不俗，而是针对一种精神，杜甫在诗中展现的穷年忧黎元、向来忧国泪，为艰难民生持之以恒大声疾呼，这才是没有做成多大功业的杜甫"肉身成圣"的根本原因。

薪尽火传，与杜甫同归的，岂止斯人！

忧其所可恃　惧其所可矜

——韩愈之忧与忠臣"忧国如家"标准的倡导

中唐时期的韩愈是公认的文学家、思想家、哲学家。韩愈以"说"、"原"、"序"、"表"等体裁写下了大量文字优美、思想深刻的文章，以"韩文"与"杜（甫）诗"、"苏（轼）词"并立为中国古代文学的巅峰，催生了以他自己为代表的唐宋八大家的中国文化绚烂成就。就像他自己称道的"李杜文章在，光焰万丈长"一样，完全可以说"韩愈文章在，道统得复兴"，他"文起八代之衰，道济天下之溺"，以文载道，领导唐朝古文运动，宣扬儒学道统，推动儒学复兴。韩愈以其道统思想，成为中国哲学思想史上由佛学兴盛到宋明理学兴起的关键人物之一，对推动"唐宋变革"发挥了重要作用，对后世产生了重大而深远的影响。

发誓"莫忧世事兼身事"的韩愈为什么终生在忧？

韩愈是有着深刻忧患意识的人，他的主要作品几乎都是因忧而作。曾经担任过吏部侍郎负责过人才工作的韩愈，出于对一方面人才不足、一方面人才得不到发现的忧患，作《马说》，呼唤伯乐；一直身体力行为人师表的韩愈出于对当时耻于为师导致道不传业不授惑不解的忧患，作《师说》，倡导"道之所存，师之所存"。韩愈之时，儒家道统式微，佛老盛行，他深以为忧，作《原道》，作《论佛骨表》，向"末学驰骋"的局面挑战，排佛倡儒，树起儒学复兴的大旗。韩愈作《平淮西碑》批判藩镇割据歌颂平叛胜利，作《御史台上论天旱人饥状》批驳当时上下欺瞒罔顾民生的政治腐败。

韩愈是一个性格鲜明、血肉丰满的人，就其情感而言，他其实是把忧作为苦来看待的，"愁忧无端来，感叹成坐起"（《秋怀诗十一首》）。韩愈并不享受愁忧，也希望能够"与其有乐于身，孰若无忧于其心"（《送李愿归盘谷序》），告诫自己"断送一生惟有酒，寻思百计不如闲。莫忧世事兼身事，须著人间比梦间"（《游城南十六首》）。韩愈在《君子法天运》诗中表达的期盼是"焉能使我心，皎皎远忧疑"。

但"无忧"、"莫忧"、"远忧"真的是他内心的期盼吗？他能做到不忧吗？如果真是这个样子，我们的思想史、文化史上就少了一个巨子。韩愈是终身之忧的典范。

韩愈有终身之忧，因为把家人、友人、弟子乃至百姓看得比自己还重，更何况他孜孜尽忠的朝廷和国家。他在写给侄子老成的诗中说，"三年不见兮使我生忧"，显示了他极为浓厚的亲情；这份亲情使得他听到侄子老成英年早逝的噩耗，写下了中国文学史上作为著名的祭文之一《祭十二郎文》，诉说了自己对他病情"未始以为忧也"的自责。当他的同科进士被贬出京，他作《秋字》诗送行，"荣华今异路，风雨苦同忧"，显示了他同样浓厚的友情；因为这份同忧，他给自己尊敬钦佩的同时代大文豪柳宗元写诗写信，作序作墓志铭，数量多达上十篇，直追杜甫用十多首诗歌表达的对李白的情谊和忧虑。因为担忧国事，当他遇到恩赦时，却是"前日遇恩赦，私心喜还忧"（《赴江陵途中寄赠王二十补阙李十一拾遗……员外翰林三学士》），欢喜自己与担忧国事交织在内心深处，显示了自己忧国如家如己的高尚人格。

韩愈有终身之忧，因为深刻的思想使得他能够辩证地看待忧，发现忧在其忧苦一面的同时，还能为人生修养、国家治理提供营养，具有积极的价值。自己是如何成为一代文宗的？韩愈在《答李翊书》中透露自己提高写作本领的诀窍之一：文章"其观于人也，笑之则以为喜，誉之则以为忧"，越是别人夸赞的文章，越要担忧它有不足的地方，更要反复提炼修改，不能沾沾自喜。中国自古就有一句格言，"不为良相便为良医"，韩愈也赞同治天下与治病遵循同样的道理，为此他写了《医说》，阐述善计天下者该怎样向善医者学习，并在文中提出了一个重要观点："忧其所可恃，惧其所可矜"，意思是天下要长治久安，就得对于那些可以依赖的地方要有担忧，对于那些可以夸耀的东西要有畏惧，其潜台词是，所可恃所可矜之处不是永远可恃可矜，一旦出了问题，就会是颠覆性的大问题，对所可恃、所可矜者更要有忧患意识。

韩愈是个行动派，他强调大凡物不得其平则鸣，实际上他有了忧虑更要鸣，还要付之于行动。唐朝崇道尊佛，造成"末学驰骋，儒学式微"的局面，韩愈对于儒学正统地位的丧失极为忧虑，提出了一个从尧舜到孔孟一以贯之且不断发扬光大、以儒家圣人之道和人文价值为核心的"道统论"，儒家知识分子只有把已经中断的道统接续过来、弘扬起来、传承下去，才能实现儒学复兴。为此，他以笔为武器，一方面酣畅淋漓著文批佛，一方面身体力行发起古文运动，实际上，"古文运动"根本不是一场简单的文学运动，而是一次捍卫儒学传统的文化复兴运动。

韩愈设定了忧国者的新标准"忧国如家"

韩愈对于忧患意识、忧患文化最大的贡献，是把忧看作士的基本品格，把有没有忧患意识、能不能做到忧国如家，作为区别人才贤不贤的重要尺度，为忧国这种朴素而深沉的情感设定了清晰的标准。

韩愈在《后廿九日复上宰相书》中这样写道："山林者，士之所独善自养，而不忧天下者之所能安也。如有忧天下之心，则不能矣。"公元795年，时年27岁的韩愈第三次参加博学宏词科考失败后，按照当时的政坛习气，给当朝大佬写信送文求被发现任用，这段话出自他给当朝宰相的第三封信，信中把士分为"不忧天下者"和"有忧天下之心者"，把是否安于山林作为是不是忧天下者的区分标准，委婉地解释自己为什么连写三信求用，是因为自己心忧天下，不愿安于山林。然而韩愈的急于报国之心，却因不到一个月连写三信而弄巧成拙，不仅求用未果，反得"躁进"名声，不得不暂时离开京城。

后来，不满足于将仕郎前守四门博士职务的韩愈又给李尚书上书，附上自己的十五篇文章作为谒见之资，表示自己钦佩尚书的官品人格，要以为榜样。韩愈这样表达了他视为榜样的高官的品格，"赤心事上，忧国如家"，他在书中是这样说的：

> 月日，将仕郎前守四门博士韩愈，谨载拜奉书尚书大尹阁下：愈来京师，于今十五年，所见公卿大臣，不可胜数，皆能守官奉职，无过失而已；未见有赤心事上，忧国如家如阁下者……愈也少从事于文学，见有忠于君、孝于亲者，虽在千百年之前，犹敬而慕之；况亲逢阁下，得不候于左右以求效其恳恳？

有一年大旱，皇帝认为如果这年如往常一样举行考选，各地考生会集京城，必将造成京城食物供应更加紧张，就要暂停考选一年。韩愈认为这不是治国的道理，朝中缺乏人才，急需补充新鲜血液帮助皇上求治，于是上表《论今年权停举选状》：

> 臣又闻君者阳也，臣者阴也，独阳为旱，独阴为水。今者陛下圣明在上，虽尧舜无以加之；而群臣之贤，不及于古，又不能尽心于国，与陛下同心，助陛下为理。有君无臣，是以久旱。以臣之愚，以为宜

求纯信之士，骨鲠之臣，忧国如家、忘身奉上者，超其爵位，置在左右，如殷高宗之用傅说，周文王之举太公，齐桓公之拔宁戚，汉武帝之取公孙弘。清闲之余，时赐召问，必能辅宣王化，销殄旱灾。

韩愈在书中对旱情的解释也许会让后人觉得好笑，但他对人才选拔得当不仅会有弥补旱灾之失还能辅宣王化的见解是很宝贵的，特别是书中明确批评了当时大臣们不能尽心于国，建议皇帝破格选用和亲近"纯信之士，骨鲠之臣，忧国如家、忘身奉上者"，是有政治远见和勇气的。

对古人忧国程度的比喻上，有忧国忘私、忧国忘家、忧国如家好几种程度。忧国如家是汉成帝表彰丞相翟方进的批语（《汉书·翟方进传》），也是《晋书》对于陆晔兄弟的称誉。《三国志》或许受到了曹植的影响，更喜欢用"忧国忘家"这个词语，比如刘备"望君忧国忘家，有救世之意"（《陈登传》）、"袁公路岂忧国忘家者邪？"（《先主传》）在《徐邈传》中换成"忧国忘私"的叙述。韩愈是肯定人性的，他或许觉得"忧国忘家"、"忧国忘私"只是少数人能够做到的，而做到"忧国如家"并不难，人谁不爱其家？国是放大的家，要像爱家忧家那样爱国忧国，所以他把它反复提出来，确定为大臣贤否的区分标准，就是他对道统的一种传承。

韩愈这样要求别人，他更严格要求自己，超过"忧国如家"这个标准而达到了忧国忘家忘身。元和十四年（819 年）正月，沉迷礼佛的唐宪宗派使者前往凤翔迎佛骨，长安一时间掀起信佛狂潮。韩愈不顾个人安危，毅然上《论佛骨表》极力劝谏，唐宪宗被韩愈的道理驳得无话可说，更加生气，非要杀了韩愈，幸亏得到赏识韩愈文章才气的皇亲国戚求情，才免死贬到当时极其荒瘴的潮州任刺史，立即离京，家都顾不上。走到终南山蓝关的韩愈给来送行的侄孙韩湘（就是传说的"八仙"之一韩湘子）写下千古名诗：

左迁至蓝关示侄孙湘

一封朝奏九重天，夕贬潮阳路八千。

欲为圣明除弊事，肯将衰朽惜残年！

云横秦岭家何在？雪拥蓝关马不前。

知汝远来应有意，好收吾骨瘴江边。

　　韩愈之不幸，却是潮州之幸、袁州之幸。已有死在潮州之心的韩愈拼尽全力造福一方，不仅洗刷了一些人对他不会施政的污名，还开创了潮州的新时代，苏东坡这样称赞他的功绩：始潮人未知学，公命进士赵德为之师。自是潮之士，皆笃于文行，延及齐民，至于今，号称易治。信乎孔子之言，"君子学道则爱人，小人学道则易使"也。潮人之事公也，饮食必祭，水旱疾疫，凡有求必祷焉。后来韩愈又被调任江西袁州任刺史，很快废除了这里自古以来流行贫苦人家欠债还不上就让子女为奴的恶俗，一年时间就"免而归者且千人"。韩愈曾在《夜歌》诗中感慨"所忧非我力"，但他仍然有一分力出一分力，坚信出一分力就能改善一分。

　　从贬官潮州到去世，只有5年的时间，这5年他用自己的行动证明了什么是"忧国如家、忘身奉上"。由此他病故后追赠礼部尚书，谥号"文"，故称"韩文公"。元丰元年（1078年），追封昌黎伯，并从祀孔庙，这是一份中国历史上只有172人享有的荣誉！韩愈无愧"匹夫而为百世师"的赞誉。

　　历史会给我们一个新的视角回望、重评历史上的大事件。以宋学为标志的儒学复兴，启端于韩愈的道统思想，这一点至今依然是共识，但宋学的思想内核，却是儒、佛、道共生互融、三流合一的集大成，而不是排佛抑道的结果，没有佛学中国化的发展，没有吸收佛学精髓，就不会有今天的中华文化。从这一点看，韩愈激进的排佛抑道，有其彼时非如此不足以复兴儒学的时代背景，其识见之大小长短还有待商权。或许，韩愈提出的排佛抑道兴儒，直接提出了佛教对儒家的严峻挑战，迫使当时和后来的人重新思考儒、释、道三者的关系，迫使佛教加速中国化的进程，通过"入室操戈"的碰撞，历经"援佛入儒"的努力，最终以大融合圆满结束？

不知忧国是何人

——吕温之忧与唐蕃关系变迁

吕温虽然有不少作品收录于《全唐诗》，但在诗人灿若星河的唐代，他作为一名诗人并非卓著（《沧浪诗话》评价还不错："亦胜诸人"）。他在历史上留下名声，主要是他参与了中唐永贞革新，与著名人物王叔文、柳宗元、刘禹锡等相厚，并作为副使出使吐蕃。著名改革派领袖王叔文的赏识让他有机会一展忧国忧民之心和报国之志。他出使吐蕃来回两年多，留下了关于唐时西藏和来回路途的诗歌，是唐朝诗苑中的珍品，也是以诗证史研究西藏的第一手宝贵资料。与柳宗元、刘禹锡、李贺等著名文学家的诗文往来，让他永远活在了唐朝的诗的世界里。

参与永贞革新的忧国青年才俊

吕温得益于自己的学识与家世，青年时代一帆风顺。794年参加河南府试，为贡士之冠，798年进士及第，次年中博学宏词科，此时只有二十六七岁，这在唐朝是极难的，说明吕温确实才华突出。才华不俗加上深厚家世，他得到了太子侍读王叔文的青睐，作为"时之英俊"推荐给太子，803年被任命为左拾遗。

刚刚到京的吕温就表现出了卓尔不群的样子。出身官僚世家而非草根的吕温志向远大，抱有辅佐皇帝治理国家并造福民生的理想，所以他瞧不起只知享乐的高官贵爵。贞元十四年也就是他中进士的这一年，长安大旱，本该绿油油的田野旱得禾苗枯死、尘土飞扬，而权贵们却忙着享乐不管百姓死活，他见此情景写下了他最著名的诗歌之一——《贞元十四年旱甚见权门移芍药花》：

绿原青垄渐成尘，

汲井开园日日新。

四月带花移芍药，

不知忧国是何人。

这首诗从题目到字句都饱含情怀。在吕温看来，治国者必须是忧国者才能把国家治理好，但他在京城看到的却是一幅对比极为强烈的景象：田野旱成了这个样子，黎民百姓欲哭无泪，本该组织他们救灾保耕的高官却在干什么呢？汲井抢水，拓展花园，在花团锦簇的院子里带花抢栽难以移活的芍药！最该忧国忧民的人却不把百姓死活放在心上，那么国家该由谁来忧虑佐治呢？

不知忧国是何人，年轻而大才的吕温面对这一景象发出了诘问，表达了对时政的失望和对当权者的批判，更发出了"我来也"的政治宣示：你们这些高官贵爵不关心百姓死活只知道贪图享乐，不能让你们再这样下去了，要让我们这些真正忧国忧民的人来。所以，抱着"致君及物"远大志向的他很快加入了王叔文的改革派行列，成为永贞革新集团的重要成员，推动刷新政治。

永贞革新是中唐比较重大的一段历史。唐德宗末年，藩镇割据和宦官专权愈演愈烈，藩镇割据势力竟能攻破长安，唐德宗甚至把保卫朝廷安全的禁军都交给宦官来管，宦官主管禁军遂成为制度。太子李诵对这种局面十分忧虑，打算自己主政后进行变革，于是就和他的太子侍读王叔文招抚一批才俊，谋划革新之策。太子李诵继位后就是历史上的唐顺宗，在他的支持下，王叔文团队推出了一系列改革举措，意图解决德宗弊政，805年这一年既是唐德宗贞元二十一年也是唐顺宗永贞元年，这场改革被称为"永贞革新"。但王叔文本身不是朝堂主政宰相级的人物，只是翰林学士，这个职务值宿内廷，负责起草任免将相等机密诏令，并接受皇帝咨询参裁可否，虽有"内相"之称，却无执政之权，他的团队大多是像吕温这样的中下层新晋官员。这样一支团队组织实施变革，既受到了宰相大臣的抵制，更为利害相关的太监所忌惮，偏偏唐顺宗又中风不能理事，掌握军事大权的太监抓住机会让顺宗同意太子李纯监国，接着迫使顺宗禅位给太子（史称"永贞内禅"），王叔文革新集团遂失去支持，持续146天的革新失败。唐宪宗继位，对企图收回太监掌管禁军权力改革措施恨之入骨的太监团伙，先是立即把王叔文贬为渝州司马，接着在次年赐死；变革的另一位主心骨王伾被贬为开州司马，不久病死；王叔文团队的主要骨干韩泰、陈谏、柳宗元、刘禹锡、韩晔、凌淮、程异及、执宜八人，被贬为偏远州县司马，所以永贞革新又被称作"二王八司马事件"。王叔文们的革新失败了，但他们提出的一些重大善政措施并没有因人废言，在唐宪宗时期得到了继续执行，其年号为元和，这一时期因而也有"元和中兴"的评价。

在新旧《唐书》的记载中，先前谋划变革的重要人物里都有吕温，变革失败后被处理的人员都没有吕温，相反，吕温还在806年升职户部员外郎，不久又提拔为刑部郎中。是他背叛了自己的政治理想吗？

不是，吕温是被派去执行另外一件重要国务了，因此得以侥幸。

以诗歌记述唐蕃关系的大唐使节

大唐吐蕃关系在唐太宗时期十分和睦，大唐不以其强盛而欺压吐蕃，反而采取和亲政策，文成公主入藏与松赞干布成婚，唐蕃确立亲密的舅甥关系。文成公主在西藏生活了近40年，协助当地建设了大昭寺，主持修建了小昭寺；把内地佛教引入西藏，推动了藏传佛教的形成和发展；随行的中原僧侣将带去的汉文医书译成吐蕃文，编成《汉公主大医典》，这是吐蕃最早的一部医学著作。唐蕃交流为西藏文化发展做出重大贡献。后来吐蕃向吐谷浑、河西走廊、西域方向扩张，唐蕃时战时和，各有胜负。安史之乱后吐蕃还曾趁着大唐国力未及恢复，一度攻占长安实施暴行。

唐德宗时期，唐朝吐蕃关系十分紧张，重大冲突不断，连续十多年没有互派使节。永贞革新的前一年，吐蕃赞普去世，按老规矩到唐朝报丧，朝廷觉得这是缓和唐蕃关系的机会，经过千挑万选，工部侍郎张荐、左拾遗吕温被选为正副吊祭使出使吐蕃。这个处理方式是从唐太宗以来长期延续的传统，唐蕃结下舅甥国关系后，朝廷不断派使臣到吐蕃和亲、吊祭、册封等。从634年贞观年间唐蕃初次交往到850年吐蕃王朝衰败，共有约200批次使节互派，其中唐朝派出和蕃使节65次，吐蕃使节入唐125次。张荐途经日月山时去世，吕温独自作为使节完成了任务，在吐蕃停留一年多，于806年9月返回长安，按例晋封。

在藏滞留一年多，来回两年三个月，吕温的忧虑又转向了西部。

唐诗中留有不少送和蕃使的诗歌，杜审言、李嘉祐、刘长卿、皇甫曾、郎士元等都有这方面的佳作传世。但作为使节留下诗作的只有吕温一人，共计12首，记下了吕温在藏和往返途中所见所闻所感。安史之乱后，吐蕃乘危入寇，占领了河湟、陇右地区，百万汉人陷于吐蕃统治之下，吕温诗歌除了赞美西藏独一无二的美景，更难得记述了在吐蕃侵占区生活的没蕃汉人的凄切乡愁，表达了作者收复失地的志向和无能为力的悲伤，也抒发了他对舅甥国消除隔阂结成中华一家的期盼，"明时无外户，胜境即中华。况今舅甥国，谁道隔流沙。"（《吐蕃别馆和周十一郎中杨七录事望白水山作》）

吕温为帝国西部边陲的安全与边民的遭遇的忧患，推动了唐蕃关系缓解。唐蕃此时来往密切，除了吕温的吊祭使团，还有对新赞普的册封、通报德宗去世顺宗即位的使团，曾一度汇聚于吐蕃逻些宾馆。在朝廷正确的对蕃政策下，西部边境在唐宪宗时期比较平静，为"元和中兴"提供了较好条件，吕温他们功不可没。

大唐为他盛年卒于任上而少了一位政治家、文学家

在朝任职期间，吕温等几人曾经与宰相李吉甫交厚，后来因为吕温等人的人事安排问题产生矛盾，吕温对李吉甫上书弹劾，因弹劾不实遭贬，先后到道州、衡州任刺史。到了地方的吕温开始为百姓忧患。他主张"生民为重，社稷次之"，在衡州时，有百姓五人缴输公税时死于洪水，便作《衡州祭柘里渡溺死百姓文》自责，"州令未明，津渡不谨，致此沦逝，咎由使君"，还拿自己俸钱抚恤死者家属，代其纳税。在赴任衡州途中，吕温作诗"人生随分为忧喜，回雁峰南是北归"，以达观的心态面对贬任，并相信不久会"北归"，谁知竟梦碎衡州。

在道州、衡州任上，吕温克尽职守，政绩颇著，无奈造福一方未捷身先死，因病卒于任上，年仅40岁。他的政治、文学双知音柳宗元在祭文中痛悼他，"志不得行，功不得施……临江大哭，万事已矣！"吕温的早逝，主因是宏图难施而郁结，死前他作诗"百忧攒心起复卧，夜长耿耿不可过"，"栖栖复汲汲，忽觉年四十。今朝满衣泪，不是伤春泣。中夜兀然坐，无言空涕洟"，中夜急火攻心猛然醒来满衣泪水，"不是伤春泣"，而是他在深夜忧患什么。从吕温的诗作中看，他是因为肺病去世，他在衡州的早春写下"病肺不饮酒，伤心不看花"诗句，联想到他出使吐蕃的经历，不知道是不是那里的高原反应种下了他的病因，导致吕温为了唐蕃和睦而盛年捐躯。

渡人者人自渡之。吕温才高八斗，和他密切唱和的也大都是当时文坛知名人物，更有柳宗元、刘禹锡、李绅这样的巨星。据《云溪友议》载，

804年年轻的李绅赴京应试，未中，寓居元稹处，常拿着自己的作品求知吕温，其中就有《悯农》诗二首，内有"四海无闲田，农夫犹饿死"、"谁知盘中餐，粒粒皆辛苦"之句，吕温就对齐员外煦及弟恭说："吾观李二十秀才之文，斯人必为卿相。"果如其言，李绅后来拜相，官任中书侍郎、同中书门下平章事、尚书右仆射门下侍郎，封赵国公。李绅的《悯农》诗也因为吕温的盛赞而广为人知，传诵千古。吕温去世后，好友刘禹锡把他的一生诗作收集汇编，共10卷，并为之作序《吕君集纪》，称赞吕温"年益壮，志益大，遂拔去文字，与隽贤交，重气概，核名实，歂然以致君及物为大欲"。

如果不是因为过早捐躯国事，无论从诗文的世界看，还是从为政的发展看，吕温的事业不会止步于此，他有潜力和志向成为大唐优秀的政治家、文学家。《三国志·陆逊传》评价东吴军事家陆逊英年早逝"忧国亡身"（"及逊忠诚恳至，忧国亡身，庶几社稷之臣矣"），这个评价用于吕温也是合适的。

一生长为国家忧

——张为之忧与古之军魂

渔阳将军

霜髭拥颔对穷秋，

著白貂裘独上楼。

向北望星提剑立，

一生长为国家忧。

这是一首不著名诗人为不知名边将写下的一首著名边塞诗。诗人张为描写了一位毕生为国家和边疆安宁而驻守的虽老而英姿勃发的"时时放心不下"的老将军形象：将军身着白色貂裘，深秋夜晚登瞭望楼，寒霜染白浓密须发，手提宝剑矗立楼上，遥望北斗远眺敌情，凝神沉思一生戍边，国家安危总忧心头，为国守疆死而无憾。

张为寥寥数字生动刻画的这位将军，国家利益至上，凛然不可战胜的精气神，既让人肃然起敬，又让人倍增安全感，顿觉军人之伟大。有这样一位时时刻刻、日日夜夜、寒暑四季为国家边境安全而一生长忧的将军，边境百姓，朝堂的君臣，就可以放心了。

这首被很多边塞诗爱好者盛赞的诗，作者张为却极不知名。我们能够搜集到的资料，仅仅说明他为闽中（今福建省福州市）人，唐僖宗乾符初即公元874年前后在世，时属晚唐，为诗论家。

诗中歌颂的这位毕生驻守边疆保卫国门的老将军，作者没有交代他的名字和事迹，我们也找不到资料说明他是谁。

这位"一生长为国家忧"的将军姓甚名谁？我们只能"猜想"：一种可能是镇守渔阳的大将，一种可能是复姓渔阳的将军，一种可能是历史上与渔阳有过交集并留下赫赫战功政绩的将军，一种可能是借用渔阳的寓意。

猜想一：与渔阳这个地方有关。

明代诗人罗玘在《渔阳边防图为刘云太监题》中称为"渔阳东国门"，清代诗人李锴在《渔阳怀古》中说"渔阳古郡接边陲"。清代诗人、史学家屈大均《读陈胜传》，亦有"闾左称雄日，渔阳适戍人。王侯宁有种？竿木足亡秦"。这些诗句都指向渔阳在哪儿？

史载，燕昭王二十九年（公元前283年）置渔阳郡，治所即北京市密云区十里堡镇统军庄村东，一直延续到北魏，渔阳郡治所迁至雍奴（即天津市武清区泗村店镇旧县村），隋唐时期又迁至今天津蓟州区。总的来说，渔阳作为古代一个行政区设置在今北京东北部天津西北地区。《唐会要》记载，唐朝中早期是有渔阳军的，在幽州北卢龙古塞，开元十九年九月十七日改为静塞军，后迁置于蓟州城内。军使例以蓟州刺史兼任。在周朝燕国以来的数千年历史上，除了元、清时期和现当代，渔阳基本上都是作为中原王朝对抗外侵的前线，是有名的边塞。中晚唐时期，契丹崛起，构成了对大唐东北边境的巨大压力，大唐东北边疆退缩，渔阳成为直接面对契丹的前线地区。张为歌颂的这位晚秋霜夜"向北望星提剑立"的渔阳将军，很可能是当时一位一生都在为大唐镇守契丹的静塞军使、蓟州刺史，只是使用了静塞军前身渔阳军的旧称。

熟悉历史的人，对渔阳这个地方都不陌生。渔阳还和历史上两个重大事件有关，一个是陈胜吴广起义，一个是安史之乱。陈胜、吴广等900人在秦二世元年七月谪戍渔阳，赶上连续大雨，道路不通，按行程到达渔阳时肯定错过了政府确定的日期，这在当时是要全部处斩之罪。陈胜、吴广就商议，"今亡亦死，举大计亦死；等死，死国可乎？"遂宣布造反，引发秦末大起义。唐玄宗时期安禄山身兼范阳、平卢、河东三镇节度使，悍然发动安史之乱，白居易在著名长诗《长恨歌》中用"渔阳鼙鼓动地来，惊破霓裳羽衣曲"来描述这一叛乱，渔阳鼙鼓成为安史之乱的代名词。

猜想二：与渔阳这个姓氏有关。历史上确有其姓，是个罕见复姓。渔阳最早属于周朝燕国，据《郑通志·氏族略》载："燕大夫封渔阳，因以为氏。"汉代有个少府叫作渔阳鸿载于史册，其他姓渔阳的在史册上难以见到，唐朝姓渔阳的将军似乎也是没有。张为应该不是歌颂一位复姓渔阳的边塞将军吧？

猜想三：与在渔阳立过战功的历史人物有关。两汉、新朝之际，有一名大名鼎鼎的人物叫郭伋，治理渔阳、并州、雍州和首都地区立过大功，先后得到过汉哀帝、汉平帝、王莽、刘玄、刘秀的信任重用。范晔在《后汉书·郭伋传》中说，郭伋曾经担任过渔阳都尉、渔阳太守，在他担任太守期间，"时匈奴数抄郡界，边境苦之。伋整勒士马，设攻守之略，匈奴畏惮远迹，不敢复入塞，民得安业。"郭伋在渔阳任职五年，渔阳户口增倍，被朝野上下誉为"贤能太守"，后来被封"细侯"。《怀柔县志》载有康熙时江南文士潘其灿游历怀柔时的一首诗《午日游龙王山》："午日方同醉，龙山试共游。烟光通帝里，景色入边州。父老歌陶令，儿童颂细侯。清风满邑郭，夏日亦如秋。"直到清朝当地人民还在怀念歌颂郭伋。张为笔下威风凛凛的将军，倒像是这位郭伋太守的画像。

猜想四：与渔阳地名寓意有关。由于上述情形，渔阳就作为边塞、谪戍目的地、战乱策源地意象，作为一种代称，不时出现在大量的边塞、怀古、咏史诗词里。杜甫写过一首就叫作《渔阳》的古风。初唐诗人王维的《少年行四首》也有"出身仕汉羽林郎，初随骠骑战渔阳。孰

采取的是施恩收买政策，这固然解决了武人作乱、地方割据等问题，凡事有一利必有一弊，却造成了"冗官"、"冗兵"、"冗宗"、"冗费"问题，到宋朝第四任皇帝宋仁宗时期，宋朝立国已有80多年，"四冗"问题日益凸显，财政危机开始显现，宋朝已经显示积贫积弱态势，内忧外患不断出现。范仲淹开出的药方，得到了宋仁宗的赏识，采纳了绝大部分。

但在北宋的立国思想之下，改革实在是太难推进了。随着一系列事情的发生和发展，宋仁宗动摇了，尽管他不完全相信范仲淹等新政推动派是"朋党"，也不相信范仲淹他们要学习伊尹、霍光图谋废立，但在保守派的各种名目的攻击下，范仲淹在朝廷已经无法立足，只能请求外放。随着他和韩琦等新政骨干被贬出京，庆历五年春，新政结束，政治回归原先的老套路。从庆历三年冬启动到这时结束，只有短短一年多。

庆历新政虽然不幸夭折，宋仁宗治下的宋朝却迎来了中国历史上经济、文化、社会发展的一个巅峰，史称"仁宗盛治"。这里面有深刻的历史原因，宋朝从宋仁宗时期商业勃发，民间经济出现了农业、工商业平分秋色的巨大转折和历史转型，它们有效缓解了社会矛盾。这里面也有人才鼎盛共襄盛事的原因，宋仁宗时期人才之盛史上少见，即使范仲淹新政的反对派，多数也都是拔尖的人才，内心深处也是忧国忧民，致力于与宋仁宗一起把国家治理好，比如当时任相而反对庆历新政的吕夷简，"既薨，帝见群臣，涕下，曰：'安得忧国忘身如夷简者！'赠太师、中书令，谥文靖"（《宋史·吕夷简传》）。而范仲淹等一大批忠贞贤臣被贬到地方后仍不忘谋造福一方，某种程度上加强了地方治理，也为国家治理夯实了基础。

宋仁宗之治是不是意味着庆历新政没必要呢？恰恰相反，它恰恰是在此基础上迎来的。国家处于矛盾交织的上升周期，实际上正是改革成本最小、效果最好的时期，如同神医扁鹊所言圣手治未病。范仲淹推动新政，正是范仲淹"先天下之忧而忧"的反映，体现了他"制治于未乱"（《范仲淹遗表》）的忧患意识。从另一方面说，也正是因为新政未及充分发挥作用就停止，才使得宋仁宗之后的宋朝积贫积弱倍加严重，使得宋神宗和王安石不得不出重拳施行变法。

有忧即鸣，有忧即行，这是范仲淹鲜明的品格。所以，当一意栽培他的上司晏殊劝他，不要动不动就拿热点政治问题上疏以免影响仕途时，他写下《上资政晏侍郎书》，自剖"事君有犯无隐，有谏无讪，杀其身有益于君则为之"之志。范仲淹多次因谏被贬谪，著名文学家梅尧臣专门作文《灵乌赋》，力劝范仲淹少说话、少管闲事，以免一再被贬，范仲淹回作《灵乌赋》，斩钉截铁地表示要学习孔子的青云之志和孟子的浩然之气，强调自己"宁鸣而死，不默而生"，尽显凛然大节。

范仲淹为政一方皆能忧民之忧造福一方

庆历六年，范仲淹被贬任邓州知州，到达后，他给皇帝上表时表达了自己主政邓州的心迹："孜孜于善，战战厥心，救民疾于一方，分国忧于千里。"第二年，范仲淹写下一首《依韵和提刑太博嘉雪》，表达了"太守忧民敢不诚"的爱民之心和忧患意识。邓州是农耕社会，靠天吃饭，范仲淹称之为"南阳风俗常苦耕"，这年邓州"今秋与冬数月旱，二麦无望愁编氓"，范仲淹十分忧虑，积极设法应对，他由此得到邓州民众的拥戴，庆历八年，有诏调范仲淹知荆南府，邓州人民殷切挽留，范仲淹得以留任。

进在庙堂，范仲淹忧国忧民，退到了地方，他依然忧民忧君，一路走一路忧，从庆历四年自请出京历知邠州、邓州、杭州、青州，直到1052年改知颍州，在扶疾上任的途中逝世，年六十四，他就一直忧心忡忡奔波于地方，救民疾，分国忧。

范仲淹善于救民疾，分国忧的名声，早在他还没有入朝为政时就传开了。江苏盐城有一条知名的范公堤，留下了他在这里为官的一段佳话。范仲淹32岁时调任西溪盐仓监，负责监督淮盐贮运及转销。西溪（现位于泰州、盐城一带）濒临黄海之滨，盐城至东台一线"去海不过一里"，唐代李承所修筑常丰堰因年久失修多处溃决，海潮倒灌、卤水充斥，淹没良田、毁坏盐灶。范仲淹深为人民苦难深重担忧，就不管是不是自己的职责所在，上书上司张纶重修捍海长堰。张纶转奏朝廷，朝廷调范仲淹为兴化县令，主持修筑海堤。后来范仲淹因母亲去世辞官守丧，张纶主持完成90公里长、5米高、底宽10米、顶宽3.3米的大堤，逃亡百姓返回家园，堤外煮盐，堤内农桑，大堤保住了几百年繁荣。当地人民修建了三座祠庙，纪念范仲淹，并把所筑之堤命名为"范公堤"。

母亲丁忧结束后，范仲淹担任过两个重要的地方职务，一个是回到老家苏州担任苏州知州，一个是吏部员外郎、权知开封府（相当于首都开封代理市长）也都留下斐然政绩。在苏州，他于公担忧长期以来的水患，深入考察后提出以"修围、浚河、置闸"为主的治水之策，率领民众疏通五条河渠，导引太湖水流入大海，其后的南宋、元、明都依照这个模式去整治太湖水患；于私，他担忧家族后辈无以修身立业，设义庄，兴义学，树立了中国古代慈善事业的典范；于公私两宜，他在传说子孙后代能"踵生公卿"的私宅宝地上兴办了苏州学院，非范氏子孙亦可入学，为的是"一家贵，孰若吴士咸贵乎"？在首都开封，范仲淹大力整顿官僚机构，剔除弊政，开封府"肃然称治"，时称"京师无事有希文"。

范仲淹在《岳阳楼记》中阐述了士"居庙堂之高则忧其民，处江湖之远则忧其君"，但对庙堂之高、江湖之远的中间状态——为州县之令，该不该忧、当忧什么，没有提出要求。他以自己的实践给出了答案：左忧其君，右忧其民。

一代儒帅范仲淹"忧边"定边

在朝堂能够治国、在地方能安民的范仲淹，还是一位在前线能稳边的声名显赫的边关大帅，当时西北边关有一首《边上谣》这样唱道："军中有一韩，西贼闻之心骨寒；军中有一范，西贼闻之惊破胆"，其中的"一范"指的就是范仲淹。

范仲淹虽然在西北对西夏前线只有三四年时间，却留下了稳边大功，也留下了他深厚的边关情结。晚年他在《郡斋即事》诗中就以"塞上衰翁"自称。在延安前线时一首《和延安庞龙图寄岳阳滕同年》，记录了他对边关的忧患，"祇应天下乐，无出日高眠。岂信忧边处，胡兵隔一川"。更广为人知的是他的边塞词作《渔家傲·秋思》："塞下秋来风景异，衡阳雁去无留意。四面边声连角起。千嶂里，长烟落日孤城闭。 浊酒一杯家万里，燕然未勒归无计。羌管悠悠霜满地。人不寐，将军白发征夫泪"，写尽边地苍凉之景与边塞征人思归之情。

范仲淹是 1040 年于危难之际受命出征西北的。此前西北党项首领李元昊称帝，建立西夏，为逼迫宋朝承认其地位，接连进犯宋境大败宋兵，边塞要地延州岌岌可危。素未知兵的范仲淹知延州，与韩琦并为陕西经略安抚副使，肩负起守边退敌大任。范仲淹采取积极防御战略，一方面修筑城池挫敌锐气，一方面分化西北被西夏裹挟的羌族等削弱敌势，加强对军队战斗能力的提升，发现并大胆使用了狄青、种世衡等一大批优秀将领。1042 年李元昊分兵两路，再次大举攻宋，挥师南下，在定川大败宋军进逼潘原，关中震动，消息传到朝廷，仁宗手按地图对左右侍臣说："若仲淹出援，吾无忧矣。"并未得到朝廷昭令的范仲淹果真亲率六千军队援救，迫使西夏军队撤出边塞，关中危局化解，西夏从此不敢侵犯范仲淹的辖区。奏报一到，仁宗大喜道："吾固知仲淹可用也。"范仲淹的军事才能得到宋仁宗赏识，加封他为枢密直学士、右谏议大夫，任鄜延路都部署、经略安抚招讨使。这就是关于范仲淹一个典故"朝廷无忧有范君"的由来。

在范仲淹等将帅的阻击下，西夏从战场上占不到便宜，遂与宋朝于1044年签署庆历和议，西北地区获得和平。边事稍宁，范仲淹被召回京，授枢密副使，相当于当时的天下兵马副元帅。范仲淹对军事国防问题作了研究，上疏仁宗提出"一曰和，二曰守，三曰战，四曰备"四策，请朝廷在七个方面着力做好，"一、密为经略；二、再议兵屯；三、专于遣将；四、急于教战；五、训练义勇；六、修京师外城；七、密定讨伐之谋"。

概括范仲淹为官为帅的杰出成就，最恰当的就是首都一带流传着"朝廷无忧有范君，京师无事有希文"（"范君"指范仲淹，"希文"是他的字）的民谣。

一生沉浮，范仲淹对忧的认识领会不是没有彷徨过，比如他说过"进则尽忧国忧民之诚，退则处乐天乐道之分"（《谢转礼部侍郎表》），"进则持坚正之方，冒雷霆而不变；退则守恬虚之趣，沦草泽以忘忧"（《润州谢上表》）。但这更像是他的牢骚，或者说自我设想，实际上每次"退"他都没有放下忧，所以不能算作对"进亦忧退亦忧"的背离。

范仲淹之后的南宋诗人王十朋，发现了范仲淹之忧与孟子之忧的内在一脉，又想给二人的忧思深重当个裁判分个高低轻重，就写下了《读岳阳楼记》："先忧后乐范文正，此志此言高孟轲。暇日登临固宜乐，其如天下有忧何。"在他看来，主张"先天下之忧而忧，后天下之乐而乐"的范仲淹，他的志向比主张"乐民之乐者，民亦乐其乐；忧民之忧者，民亦忧其忧"的孟子更高。诚然！孟子主张"乐以天下，忧以天下"，是讲给王者听的追求王道之术，而范仲淹的"先天下之忧而忧，后天下之乐而乐"，则成为对士大夫精神境界的要求，主张人人超越个人的穷达进退忧乐，以天下为己任，以为国为民为宗旨，无论身处何地，无论外部环境有何变迁，心中这份永恒的信念都毫不动摇。此外，先忧后乐思想要求士大夫忧患要有超前性和敏感性，要有为国为民解忧造福送乐的能力和实践，这也把孟子之忧发扬光大了。

范仲淹给中华贡献了一种忧的精神，中华也给了范仲淹永远的荣光。范仲淹病逝后，宋仁宗亲自题写范仲淹墓的碑额为"褒贤之碑"，加赠兵部尚书，谥号"文正"，后经屡次加赠为太师、中书令兼尚书令，追封楚国公。靖康元年二月，宋钦宗"褒赠近世名臣"，特赠范仲淹为魏国公。清康熙五十四年，康熙帝颁诏"以宋臣范仲淹从祀孔庙"，称"先儒范子"。康熙六十一年，又允许其从祀于历代帝王庙。

忧劳可以兴国　逸豫可以亡身

——欧阳修之忧与国家兴亡之理

读过欧阳修《醉翁亭记》的人，大概都觉得他是一个乐于山水与酒的乐观豁达、无忧无虑的醉翁，其实不然，他实际上是一个极其清醒的忧者。

欧阳修两次与范仲淹共进退仍不掩藏"忧世之言"

宋仁宗景祐三年（1036年），范仲淹因为上书批评宰相吕夷简而被贬官，与其政见相同的欧阳修时年30岁，血气方刚，为范仲淹鸣不平，作《与高司谏书》责问落井下石的谏官，受到范仲淹"朋党"的攻击，被贬为夷陵（今湖北宜昌市）令。

欧阳修在被贬之地读到了韩愈学生李翱的文章《幽怀赋》，针对李翱忧虑安史之乱后河北一直不能收复导致天下难安，并提出问题的症结是"苟庙堂之治得兮，何下邑之能违"，复有感于李翱"哀予生之贱远兮，包深怀而告谁。嗟此诚之不达兮，惜此道而无遗。独中夜以潜叹兮，匪君忧之所宜"的诉说，产生了强烈的共鸣，立即写下《读李翱文》，对大唐由乱而亡的历史现象做出了不同凡响的解释，借批评唐末"光荣而饱"的当政人物讥讽当时的当政者，"一闻忧世之言，不以为狂人，则以为病痴子"，对他们"不肯自忧，又禁他人使皆不得忧"的做派表示强烈的不满：

……最后读《幽怀赋》，然后置书而叹，叹已复读，不自休。恨，翱不生于今，不得与之交；又恨予不得生翱时，与翱上下其论也删。

凡昔翱一时人，有道而能文者，莫若韩愈。愈尝有赋矣，不过美二鸟之光荣，叹一饱之无时尔。此其心使光荣而饱，则不复云矣。若翱独不然，其赋曰："众嚣嚣而杂处兮，咸叹老而嗟卑；视予心之不然兮，虑行道之犹非。"又怪神尧以一旅取天下，后世子孙不能以天下取河北，以为忧必。呜呼！使当时君子皆易其叹老嗟卑之心为翱所忧之心，则唐之天下岂有乱与亡哉？

然翱幸不生今时，见今之事，则其忧又甚矣。奈何今之人不忧也？余行天下，见人多矣，脱有一人能如翱忧者，又皆贱远，与翱无异；其余光荣而饱者，一闻忧世之言，不以为狂人，则以为病痴子，不怒则笑之矣。呜呼，在位而不肯自忧，又禁他人使皆不得忧，可叹也夫！

欧阳修最后这一段感慨，穿越千年在鲁迅这里有了回响，他在《花边文学·古人并不纯厚》引用它，作为"指斥当路"的"古人并不纯厚"的例子之一加以肯定，也用"不能算作偏激"的欧阳修来为自己挡风遮雨。

李翱在赋中声明，"念所怀之未展兮，非悼已而陈私"，不是为了自己而忧，这一点尤其让同样以弘扬韩愈精神为己任的范仲淹、欧阳修感同身受。后来范仲淹拜相推动庆历新政并再次受挫，新政干将欧阳修也再次为范仲淹辩护，他直接给皇帝上书《朋党论》，批评不能以"朋党"为罪名罢黜范仲淹、韩琦等，导致又一次被贬官滁州太守，遂留下名篇《醉翁亭记》。

庆历三年担任谏官的欧阳修，尽职尽责发挥谏官的忧患意识，对朝野不少现象及时发出批评，提出建议，努力减少弊政，并执着地盯着不放，直到有了结果。比如他针对京西官吏明目张胆不执行皇帝诏敕要求，上下互相蒙庇，出现了士兵作乱、民心不稳等情形，"致得盗贼并起，事势可忧"，先后两次上"折子"，坚决要求追究京西转运使等"使国家号令弃作空文，天下祸乱贻忧君父"的罪责，"以警后来"，否则，"今后朝廷号令，徒烦虚出"，"此若不行，则国家诏敕，乃是空文，今后号令，有谁肯听？"如此小中见大，从小事洞察弊政之害，欧阳修的洞见与格局何等可贵！

　　王安石变法之际，欧阳修贬在青州任知州，这时候一段著名公案也是一个历史吊诡发生了：师承范仲淹庆历新政的王安石变法，遭到了庆历新政干将欧阳修的反对。欧阳修先后向朝廷上奏书《言青苗钱第一札子》和《言青苗钱第二札子》，再发"忧世之言"，对变法最主要的举措之一青苗法，提出了强烈批评和中肯建议。因为建议没有得到采纳，欧阳修选择了不执行青苗法。尽管如此，从此前此后欧阳修与王安石不同一般的关系看，一直主张变法图强的欧阳修并非全盘反对王安石变法，而是对其一些政策措施不支持。与欧阳修立场接近的还有庆历新政的主将韩琦、富弼等人。对此应该是不难理解的，他们都以君子自居，君子为政，只求其心相同，但求有利国家，不会因此而随便苟同政见。历史上，面对同样的忧患，提出不同的主张，甚至相互冲突的，并不鲜见。

　　欧阳修去世后，王安石饱蘸深情写下《祭欧阳文忠公文》，对欧阳修文学成就和修高风亮节大加赞扬，如此说来，《宋史》把欧阳修退休去世的原因归于王安石变法和其性格执拗（"及守青州，又以请止散青苗钱，为安石所诋，故求归愈切"）的记述，当不为数。

探寻盛衰兴亡存灭的"自然之理"

　　政坛三起三落的欧阳修第三次遭贬时，被皇帝改变主意留在京城编撰《新唐书》和《新五代史》。他以强烈的忧患意识回顾历史，提出了许多思想深刻、影响深远的历史结论。欧阳修在《新唐书·张廷珪》文中对"殷忧启圣"作了科学解释,"古有多难兴国,殷忧启圣,盖事危则志锐,情苦则虑深,故能转祸为福也"。他在总结唐之天下乱与亡的基础上,又深入研究了后唐庄宗李存勖勃兴忽亡的历史教训,写下了极其著名的史论《伶官传序》,阐发了自己独特深刻的见解:

呜呼!盛衰之理,虽曰天命,岂非人事哉!原庄宗之所以得天下,与其所以失之者,可以知之矣……岂得之难而失之易欤?抑本其成败之迹,而皆自于人欤?《书》曰:"满招损,谦得益。"忧劳可以兴国,逸豫可以亡身,自然之理也。

故方其盛也,举天下之豪杰,莫能与之争;及其衰也,数十伶人困之,而身死国灭,为天下笑。夫祸患常积于忽微,而智勇多困于所溺,岂独伶人也哉?

在这篇后世时常如黄钟大吕般响起的史论中,欧阳修发现了"忧劳可以兴国,逸豫可以亡身"的自然之理,也就是历史演变的政治规律。常常被视为畏途的忧劳被欧阳修不仅彻底平反,更上升为兴国之必需,后世帝王纷纷以此自诩,君子纷纷以此为标。它胎化于"夫忧所以为昌也,而喜所以为亡也"这句《吕氏春秋》名言,却又更简洁上口遂广为传播。

"百忧感其心"成就杰出的文学家和历史学家

忧劳不仅是治国之必需,还是欧阳修强调的美文之源。他的《秋声赋》为什么千古流传?他认为得益于"百忧感其心"。梅尧臣是宋诗"开山祖师",也是他的好友,欧阳修曾给其写过诗,"相别始一岁,幽忧有百端",可见二人交情之深。他在作《梅圣俞诗集序》时提出,梅诗写得好是"内有忧思感愤之郁积"。

欧阳修师承韩愈领导北宋诗文革新和古文运动,开创新的文风,一大批杰出文人成为他的朋友弟子,"唐宋八大家"中宋代多人出自他的门下，而且都是以布衣之身被他相中、提携而名扬天下。此外，张载、程颢、吕大钧等旷世大儒，包拯、韩琦、文彦博、司马光等政坛达官，都得到过他的激赏与推荐。欧阳修因此享有"千古伯乐"之誉。这些人无论为文、为学、为政，都深受欧阳修道德文章影响，传承忧国忧民精神。

欧阳修一生忧劳，不仅为之遭贬，还为之所累所病，在《夜宿中书东合》诗中他写道，"攀髯路断三山远，忧国心危百箭攻"。他总结出"夫疾，生乎忧者也"，认为自己年老多病是因为"轩裳珪组劳吾形于外，忧患思虑劳吾心于内，使吾形不病而已悴，心未老而先衰"，曾经希望通过养鱼"以舒忧隘而娱穷独"，又寄望于退休后以"五个一"（"吾家藏书一万卷，集录三代以来金石遗文一千卷，有琴一张，有棋一局，而常置酒一壶。"）缓解，特意把"醉翁"改号"六一居士"（增加了他"一老翁"）。发于心成于思的忧，已经成为欧阳修的特征，这又怎么可能缓解呢？比如有琴一张本来是为了休闲，欧阳修却听出的是"其忧深思远，则舜与文王、孔子之遗音也"，"尧舜三代之言语、孔子之文章、《易》之忧患、《诗》之怨刺"。他在《送杨寘序》中无奈承认，"予尝有幽忧之疾，退而闲居，不能治也。"

其身无可忧　忧者必在天下

——王安石之忧与宋神宗变法

北宋时期的社会精英，总体上是历史上立功、立德、立言做得最好的一个群体，王安石又是其中的一个佼佼者。在宋神宗支持下大刀阔斧进行变法，部分解决了北宋时期的政治、经济、社会弊政，是他的立功；他清廉朴素不逐声色的道德品格赢得了包括政敌在内的社会的认可，"文章节义过人处甚多"，身故后被谥号为"文"，追赠太傅，是他的立德；他诗词文章皆有造诣，以丰神远韵的风格在北宋诗坛自成"王荆公体"，跻身唐宋八大家之一，是他的立言。王安石是一个封建时代的成功者。

王安石的成功因素很多，他一生忧勤的作风，忧以天下的情怀，对于他的成功意义重大。

忧者王安石

格局大小造就事业大小，年轻时代的王安石，借青田县令让自己为一座新建山亭题记的机会，表达了自己的天下情怀：

附焉以生，而不自以为功者，山也。好山，仁也。去郊而适野，升高以远望，其中必有慨然者。《书》不云乎：予耄逊于荒。《诗》不云乎：驾言出游，以写我忧。夫环顾其身无可忧，而忧者必在天下，忧天下亦仁也。人之否也敢自逸？至即深山长谷之民，与之相对接而交言语，以求其疾忧，其有壅而不闻者乎？求民之疾忧，亦仁也。

在这里，王安石提出了两个命题：忧天下与忧身的关系、忧天下忧民与仁政的关系。看得出，他深受范仲淹古仁人之心的思想的影响。

对前代诗人王安石尤为推崇杜甫，他20多岁任鄞县县令时就搜集杜甫诗作，31岁时汇编成册《老杜诗后集》并撰写序言，还著有《杜甫画像》以自勉。他既伤感于杜甫一生的艰难困苦，又对杜甫忧国忧民精神推崇备至，借杜甫"吟哦当此时，不废朝廷忧。常愿天子圣，大臣各伊周"表达自己的政治理想，希望能做一名伊尹周公那样的贤臣辅佐圣明天下解除天下忧患。

宋仁宗年间还是中下层官员的王安石，"慨然有矫世变俗之志"，忍不住把他的社稷之忧和盘托出，于1051年写出了著名的政论文章《上仁宗皇帝言事书》，在这篇被梁启超称赞为"秦汉以后第一大文"的万言书中，王安石解释为什么要变法："顾内则不能无以社稷为忧，外则不能无惧于夷狄，天下之财力日以困穷，而风俗日以衰坏，四方有志之士，諰諰然常恐天下之久不安。"短短几句话，把北宋"积贫积弱"的情形阐述的一清二楚。这篇上书虽然没有得到不愿生事的宋仁宗的重视，却为他以后主导宋神宗变法奠定了理论基础和舆论基础。

想有一番作为的宋神宗即位不久，就起用王安石并听取他的治国见解，王安石借此机会写下《本朝百年无事札子》，分析了北宋在财政经济上的问题，"其于理财，大抵无法，故虽俭约而民不富，虽忧勤而国不强。"善于思考并有独特见解的王安石在这里用"虽忧勤而国不强"，把忧国忧民之心、夙夜在公之勤与"国不强"的实际结果放到一起，一针见血地指出了只有良好政治品格和作风并不必然实现国家富强，关键还要政策措施到位。王安石的这一见解超越了绝大多数古人。

没想到一生忧国忧民的王安石，却被老友兼政敌司马光批评为根本就不把生民之忧乐、国家之安危放在心上，"观介甫之意，必欲力战天下之人，与之一决胜负，不复顾义理之是非，生民之忧乐，国家之安危，光窃为介甫不取也"。司马光虽然说得比较委婉，但王安石读到后我们能够相信他的气愤与悲凉，因为范仲淹之后有忧才称得上仁、有仁才称得上君子的逻辑已经形成，批评王安石不顾生民之忧乐、国家之安危，实际上就是在否定他的仁者之心和君子形象。这大概就是王安石斩钉截铁又寥寥数语答复司马光长篇责难书信、二人彻底决裂的缘故吧。

晚年因为强势推进变法而在朝廷官场待不下去的王安石回到江宁，登临凤凰山写下感叹："欢乐欲与少年期，人生百年常苦迟。白头富贵何所用，气力但为忧勤衰。愿为五陵轻薄儿，生在贞观开元时。斗鸡走犬过一生，天地安危两不知。"这首诗有牢骚、有讽刺，也表达了王安石的困惑：自己一生忧勤值不值得？后不后悔？

王安石要用变法"以写我忧"

1067年，19岁的宋神宗即位，以其青年人的朝气，想有一番大作为。

难得的是，宋神宗也是一位忧者，据《续资治通鉴》记载，他在即位不久，就把自己的忧虑告诉宰相文彦博，"天下弊事甚多"，并说出了自己的政治主张：不可不革。

当时的宰执虽然也是文学史上的精英团队，但对宋神宗的主张并不接茬儿，他们坚信宋太祖、宋太宗创立的大宋"祖宗家法"臻于完美，无须动得。

宋仁宗时期范仲淹发起"庆历新政"，提出了治理弊政的十条举措，结果无疾而终。到了宋神宗时期，范仲淹所说的朝廷弊政不但没有减少，反而有的更见严重，比如国库财力几近枯竭、冗官人浮于事、大臣不思进取等。宋史《食货志》记载，宋神宗即位前国家财政已经年亏 1500 多万，近年来财政每况愈下，正应了一二十年前王安石的判断"天下之财力日以困穷"，这还怎么养兵备边呢？这让宋神宗十分担忧，他提出，"当今理财最为急务"。

　　财政是国家治理的基础，这个现在大家都能懂的道理，宋神宗竟然也懂得，已是至为不易，在工作安排上再列为第一议程，在古代皇帝之中更是至为难得。可惜的是，宋神宗的这一主张，在宰执那里又碰壁了：北宋中期已经形成"尚气节而羞势利"的社会风气，坚信君子喻于义小人喻于利，恪守《大学》所说"长国家而务财用者，必自小人矣"的主张，所以谁要讲求理财之道，谁肯定就是见利忘义的小人，同时坚信财富就那么多，国家取的多了生民得的就必然少了，理财不就是与民争利嘛！朝廷大臣由是均以理财为耻。司马光就把宋神宗列为最为急务的理财工作视作"天下细小之事"，力劝宋神宗"人君修心治国为要"。这种思想与经济改革（实质是理财改革）是直接冲突的。

　　谁能贯彻自己的"不可不革"、"当今理财最为急务"方针呢？宋神宗终于找到了王安石。

　　王安石出身于官宦世家，刻苦好学，严以修身，21 岁就高中进士，二三十岁就先后担任过宁波鄞县县令和江苏常州知州，是德才兼备的优秀年轻干部，尤为可贵的是，同样接受的正宗儒学教育，同样在宋朝保守的氛围之中，王安石和他同时代的精英们有一个很大的不同，他有着超越世代的非凡见识：变更天下之弊法，以趋先王之意，实现天下大治。王安石在《上仁宗皇帝言事书》中就当今的问题是什么、为什么要变法、怎样变法，已经从理论高度系统化提出了自己的政治主张。不仅如此，王安石在县州任上进行了一些变法改革的试点试验，效果不错。理论上、实践上都做好了充分准备的王安石，就在等待施展变法的时机和舞台。

　　一个想变法，一个能变法，宋神宗和王安石，形成了锐意改革的君臣配，前者先是任命后者为参知政事（副宰相）。一年后又拜为宰相，勉励说："可悉意辅朕，庶几同济此道！"轰轰烈烈的熙宁变法（宋神宗当时的年号）在王安石47岁、宋神宗21岁的1069年，毅然推开了。王安石这首《浪淘沙令》相信就创作在这个时候："伊吕两衰翁，历遍穷通。一为钓叟一耕佣。若使当时身不遇，老了英雄。汤武偶相逢，风虎云龙。兴王只在谈笑中。直至如今千载后，谁与争功！"

这场变法的具体措施，后人多不陌生。体制方面，设立制置三司条例司指导组织变法的实施，"经画邦计，议变旧法，以通天下之利"；财政方面，先后出台均输法、青苗法、市易法、方田均税法、农田水利法；社会方面，颁布免役法；军事方面，有置将法、保甲法、保马法；教育方面，废除诗赋词章取士的旧制，恢复以《春秋》，三传明经取士，实行太学三舍法制度。这些措施每一项都针对了当时具体的社会问题或者说弊政。比如，把差役法改为募役法，也叫免役法，废除原来按户等轮流充当州县差役的办法，改由州县官府自行出钱雇人应役，雇役所需经费，按照民户资产情况分摊。原来不用负担差役的官员家庭、女户、寺观，也要缴纳半数的役钱，称为"助役钱"。王安石向宋神宗解释此一改革的初衷是"抑兼并，便趣农"，为老百姓去疾苦便务农。比如青苗法，针对青黄不接之际贫苦家庭不得不借高利贷度日的民间高利贷盘剥问题，加强国家干预，规定凡州县各等民户，在每年夏秋两收前，可到当地官府借贷现钱或粮谷，以补助耕作。借户贫富搭配，10人为保，互相检查。贷款数额依各户资产分五等，一等户每次可借15贯，末等户1贯。当年借款随夏秋两税归还，每期取息2分。

从立法本意看，熙宁变法的主要措施是代表了历史发展方向的，具有很强的"国家资本主义"的性质。它们肯定和强化了国家在经济活动中的作用，探索了国家和政府应该在哪些领域、以什么方式进行干预，探索了国有资产金融化的尝试。它们提出了经济改革不是在存量中研究怎么分蛋糕，而是要做大蛋糕，"因天下之力，以生天下之财；取天下之财，以供天下之费"，实现"民不加赋而国用足"的理想局面。它们打破了赋役制度一直以来按口征、按丁征、按户征的原则，尝试把差役制度与田亩、资产结合起来，还探索了更加有利于农业生产的募役制度。这些宝贵探索的重要作用，在后来的资本主义时代都得到了充分验证。

王安石变法为什么留下更大忧患

熙宁变法，在历史上有很多叫法，比如"宋神宗变法"，但最广为人知的叫法是"王安石变法"，王安石是这场变法的设计者、组织者、推动者，改革举措鲜明体现了王安石的色彩。但这场变法从启动伊始就充满争议，北宋中后期和南宋时期争论尤其激烈，即使到现在争议也很多，这是历史上的改革中比较少见的。

毫无疑问，这场变法实现了最初的主要目的。《文献通考》记载：改革前宋英宗时期的国家税收是 1230 万石，改革后的熙宁十年（1077年）剧增到 52101029 石，十多年间增长了 4 倍。中央积蓄的钱粟，"数十百巨万"，作为户部经费"可以支二十年之用"。这一成就基本解决了北宋一直以来的"天下之财力日益困穷"的难题，完成了宋神宗理财急务的嘱托。

然而，经济上的巨大成就，没能也不可能消除政治上的巨大对立。从政治上看，很难说这场变法是成功的，在某种程度上，是经济上得，政治上失，对于宋朝留下了更大的隐忧。

改革主导人物王安石罢相是政治上的第一失。熙宁七年（1074年）春，天下大旱，饥民流离失所，一些反对变法的臣子乘机归因为变法之害，宋仁宗曹皇后和宋英宗高皇后以太皇太后、皇太后的身份质疑变法，"帝忧形于色，对朝嗟叹，欲尽罢法度之不善者"，王安石遂被免去宰相职务，贬为江宁知府。次年再次拜相，再次年二度罢相，以56岁的盛年彻底退出高层，直到10年后去世再未获重用。从1074年第一次罢相到1085年宋神宗去世，尽管王安石不在其位，朝廷施行的主要还是王安石的变法举措，人去政存，这是王安石的欣慰之处，也反过来说明王安石去位主要是他的"拗相公"之性格使然，而非政见问题。不得亲行己政，特别是无法根据情况变化及时调整相关措施，一些改革举措的负面效果没有能被及时纠正，导致变法最后被全盘废止，1086年去世时的王安石，可以想见他此时的心灰意懒。

政治上的第二失，是主要变法措施先是在执行中被走偏变形，后更被扭曲为朝廷牟利之术，既造成不少严重的民生问题，也伤害了王安石本人和朝廷的形象。法不自行，需要适合的人来贯彻落实才能收到良法之效，否则，就会发生好经让歪嘴和尚念歪的意外效果。王安石对此是有洞察的，他在《上仁宗皇帝言事书》就说过，"朝廷每一令下，其意虽善，在位者犹不能推行，使膏泽加于民，而吏辄缘之为奸，以扰百姓"，并提出解决这个问题的办法，没想到的是，他的变法也遇到了这个难题，并且尤甚，比如青苗法，地方官一方面不贷粮给真正需要的穷人，反而强行让不需要的农户来贷；一方面通过擅自提高利息、强迫担保的富户为还不起的穷户还贷等方法制造政绩，结果"士夫沸腾，黎民骚动"，造成了他自己一再批判的善政以扰百姓的局面，司马光在信中归结为"侵官、生事、征利、拒谏、怨谤"的五大罪状倒也不是空穴来风。宋徽宗时期，王安石的变法举措竟然被蔡京童贯之流相中作为夺民之利的手段，再度举起继承王安石变法的旗号，大举倒行逆施，屎盆子却被扣到了早已作古的王安石头上。

最为严重的政治之失，是政坛因为支持与反对变法而形成新党旧党，导致了愈演愈烈的北宋党争，最终覆灭了北宋王朝。从变法开始，北宋朝廷就开始分为两派，一派是支持变法的，后来被称为新党；一派是反对变法的，后来被称为旧党，两派除了争论政策，渐渐发展到人身攻击和政治陷害，竟致不可调和。司马光是反对变法的头号人物，当宋神宗让他出任副宰相协助王安石完善政策消除负面效果时，他坚决不肯，表示与王安石不共戴天。其实，作为传统知识分子的代表人物之一的司马光，在忧患意识上与王安石是有深刻的共情的，他也表示"国有大忧，中外窘乏"，但他的解忧之法是"陛下苟能精选晓知钱谷、忧公忘私之人……何患财利之不丰哉"！解决问题的观念思路不同，竟而成为对手。新旧党争在宋哲宗、宋徽宗时代完全演变成尖锐的政治斗争，居中偏右的苏轼被划为旧党，一度面临杀身之祸，然后屈辱登上元祐奸党碑。南宋朱熹对此的评论，成为南宋对王安石的盖棺定论："安石汲汲以财利兵革为先务，引用奸邪，排摈忠直，躁迫强戾，使天下之人，嚣然丧其乐生之心。卒之群奸嗣虐，流毒四海，至于崇宁、宣和之际，而祸乱极矣。"

国家不幸诗人幸，从政治家、思想家、改革家位置上退下来的王安石，在人生最后的10年，把他的忧国忧民之心，全部倾注在诗词文章之中，最为著名的就是金陵怀古系列诗词，其中尤以《桂枝香·金陵怀古》传唱千古：

登临送目，正故国晚秋，天气初肃。千里澄江似练，翠峰如簇。归帆去棹残阳里，背西风，酒旗斜矗。彩舟云淡，星河鹭起，画图难足。

念往昔，繁华竞逐，叹门外楼头，悲恨相续。千古凭高对此，谩嗟荣辱。六朝旧事随流水，但寒烟衰草凝绿。至今商女，时时犹唱，后庭遗曲。

全词情景交融，境界雄浑阔大，风格沉郁悲壮，把壮丽的景色和历史内容和谐地融合在一起，通篇虽然没有一个"忧"字，但通篇都浸透了忧国忧民的情怀。

回首人间忧患长

——苏轼、苏辙、苏洵之忧与央官治地

苏轼，即苏东坡，是中国文化史上的一个现象级人物。他是与欧阳修齐名的北宋文坛领袖，在文、诗、词三方面都达到了极高的造诣，在书法、绘画等领域内的成就同样突出，堪称宋代文学和文化最高成就的代表性人物。有人提出了一个话题：如果文学史上没有了苏东坡，中国文化该少了多少动人亮色啊！

苏轼为后世景仰，还在于他的人生态度：进退自如，宠辱不惊，随遇而安，苦中求乐。难道苏轼是凡事超然物外、无忧无虑的人？苏轼并无出世之心，绝非出世之人，而是孜孜入世，济世安民。这就注定了他是终生忧患之人，一边以被忧患所累而牢骚不已，"人生识字忧患始"；一边"回首人间忧患长"，忧国忧民，有言必发，不畏不惧，忧患之心始终不改保持一生。

"其实有不测之忧"

苏轼之诗多见忧患。三十多岁的苏轼就在《石苍舒醉墨堂》留下名句"人生识字忧患始，姓名粗记可以休"，晚年在《捕蝗至浮云岭山行疲苶有怀子由弟二首·其二》诗中又总结"独眠林下梦魂好，回首人间忧患长"。

苏轼之词直指忧患。在《满江红·忧喜相寻》中，对友人董毅夫

妇从"忧进退"到"同忧患若处富贵"的思想变化表示肯定祝福，开句即是"忧喜相寻，风雨过，一江春绿"。在《水调歌头·安石在东海》，"我醉歌时君和，醉倒须君扶我，惟酒可忘忧。"

苏轼之文溢满忧患。散文《喜雨亭》里，苏轼欢喜之余念念不忘"忧者"。曾以《留侯论》、《贾谊论》而扬名的苏轼，对人才成长阐述了深刻忧虑。在《留侯论》中借用张良拾履故事，提出了修身须以才有余而量不足为忧，在《贾谊论》中借用贾谊才高而早夭的悲剧，批评贾谊志大量小，"一不见用，则忧伤病沮，不能复振"，抒发仁人志士不能以见用不见用而忧。苏轼为什么能够渡过人生中一道道难关？妙诀就在于他汲取了前人教训，度量特大，终生乐观主义。

苏东坡的诗词很少涉及政治，他的文章却几乎篇篇都看见政治。在《晁错论》中，苏轼提出了治国的一大陷阱："天下之患，最不可为者，名为治平无事，而其实有不测之忧。"这种情形在历史上一再上演，最著名的就是开元盛世下的不测之忧毁掉了盛唐。苏轼这么说，也是点了北宋中期治平无事表象下其实也存在不测之忧。《上神宗皇帝书》和《再上皇帝书》是系统阐发苏轼政治观点的代表作，更是他忧国忧民的自述，两书中共有9处"忧"字，其中"古者建国，使内外相制，轻重相权，如周、如唐，则外重而内轻。如秦、如魏，则外轻而内重，内重之末，必有奸臣指鹿之患。外重之弊，必有大国问鼎之忧"的论述，显示了苏轼高超的政治眼光。曾国藩就在家书中直言，"余平日好读东坡上神宗皇帝书"，让弟弟们多读，读够数十遍就"自然宜我神智"。

苏轼一生中经历过的最险恶的事情莫过于乌台诗案，这也是中国文化史上一段著名公案。元丰二年（1079年），苏轼被调为湖州知州。上任后，他按照惯例给神宗写了一封《湖州谢表》，但其中有"愚不适时，难以追陪新进"、"老不生事或能牧养小民"等句，这些话被新党利用，说他"愚弄朝廷，妄自尊大"、"衔怨怀怒"、"指斥乘舆"、"包藏祸心"，又讽刺政府，莽撞无礼，对皇帝不忠，如此大罪可谓死有余辜。他们从苏轼的大量诗作中挑出他们认为隐含讥讽之意的句子，一时间，朝廷内一片倒苏之声，上任才三个月的苏轼于是被御史台的吏卒逮捕，解往京师，受牵连者达数十人。这就是北宋著名的"乌台诗案"（乌台，即御史台，因其上植柏树，终年栖息乌鸦，故称乌台）。得到授意的审讯者采用人格污辱、漫骂暴打、疲劳逼供等卑劣手段夜以继日提审，无所不用其极，"诟辱通宵不忍闻"。东坡以为必死，发出"梦绕云山心似鹿，魂飞汤火命如鸡"的感叹，并写下给弟弟的绝别诗"与君世世为兄弟，再结来生未了因"。

面对要置苏轼于死地的局面，一些清醒的政坛领袖开始抛开新旧党人执念，纷纷救援他，新党领袖王安石当时退休金陵，也上书说"安有圣世而杀才士乎？"最终碍于宋太祖赵匡胤时定下不杀士大夫的国策，苏轼下狱一百零三日后得以幸免杀身之祸，从轻发落贬为黄州（今湖北黄冈）团练副使，受当地官员监视。在这里苏轼很快走出阴影，产生旺盛的创作力，留下了北宋词、文的巅峰之作《念奴娇·赤壁怀古》和前后《赤壁赋》。如果不是北宋宽松的政治环境，苏轼也像别的朝代那样因言杀身，我们就不会读到这些绝妙文字，宋朝文化乃至中华文化也将减去许多光辉。

宋朝在朝官吏贬任地方，推动消除地方治理忧患

苏轼一生四次外放、被贬出京，仕途几番沉浮，这都源于他的诗词文章，源于他的忧患意识。

历史书中多把苏轼列入反对王安石变法的旧党，这其实不是事实。苏东坡在政治上属于稳中求进派，既反对激进的变法也反对全盘按祖制不变，他支持皇帝求富求强的目标，"陛下诚欲富国……孜孜讲求，磨以岁月，则积弊自去而人不知。但恐立志不坚，中道而废……若有

始有卒，自可徐徐，十年之后，何事不立？"王安石变法实施后，一些弊端很快显现出来，他出于对皇帝的知遇之恩（"有君如此，其忍负之！惟当披露腹心，捐弃肝脑，尽力所至，不知其它"），也出于对弊端带来问题的观察分析，在宋神宗熙宁四年的二月、三月两次上书，指出变法造成"民实惊疑"、"吏皆惶惑"、"商贾不行，物价腾踊"、"民且狼顾"、"小人谤贤者忧"，而不得不上书，而非出于党争之需。苏轼上书谈论新法的弊病，王安石颇感愤怒，认为他加入了反对变法的旧党，让御史谢景在神宗面前陈说苏轼的过失，苏轼于是请求出京任职，被授为杭州通判。

元丰八年（1085年），变法终止，新党下台，旧党更化，苏轼突然官运亨通，几次连升，升中书舍人，又升翰林学士、知制诰，知礼部贡举。但当他看到旧党执政拼命压制王安石集团的人物及尽废新法，泼水的时候把孩子一起泼掉，再次向朝廷提出谏议，进行抨击，由此他又遭到了保守势力的极力反对。苏轼至此是既不能容于新党又不能见谅于旧党，因而再度自求外调。好在旧党待他终究不薄，外调后先后担任杭州、颍州、扬州等地知州，苏轼也尽心尽责，所任之地都能造福一方。元祐八年后宋哲宗、宋徽宗时期，新党再度执政，苏轼就只能被贬为基层小吏，漂泊于海南、广东、湖南一带，实际上是在所在地接受监管。苏轼死后著述还曾被封禁，人被新党列入元祐党人碑黑名单，位居碑首，碑上有"奉圣旨此三百零九人及其子孙永远不得为官"之语，意在让他们千年万载永受羞辱。

苏轼曾经写过《潮州韩文公庙碑》，颂扬韩愈在被贬之地潮州为民善举，表达引以为师的思想，到了海南儋州，他以韩愈在潮州为榜样，把儋州当成了自己的第二故乡，办学堂，介学风，以致许多人不远千里，追至儋州，从苏轼学，当地文化得到很大发展。在宋代一百多年里，海南从没有人进士及第，苏轼来过不久，这里的姜唐佐就举乡贡。苏轼为此题诗："沧海何曾断地脉，珠崖从此破天荒"，从此他一直被看作儋州文化的开拓者、播种人，当地人对他怀有深深的崇敬，宛如潮州人对韩愈一般。在儋州流传下来的东坡村、东坡井、东坡田、东坡路、东坡桥、东坡帽等，表达了人们的缅怀之情，连语言都有一种"东坡话"。苏轼还深知民生以治水为要，在杭州、颍州等多地兴修水利，治水除害，尽可能让"忧者以喜"，还留下了名垂千古、至今造福的杭州西湖苏公堤等。一路走来，苏轼证明了自己不只是有政治眼光，还是治国干才。

　　唐宋时期官吏使用上有一个非常鲜明的特点：朝堂官员的贬任回任。前面韩愈、吕温、范仲淹、欧阳修的忧患故事里，他们朝堂州县地方、州县之间贬谪调迁的经历一再上演。苏东坡也经历了这样的人生境遇。对贬谪调迁者而言，固然是一个个悲剧、一次次挑战，但我们看到他们都没有把这视作畏途，而是把贬迁之所变成了自己解除民忧的机会和实践。他们在朝廷摔打过，比起一直在州县工作的基层官吏，往往大都政绩斐然，为彼时地方治理做出了杰出贡献，推动了当地经济社会文化发展、政治清明，减轻了民生疾苦。尤其是一些边远地区如海南、广东当地，得益于他们的奉献，得到加快开发并很快赶了上来，有力推动了国家全面开发和发展均衡。他们在当地注入的文脉更是千秋相传，激励一代代后来为官者把政务办好，也激励当地百姓奉公守法，读书成才。

不以一身祸福，易其忧国之心

　　苏轼青年时期的策论，不仅为欧阳修赞叹，还被宋仁宗肯定，史载他初读苏轼、苏辙策论后，喜曰："朕今日为子孙得两宰相矣。"宋神宗尤爱其文，宫中读之，膳进忘食，称为天下奇才。受到皇帝如此肯定喜爱的苏轼为什么会坎坷终生呢？明朝史学大家王世贞评论说是"以其缺乏权变",这是小看了苏轼。诵读东坡诗词文章,两个特点十分明显,一个是无物不可入诗,二是前人典故和名句信手拈来,这说明他是一个热爱生活、坦诚率真的人,是一个博览群书、熟谙历史的人,他有着自己的政治主张,并根据在生活中的认识形成自己的政见,既不去迎合也不肯放弃,所以当新党改革,他会批评其不足,当旧党更化,他会劝谏其思进,最后既不见容于新党也不见容于旧党,只好不断自请外放,或者被贬黜。他陷入了党争,却不是党人,因为他不结党营私,只是相信和坚持自己的主张,也就是忧国忧民之心。他只遵从内心,而不附和台上的主政者甚至皇帝,以至于"当变法时,新党目之为旧;当更化时,旧党又视其为新",所以他被侍妾王朝云拍着自己的肚皮取笑"一肚皮的不合时宜"。

迭遭忧患所苦所累的苏轼,探求过各种化解、缓解忧虑的办法。他曾经牢骚泄忧——他觉得自己忧患之心重是因为读书多、学问大、太聪明,就发牢骚说"人生识字忧患始,姓名粗记可以休",甚至写《示儿诗》:"人皆养子望聪明,我被聪明误一生;唯愿孩儿愚且鲁,无灾无难到公卿。"他曾经修台消忧——苏轼在密州修建超然台,想让自己超然忘忧,但他在为之作记的《超然台记》文中,解释了人为何会有忧患,"美恶横生,而忧乐出焉",有忧乐是因为心中有美好丑恶的区别,所以他的修台不过是缘木求鱼罢了;他曾经借酒排忧——他以酒为伴,"惟酒可忘忧",相信"如饮美酒销百忧"。他还尝试佛道释忧——佛教、道教的无我或能无忧,于是广泛结交宗教人士,超度自己的忧患。

但这些都没发生作用,最终他还是以忧百姓之忧、解百姓之忧实现了自我升华,渡过了人生困境。

苏轼受到的耻辱和封禁直到死去百年以后的南宋宋孝宗期间才完全拨乱反正。经历靖康惨变的宋人认识到了苏轼忧国忧民其心昭昭,宋孝宗颁发《苏文忠公赠太师制》，追赠苏轼太师职，命令收集刻印苏轼文集，亲自作序《御制苏文忠公集序》，称赞他"忠言谠论，正朝大节，一时廷臣无出其右"，遗憾他"王佐之才可大用，恨不同时"，决定给予苏轼"文忠"的谥号。这是历代臣子能够得到的最高的谥号之一，与其恩师欧阳修相同，宋朝总共也没有多少。南宋著名爱国诗人陆游看到苏轼留下的帖子，满怀激情写下这样的评论："不以一身祸福，易其忧国之心。千载之下，生气凛然"，真是苏轼的知音。继宋孝宗、陆游之后，以至于今，并在今后，苏轼的知音和同路都络绎不绝。

苏氏三父子共同构建起苏家忧国忧民家风

忧国忧民，是苏轼的家风。苏轼、父亲苏洵和弟弟苏辙"一门三进士"，被一并尊称"三苏"，在唐宋八大家揽占三席，写就中国历史上的一段文化传奇。"三苏"共同者多矣，特别突出的是都有强烈的忧患意识和忧国忧民的家国情怀。

苏洵写下《管仲论》，阐发了"贤者不悲其身之死，而忧其国之衰"的立论，批评成就春秋五霸之首功业的齐桓公和管仲，因为缺乏忧患意识而没有留下继承他们事业的老成团队，导致二人逝而霸业消。苏辙十九岁在进士策问考试中写到，"古之圣人，无事则深忧，有事则不惧。今陛下无事则不忧，有事则大惧。臣以为忧乐之节易矣""无事则深忧，有事则不惧"，年轻的苏辙看待世间万象却有如此的辩证思想！更难能可贵的是他的勇气，他直接批评皇帝与古之圣人完全颠倒，"忧乐之节易矣"。张扬着青春之气息的苏辙自以为这样的策论交上去，肯定不会得到赏识，做好了打道回府的准备。没想到司马光独具慧眼，坚决力挺，对考官胡宿说："辙有爱君忧国之心，不宜黜。"宋仁宗听说苏辙策论的尖锐观点后，也认为"以直言弃之，天下其谓我何"，要求考官录取，苏辙遂被置为下等，授商州军事推官。北宋中期西夏崛起，与辽国共同构成宋朝的边防危机，苏辙在历史中寻找应对辽夏的策略，著有著名的《六国论》，提出"韩魏之忧"，研究夹于强邻之间的国家如韩国、魏国如何自处，实际上是表达"宋朝之忧"，为当政者处理好宋、辽、夏关系提供参考。

"苏轼诗文在，光焰万丈长！"这份光焰里，有家国山河，有诗意禅心，有忧乐交织。这份光焰，在四川眉山"三苏"词永远发热发光，让它晋身中华文化一圣地！

位卑未敢忘忧国

——陆游之忧与宋金战和困局

谁是中国历史上最高产的诗人？如果有一个中国诗坛最高产诗人排行榜，陆游稳稳占据三甲一席。除了乾隆帝一生作诗 41863 首雄踞榜首，陆游"六十年间万首诗"，以创作数量屈居第三，但以诗作传世数量达 9300 多首计算，又反超据说作诗两万多首但存世只有 4000 余首的南宋诗人杨万里，荣获亚军。

一生万首诗，陆游都写些什么呢？是什么让他如此多产？

是他对国家的忧虑和热爱。

陆游研究者认为，陆游的诗文主要有两个主题：一是对国是的评论建议，特别是关于对金关系方面，主张北伐金朝恢复失土；二是抒发个人慷慨激昂的报国热情和壮志未酬的悲愤。这两个主题归结起来，就是深忧大爱。

忧伴一生。陆游这样来安慰自己的忧虑，"年来触事动忧端"、"醉来暂豁忧端"，似乎他的忧虑之心是因为某件事情触发而生，能通过醉酒豁然解除。其实，真实的陆游忧心一生相伴常在，既不用因事而触发，也不会醉酒而消除。他青年时期就有"诸公谁听刍荛策，吾辈空怀畎亩忧"的急迫，壮年时代尚有"位卑未敢忘忧国"的激情，老年仍存"天下可忧非一事"的感慨，他的一生一直在深沉的"虏骄为国私忧"的忧患之中。《江楼醉中作》不就是酒醉后写的吗？大醉的他仍被忧虑压得不行,想为其找个出口却又找不到,只能发出质问"人间宁有地埋忧"?

忧重则涕,陆游的诗文中"涕泪"两个字也就频频出现。"胡未灭,鬓先秋,泪空流"、"灯前抚卷空流涕"、"危楼望远涕俱流"、"遗民泪尽胡尘里,南望王师又一年"、"夜读范至能揽辔录言中原父老见使者多挥涕感",给人的感觉陆游好像是多愁善感,总是涕泪横流。陆游的涕泪是忧国之泪。对此,陆游用晚年的《新春》"忧国孤臣泪,平胡壮士心"、《雨后殊有秋意》"爱君忧国孤臣泪,临水登山节士心",作了反复确认。

忧极则愤,悲愤之情就成为陆游直面时局无法摆脱的情感。除了陆游,还有哪个诗人仅用"书愤"二字作为诗名的大作就有五篇之多的吗?不是陆游词穷才尽,而是他实在找不到别的词来表达他的"孤臣愤"、那种与苦战安史之乱叛军的英雄张巡相同的"忧愤",并且他不想把自己的悲愤包裹起来。生命的最后一刻,他仍旧在"但悲不见九州同"。

所以,作为最高产诗人之一的陆游还有第二项桂冠:爱国诗人。中国历史上庞大的诗人群体中,获此殊荣者可是寥寥无几。

那么,陆游为什么这么多忧虑?他为什么这么忧国?

他的忧虑给他和南宋带来了什么?

如何历史地评价陆游的主张?

报国欲死无战场

陆游喜欢在诗中说自己的心是"丹"的。48岁的陆游表示要"一片丹心报天子"(《金错刀行》),在《书愤》和《纵笔》诗中他又说"寸心自许尚如丹"、"丹心自笑依然在",83岁即将走到生命尽头依然豪迈宣称"寸心至死如丹"(《感事六言》)。丹心,爱国之心也,是他对国家大爱的真实写照。

陆游的爱国思想，源自他的家庭和早年经历，也受益于他的学诗先生。陆游出身于北宋官宦家庭，2 岁时北宋覆亡，从小饱尝了颠沛流离的痛苦，同时也受到了父亲陆宰等士大夫爱国思想的熏陶，形成了忧国忧民的思想。25 岁左右向具有爱国思想的曾几（诗人，曾官至敷文阁待制）学诗，陆游在《跋曾文清公奏议稿》中说："绍兴末，先生居会稽禹迹精舍，某自敕局归，无三日不进见，见必闻忧国之言。时先生年过七十，聚族百口，未尝以为忧，忧国而已！"陆游完全继承了曾几诗歌的精髓：明快风格和忧患意识、爱国思想。

20 岁正是人生理想的确立时期，陆游"二十抱此志"："上马击狂胡，下马草军书"，就是立志成为一名率军抗金收复故国的文武双全的大帅。但直到陆游 85 岁高龄去世，他除了长期赋闲在家，就是在后方当一名协助治理地方的通判或者朝廷闲官，只有 8 个月在川陕宣抚使王炎麾下"执戈王前驱"参与军机。时间虽短，陆游也亲自制订了驱逐金人、收复中原的战略计划《平戎策》，提出"以为经略中原必自长安始，取长安必自陇右始。当积粟练兵，有衅则攻，无则守"的西线战略方针，送达朝廷却石沉大海。现实和理想的巨大差距，让陆游有志难伸，随着他年岁渐老，自己已经越来越没有机会战场杀敌，同时南宋在宋金和议下出现所谓中兴局面，北伐之志日渐消沉，陆游的忧虑之心也越来越沉重，尽管他只是一个在锦城（今成都）参议闲职位上被免官的普通百姓，且在病中，但他夜不成寐再三研读诸葛亮的《出师表》，写下"位卑未敢忘忧国"的千古绝唱。他在一篇篇诗文中大声发出这样的呐喊和叹息："塞上长城空自许"、"壮心未与年俱老"、"白首自知疏报国"（书愤）、"国仇未报壮士老"（《长歌行》）、"逆胡未灭心未平"（《三月十七日夜醉中作》）、"报国欲死无战场"（陇头水）。于是，退休回家六年仍旧不能忘记忧国的陆游直抒胸臆，写下《忧国》一诗，"养心虽若冰将释，忧国犹虞火未然"，呼吁当政者听取建议，那样的话"贞观开元在目前"。于是，67岁时候的他只能在梦中"实现"自己的雄心壮志：风雨大作的雨中，陆游僵卧孤村，"铁马冰河入梦来"。于是，闲居乡村的陆游"一卷兵书，叹息无人付"，"却从邻父学春耕"（《小园》四首之二），狂风暴雨对庄稼村舍摧枯拉朽时，把家国之忧转化为对小园劳动成果的担忧"忧乃及躬耕"。于是，暮年的他无限悲凉地道出自己的巨大遗憾："此生难料，心在天山，身老沧洲。"这种情感，每逢风雨交加，每逢疾病缠身，每逢酒后大醉，都会更加让陆游难安，所以他的诗词很多是风雨中作、病起抒怀、大醉后作。

陆游的忧虑和主张给自己和南宋带来什么

认真研究陆游生平，可以统计出他一生经历"五起五落"，在历史上是很少见的。陆游一生之所以坎坷多难，都和他坚定主张主战抗金有关。

陆游因为出身官宦世家，他可以不用参加普通的科举考试，而是参加专门面向现任官员及恩荫子弟的进士考试——锁厅考试，只要考中同样就可入仕，还可得到朝廷的赐进士出身。29岁的陆游满腹经纶，参加锁厅考试却考"砸"了——因为答卷主题是"力主抗金，恢复中原"，被当政者秦桧等人评价为"喜论恢复"（大谈收复北宋失地之意），违背和议国策，尽管初试第一，仍予除名未被录取。应起未起，这是他第一次因为政治主张而受挫。

陆游先后在40岁、50岁、55岁、65岁、79岁五次离职，其中有三次和他政治主张有关。1165年乾道元年，陆游一免再免调任隆兴府通判，仍被定为"结交谏官、鼓唱是非，力说张浚用兵"，遭遇第一次罢官，闲居老家4年后才得以复出，其间写下极富哲理的"山重水

复疑无路，柳暗花明又一村"名句。1175 年 50 岁的陆游因为在锦城
参议位上和与他相知的四川制置使范成大以文会友，被主和势力诋毁
"不拘礼法"、"燕饮颓放"，范成大迫于压力，将陆游免职，陆游
针对别人说他"颓放"、"狂放"的攻击，针锋相对地自号"放翁"，
自叹"锦城已是六年留"。1180 年，担任江西常平提举，主管粮仓、
水利事宜的陆游因为江西水灾，号令各郡开仓放粮，并上奏朝廷告急，
请求开仓赈灾，被调回京城并受到给事中赵汝愚"不自检饬、所为多
越于规矩"的弹劾，遭免重回山阴。陆游第三次被免职是赈灾举措之争，
与政见无关。1189 年，宋光宗赵惇即位后，改任陆游为礼部郎中兼实
录院检讨官，次年陆游因"广开言路"的谏言，被弹劾为"不合时宜"，
再度被主和派群起而攻之，被以"嘲咏风月"为由罢免，回归故里，
陆游不服，再次以把住宅命名"风月轩"的方式抗议，在家赋闲长达
十多年。1203 年，国史编撰完成，陆游升为宝章阁待制，陆游遂以此
部级待遇退休，时年七十九岁。他的第五次离职算是光荣退休，给一
生仕途画了个过得去的句号。

陆游两次再度出山都与宋孝宗对他诗词的赏识有关。1178 年，陆
游诗名日盛，受到宋孝宗召见，先后任命为福州、江西提举常平茶盐
公事。1186 年闲居山阴五年诗名更甚的陆游重新起用为严州知州，宋
孝宗勉励他说："严陵山水胜处，职事之暇，可以赋咏自适。"这就
是陆游的悖论：以从军作战为志，却以此迭遭排挤；无奈以诗言志，
没想到柳树成荫，得到皇帝赏识，"奉旨作诗"。

陆游一生经历了南宋大半时期，见证了三次金宋议和和两次南宋
北伐，他还和其中好几件大事有关。

确立南宋与金国与国基本关系的"绍兴和议"达成于 1141 年，主
要内容是两国以淮水—大散关为界，宋向金称臣，每年向金进贡银廿
五万两、绢廿五万匹。和议结束了长达十余年的战争状态，稳固了南

宋新生政权，形成了南北对峙的局面。这时候陆游只有16岁，还没有进入仕途，但和议中的屈辱内容催生了陆游的爱国思想。

1162年，宋孝宗赵昚即位，虽然他受到太上皇宋高宗的主和政策牵制，却有收复中原的志向，赞成在条件有利时对金作战。次年，他即为岳飞等平反，召主战派老将张浚入朝为枢密使，都督江淮军马渡淮北伐都督。陆游闻讯异常鼓舞，上书张浚提出北伐建议。但这场南宋主动发起的战略性进攻遭遇"符离之战"（今安徽宿州）溃败，历时十八天的北伐以宋军惨败而告终。宋孝宗被迫调整自己的收复政策，隆兴二年在"绍兴议和"基础上与金朝达成割让部分土地、宋对金称侄皇帝不再称臣、每年向金贡献银、绢各减少五万匹的"隆兴和议"。这次战事使得陆游对国是的忧患又增加了一个维度，就是"行在"临安的安全性的问题，他上书坦陈自己的忧患，"驻跸临安出于权宜，形势不固，馈饷不便，海道逼近，凛然意外之忧"，并提出了建议。

"隆兴和议"后南宋和金朝维持了40年的和平，双方在此期间经济社会都得到恢复和发展，南宋一度开创"乾淳之治"，出现了天下康宁的升平景象，宋孝宗以其"忧勤恭俭，清静寡欲"、"忧民之忧"的表现，获评"卓然为南渡诸帝之称首"（《宋史》）。后来宋孝宗把皇位禅让给宋光宗，没想到宋光宗受谗言与他产生严重隔阂，引起南宋政治危机，导致"中外忧乱"，1194年7月，大臣赵汝愚、韩侂胄等人在太皇太后吴氏的支持下拥立其子赵扩登基，是为宋宁宗，改元庆元，这次事件被称作"绍熙内禅"。赵汝愚、韩侂胄拥立后产生严重的权力之争，进而扩大到传统儒学与程朱理学的学派之争，在权力斗争中获胜的韩侂胄在皇帝支持下宣布朱熹等人为"道学之人"，是"伪学"、"逆党"，订立伪学逆党籍，对在籍之人一律查处，持续长达六年，史称"庆元党禁"。

同时，为了树立威信巩固权力，韩侂胄取得皇帝支持开展北伐，并征召著名词人战将辛弃疾相与谋划。韩侂胄当政后，对陆游颇为看重，促成了陆游的第五次出山，还请陆游为自己作题记。陆游虽然反对"庆元党禁"，但十分肯定韩侂胄的北伐，积极为之鼓气谋划。陆游写下《送辛幼安殿撰造朝》为辛弃疾壮行，"中原麟凤争自奋，残虏犬羊何足吓"。陆游在宋宁宗颁发北伐诏书后立即写下《老马行》"中原蝗旱胡运衰，王师北伐方传诏。一闻战鼓意气生，犹能为国平燕赵"，表达自己的坚定支持。这次北伐史称"开禧北伐"，1206年开始，次年因为战事失利，礼部侍郎兼资善堂翊善史弥远与杨皇后等密谋，遣权主管殿前司公事夏震于玉津园槌杀韩侂胄，函其首送金请和，曾经轰轰烈烈的开禧北伐再次大败，南宋与金在嘉定元年（1208年）九月签订宋金和议，史称"嘉定和议"，由金宋叔侄之国改为伯侄之国，岁币由20万增为30万；另加"犒军银"300万两，这是以往和议中从来没有过的，当属宋金议和史上最为屈辱的和议。这次失败和和议严重打击了陆游，加重了他的病情，并因与被称作"奸人"的韩侂胄的交往受到诟病，直接造成了陆游几年后的去世，但陆游仍旧不灭恢复之志，临终前留下《示儿》诗，成为诗坛一朵奇葩。

"爱君忧国孤臣泪"（《雨后殊有秋意》）、"忧国孤臣泪，平胡壮士心"（《新春》），对于自己的忧国之心恢复之志，陆游为之愤、为之悲、为之醉、为之病、为之罢官，但60年来他矢志不渝，终生未改。不仅如此。陆游这种爱国精神传给了后人，若干年后，陆游的后代陆元廷、陆传义、陆天骐均死于南宋末年的崖山海战，可以说是满门忠烈。

陆游的这种精神，感染和打动了他同时代的另一位名臣杨万里，后者在《送徐宋臣监丞补外》仰天长叹："忧国如家有几人？"

是是非非说和战

陆游最活跃的时代是宋孝宗时期，宋孝宗以志在恢复始，以被迫议和终，在一定意义上，他也是失意之人。元初学者刘一清曾在其所著《钱塘遗事》一书中就说"高宗之朝，有恢复之臣而无恢复之君；孝宗之朝，有恢复之君而无恢复之臣"。

一方面陆游志在恢复，竭力呼吁，还为自己没有机会率军北伐而一生抑郁不平，也认定"呜呼！楚虽三户能亡秦，岂有堂堂中国空无人"！另一方面却是"有恢复之君而无恢复之臣"的评价，为什么会形成这种孝宗陆游悖论呢？陆游为什么没有成为"恢复之臣"呢？陆游固然有志恢复且终生不渝，但他的收复之能显然没有得到认可。宋孝宗在虞允文去世后一直在找第二个虞允文，他也至少两次亲自召见陆游，却未委以军国重任，反而给他找了个舒适的地方去作诗。张浚、韩侂胄分别组织隆兴北伐、开禧北伐，陆游都有上书建言，二人也都未曾让陆游随军征战。他们或许是觉得，恢复中原不是儿戏、不是作诗，无志不行，无才更不行。

实事求是地说，刘一清的观点有可商榷之处。宋孝宗时期既有枢密使张浚，也有出将入相的虞允文，都是一时之治军豪杰，尤其是虞允文，在采石之战打败金军，据说导致读柳永词杭州"有三秋桂子十里荷花"、不禁心生向往而发动南侵战争的金帝完颜亮被部下杀害，金军回撤，使得南宋转危为安。虞允文、张浚在宋孝宗中期去世后，南宋开始后继乏人，再难有比肩二人者。但南宋始终未能恢复，根本原因是"未有恢复之力"，实力不够。虽然宋孝宗领导南宋迎来了"乾淳之治"，同时期的金朝皇帝金世宗更是一位优秀帝王，有"小尧舜"之称，领导金朝迎来了"大定之治"，也是金朝发展的巅峰时期。金朝灭掉北宋之后，主要的中原地区和中国北部都归属金朝，金朝迅速汉化，完全接受中原王朝的政治制度和儒家文化，已成为地地道道的中原王朝，在它看来，南宋就像北宋时期的南唐一样，是偏安一隅的夷，是地方割据政权。并且根据"绍兴和议"的约定，两国关系已经确定下来，金朝很少再主动入侵南宋，基本上采取守势，而南宋的北伐举措，对金朝而言却是实实在在的侵略。因此，南宋的所谓北伐，无论从力和义哪个方面，都不占优势，也就难以成功。这是决定南宋金朝关系的根本之处。

对于这一点，虞允文看得最为清楚。宋孝宗在隆兴和议之后，不甘受金朝轻视之辱，多次和虞允文密商再次北伐，并把他派往四川，约定二人分别从南线、西线同时发动进攻。虞允文到了四川一年多，积极备战却不出兵，"上赐密诏趣之，允文言军需未备，上不乐"。虞允文宁愿让皇上不高兴，也不在军需未备实际上是力有不逮的情况下贸然开战。

陆游和虞允文的看法却不一样。陆游看来，金兵不过是"残虏犬羊何足吓"，"灭胡"、"平虏"、"虏平"等句频频见于诗中，仿佛只要南宋皇帝敢于抗金，胜利是手到擒来的事，"胡无人，宋中兴"。所以陆游坚决反对对金妥协基础上的和金并立，强调"和亲自古非长策"、"诸公尚守和亲策，志士虚捐少壮年"，感慨"生逢和亲最可伤"。隆兴和议之后的和平的四十年，带来乾淳之治，却被陆游认为是屈辱的、苟安的、失败的四十年。陆游的主张和认识实际上是严重的战略性误判。从当时看，南宋能够建国是很不容易的，保持南宋立住才是战略性目标。金朝灭北宋后，金太宗确定两条政策：一是宋朝中南部地区设立傀儡政权作为金朝的附属国，金朝不直接统治；二是决不允许北宋皇室赵氏后人来当附属国的国君。金朝先后立张邦昌、刘豫为帝，赵构南逃后在建康称帝，金兵就一路追杀，南宋政权几次差点儿毁于一旦。"绍兴和议"固然屈辱，但由此金、宋两国关系正式确立下来，互相承认了对方的合法性，划定了国界线，确定了共处政策。南宋能够获得政权合法性，并且保留赵宋王朝的延续，这对于南宋是非常重大的战略成果，就是政治上的最大胜利。当时两国关系的主导权不在南宋一方，在金强宋弱的格局下，任何轻启战端，都可能造成金朝改变原意，南下灭宋，这才是最不希望的情况。

其实，支付一定成本能够"买到"享受到的和平安宁，是对人民群众最好的。战争要付出的经济和生命成本，一般而言都会远远高于这种和平的成本。汉唐立国早期也受过匈奴突厥之辱，但他们是在充分的准备后实力对比发生逆转而一举雪耻的。南宋当时根本不具备恢复的条件和实力，就像诸葛蜀国不具备北伐曹魏一样，不顾一切主张北伐，只会为了虚拟抽象的原则而陷国家于危局。其实，陆游也隐约看到了这一点。他在诗中就写到，"公卿有党排宗泽，帷幄无人用岳飞"（夜读范至能揽辔录言中原父老见使者多挥涕感），"误国当时岂一秦"（追感往事），实际上是对和议政治气候的委婉接受。

纵观中国历史，在与外族的接触斗争中，大凡主张战争的往往都会被看作爱国英雄，主张妥协或者主持和约的都留骂名，诚然，一个民族与国家得有一股子威武不能屈、宁折不弯、追求统一和敢打的精神，只有这样的民族和国家才能不沉浮下去，哪怕受过挫折也会复苏、复兴。但战争和谁打、什么时候打、该为战争创造什么样的胜利条件、当如何收场可能的战争失败等，如果没有一番统筹，不讲条件只管要打，这种激进主义害国害民也是不轻的。事实上，在国人一片可杀的指责中主张妥协和平的人，也不乏巨大勇气，他们的老成谋国是爱国还是误国呢？

予心未尝一日忘其忧

——明太祖之忧与大明帝国的"基因"

明朝开国皇帝朱元璋临终前，以"遗诏"的形式给自己的皇帝生涯做了这样一个"述职报告"："三十有一年，忧危积心，日勤不怠，务有益于民。"《明史》称他"晚岁忧民益切"，与此形成呼应。

《明太祖宝训》类似于《贞观政要》，是朱元璋留给明朝帝王治国的遵循。朱元璋用自己的语录，树立了自己忧心忡忡、如履薄冰的优秀帝王形象："念天下之广，生民之众，万几方殷，朕中夜寝不安枕，忧悬于心"、"朕每念及之，中心惕然"、"朕每思此，为之惕然"、"朕常夙夜兢业，图天下之安，其敢游心于此"。

朱元璋为什么能成为中国历史上少有的布衣出身的皇帝？洪武年间经济社会发展为什么恢复比较快？明朝基业为什么能够持续近300年？明朝的士人为什么成为政权的铁杆支持者？明朝中后期的皇帝为什么大都不"着调"？朱元璋开创的明朝留下了很多值得研究总结的"为什么"，回答明朝政治社会的很多重大问题，都离不开回到朱元璋身上找答案，怎样找答案呢？他的遗诏和训诫给了我们一个导向图，就是先得理解朱元璋深切、浓重的"忧"。

"忧"是朱元璋心目中帝王的宝贵品格

朱元璋作为明朝的开创者，是怎么设计明朝的发展规划的？作为执政 31 年的独断君主，他的治国理政有什么理论总结和经验体会？朱元璋留下的最重要的政治文献《皇明祖训》和《明太祖宝训》，是弄懂朱元璋政治心思的总钥匙。翻读这两本书，强烈的忧患意识是朱元璋给人最为深刻的印象之一。他未当皇帝时就忧虑，当了皇帝还忧虑；北元不时觊觎中土侵扰边疆让他有"北顾之忧"，后来被打垮已经不能造成重大威胁还忧虑不已；在即位初期天下未定时忧虑，晚年已经四海平定仍然忧虑；不仅忧虑自己的统治能不能稳当，还忧虑后世子孙如何安定。

在平常人心目中享尽人间美好的皇帝竟然忧惕至此睡不着觉，这是不是朱元璋自我标榜而已？对照史书中记载的他身边侍臣、大臣们所观察和劝谏的朱元璋"忧形于色"、"忧劳于心"、"圣体过劳"的情形，朱元璋真的忧虑至此。据《明太祖宝训》记载，从洪武十七年九月十四日至二十一日，八天之内，快 60 岁的朱元璋批阅内外诸司奏札共一千六百六十件，处理国事计三千三百九十一件，平均每天要批阅奏札二百多件，处理国事四百多件。

对于朱元璋这样拼命忧虑、拼命工作，大臣们有时也看不过去，于是就有了下面四组对话。

刘基劝他"往者四方未定，劳烦圣虑；今四海一家，宜少纾其忧"，朱元璋回答："尧、舜圣人，处无为之世，尚且忧之，矧德匪唐虞，治非雍熙，天下之民方脱创残，其得无忧乎？夫处天下者当以天下为忧，处一国者当以一国为忧，处一家者当以一家为忧……况天下国家之重，岂可顷刻而忘警畏耶？"

廷臣张间等上疏劝朱元璋渊默，以怡养神气，他气哼哼地说："汝等所言，知常而不达变。天下无事，端拱玄默，守道无为，此固可以保养神气。顾今丧乱未定，军旅方殷，日给不暇，此岂渊默怡养之日耶？诸公之言固爱我，但未达时宜耳。"

洪武十八年靖海侯吴祯尽收辽东未归附之地还师，朱元璋勉励一番后却说："海外之地，悉归版图，固有可喜，亦有可惧。"吴祯觉得很奇怪，"陛下威德加于四海，夫复何忧？"朱元璋这样答复他，"自古人君之得天下，不在地之大小，而在德之修否。元之天下，地非不广，及末主荒淫，国祚随灭。由此观之，可不惧乎！"

洪武十八年五月戊寅，朱元璋对侍臣说："朕夙兴视朝，日高始退，至午复出，迨暮乃罢。日间所决事务，恒默坐审思，有未当者，虽中夜不寐。筹虑得当，然后就寝。"侍臣赶快得体地回答："陛下励精图治，天下苍生之福，但圣体过劳。"朱元璋强调自己不敢不忧，"吾岂好劳而恶安，向者天下未宁，吾饥不暇食，倦不暇寝，奖励将帅，平定祸乱。今天下已安，四方无事，高居宴乐，亦岂不可？顾自古国家未有不以勤而兴，以怠而衰者。天命去留，人心向背，皆决于是，甚可畏也，安敢暇逸！"

可能又怕后世子孙觉得他只是一个不知生活的工作狂，从而失去了可模仿性吧，朱元璋又多次作了进一步解释："今四海渐平，朕岂不欲休养以自娱？然所畏者天，所惧者民。苟所为一有不当，上违天意，下失民心，驯致其极，而天恶人怨，未有不危亡者矣。朕每念及之，中心惕然。"

朱元璋出身贫寒农家，早年为果腹奔波不已，既没有条件也没有时间读书就学，但他却绝不是个草莽皇帝，反而博览史书，对古人治国理政颇有心得，对于很多重大问题能够见解深刻。他对于皇帝的忧患意识和国家安定、人民康宁的内在关系，曾发表过不少阐述，有的至今发人深省。

朱元璋认为，忧患意识是衡量历代君主水平成就的一把重要尺子，好皇帝必然是以天下为忧的皇帝，亡国之君往往是以天下为乐者。朱元璋亲自制定并作序的《皇明祖训》，记载了他教导皇太子也是告诫继承大明帝位的后世子孙的一段话，这段话在《明太祖宝训》中也收录了，内容更丰富些："自古帝王以天下为忧者，惟创业之君、中兴之主及守成贤君能之。其寻常之君，不以天下为忧，反以天下为乐，国亡自此而始。何也？崛起帝王之初，天必授于有德者。然频履忧患而后得之，其得之也难，故其忧之也深。若守成继体之君，常存敬畏，以祖宗忧天下之心为心，则能永受天命。苟生怠慢，败亡必至，可不畏哉？"

洪武二十七年与侍臣论古时，朱元璋以一喜一忧来评判春秋战国时期的两个国王高下和其后命运的不同："昔楚庄王谋事而当，群臣莫能逮，朝而有忧色。魏武侯谋事而当，群里莫能逮，朝而有喜色。夫一喜一忧，得失判焉。以此见武侯之不如楚庄也。夫喜者矜其所长，忧者忧其不足。矜其所长则志满，志满则骄，骄则淫佚，败日至矣；忧其不足者则志下，志下必能虚心以受人，则人孰不乐告以善道？故庄王卒伯诸侯以兴楚国，武侯侵暴邻国而魏业日衰。"

朱元璋发现，君主由于一身系天下之重，他的忧患意识与天下治乱息息相关，一己忧乐就能放大成全民忧乐。洪武十五年他对群臣下谕："朕统一天下，于今十有五年，夙夜靡宁，诚以天下之大，生齿之众，庶事之繁，日决万几。苟有怠忽，或一言不当，贻四海之忧；或一事有失，为天下之患，岂可不尽心乎？"

朱元璋认识到，忽于晏安、奢淫之至是忧患、忧危产生的条件和土壤。洪武三年朱元璋宴请功臣后谈了一番体会与大臣们分享："创业之际，朕与卿等劳心苦力，艰难多矣。今天下已定，朕日理万机，不敢斯须自逸。诚思天下大业一以艰难得之，必当以艰难守之。卿等今皆安享爵位，优游富贵，不可忘艰难之时。人之常情，每谨于忧患而忽于晏安。然不知忧患之来，常始于宴安也。明者能烛于未形，昧者犹蔽于已着。事未形。犹可图，患已着，则无及矣。大抵人处富贵，欲不可纵，欲纵则奢；情不可佚，情佚则淫。奢淫之至，忧危乘之。今日与卿宴饮极欢，恐久而忘其艰难，故相戒勉也。"

朱元璋还看到，"天下之事，一人虑之不足，众人计之有余"，只有大臣们和他同忧患才能实现治理天下的效果。他又一次告谕群臣："古之贤君，常忧治世。而古之贤臣，亦忧治君。然贤臣之忧治君者，君常安。而明主之忧治世者，世常治。今土宇日广，斯民日蕃，而予心未尝一日忘其忧，何也？久困之民未尽苏息，抚绥之方未尽得宜。卿等能同予之忧乎？能同予忧，庶几格天心而和气可致矣。若徒窃位苟禄，于生民之利病漫不加省，卒之祸败随至，不可得而救矣。可不惧哉！"

朱元璋一方面克制自己的"自娱"本性，一方面驳回臣子的少忧之劝，图什么呢？就是他心中的两座大山："宗庙社稷有所不保，天下生灵皆受其殃，可不惧哉！可不戒哉！"由此，朱元璋的两个根本思想也就清晰了：慈父心态，防范意识。

朱元璋的"慈父"思想

有明一代，朱元璋被称为"祖宗"。朱元璋把他登基称帝建国称作"化家为国"，他对自己的定位，是大明王朝子民的慈爱父亲。从《明太祖宝训》中可以看到，朱元璋就在和军师刘基的对话中，提出了"慈父"的概念，表白要以慈父般的"爱子之心"施行仁政。

朱元璋对君民关系有着自己的认识，并在此基础上建立起了对国民关系、政民关系、官民关系的理论认知，进而以此做出施政指南。

朱元璋高度认可《尚书》中的"元后作民父母"道理，明确提出"君民犹父子也"、"为人君者，父天母地子民，此职分之所当尽"、"为君者当以养民为务"，强调"君之养民，如保赤子"、"今国家爱养生民，正犹保抱赤子，惟恐伤之"、"人主能清心寡欲，常不忘博施济众之意，庶几民被其泽"，批评"若惟损民以益君，民衣食不给，而君独富，岂有是理哉"？标榜自己"每进一膳，即思天下军民之饥，服一衣，即思天下军民之寒"。朱元璋的"大脚马皇后"也这么认为，当朱元璋批评她过问黎民百姓生计如何时，她就以朱元璋之矛攻其盾：你不是总说你是天下之父吗？那我就是天下之母，既然是天下之母，怎么能不管黎民百姓生计如何呢？

据此，朱元璋认为，国民关系的本质是民者国之本，"保国之道，藏富于民。民富则亲，民贫则离。民之贫富，国家休戚系焉"；处理政民关系要牢记"国家政治得失，生民之休戚系焉"，"善为政者，赋民而民不困，役民而民不劳，故民力纾，财用足……苟能忧民之贫而虑民之困，使民得以厚其生，此可谓善为政者"；官民关系要清楚谁为谁，"大抵设官为民，非以病民。若但使有司增饰馆舍，送迎奔走，所至纷忧，无益于民，而反害之，非付任之意。"

《明太祖宝训》里有一章"勤民"篇，记录了朱元璋很多忧民之贫与民休戚的具体例子。

洪武三年五月有好长时间不下雨，朱元璋"今仲夏不雨,实为农忧"，就素服草履，徒步出，到山川坛求雨，连续三天设藁席露坐，昼曝于日，顷刻不移，夜卧于地，衣不解带，期间皇太子送来的都是素食，惟麻麦菽粟。还让皇后与诸妃亲执爨，为昔日农家之食。洪武五年天又大旱，朱元璋再次祈雨，并对皇后妃嫔提出要求："方农时，天久不雨，秧苗尚未入土。朕恐民之失望也，甚忧之。汝等宜皆蔬食，自今日始。俟雨泽降，复常膳如故。"于是宫中自后妃而下皆蔬食。朱元璋几次处理春旱，把实践上升到理论认识告诉他的太子："凡每岁自春至秋，此数月尤当深忧，忧常在心，则民安国固。盖所忧者，惟望风雨以时，田禾丰稔，使民得遂其生。如风雨不时，则民不聊生，盗贼窃发，豪杰或乘隙而起，国势危矣。"

　　洪武九年要在宫中兴建，朱元璋不仅心疼花费，也担忧工匠安全，对工部提出要求："今所做宫殿，但欲朴素坚固，不事华饰，不筑苑囿，不建台榭。如此经营，费已巨万，乘危负重，工匠甚劳。有不幸而死者，忧悬朕心。"

　　明军北伐元朝期间，大臣劝谏朱元璋要享乐，他义正词严地说了一番对将士、百姓牵念的话："今天下虽定，人民未苏，北征将士尚在暴露之中，此朕宵旰忧勤之不暇，岂可忘将士之劳而自为佚乐也哉？俟大兵凯还，士卒无战伐之劳，人民罢转输之苦，然后以乐侑膳，未晚也。"

　　洪武二十七年，经过一段时间的治理，连续多年收成不错，朱元璋十分高兴，难得表达了一次"无忧也"的心情：比年以来，时岁颇丰，民庶给足，田里皆安，若可以无忧也。但他紧接着就强调"朕深知民艰，百计以劝督之，俾其咸得饱暖。然预防之计，不可一日而忘"，让工部通知天下臣民在田间地头种植桑枣，扩种棉花。

　　然而要说明的是，朱元璋的爱民主义不是普惠性的，而是有选择性的，朱元璋时期老百姓被分为良民、顺民、刁民、逆民，一旦被贴上后两者标签，不仅不会感受到朝廷的恩惠，还有可能坠入深渊。原先在元末逐鹿大战中支持张士诚的吴地百姓，就受到了赋税加倍以致无法承受的处罚。一些被怀疑对朝廷不利的富人遭到发配甚至清缴，事例不胜枚举。

朱元璋的防范思想

　　作为饱受忧患和战乱的朱元璋，他自己起于大乱，所以最怕乱，"每终夜思之，不能安枕，人心难安而易动，事机难成而易坏。苟抚之失宜，施之不当，乱由是生。"故而他的防范之心最重，意识最强，一生都在防乱，所有政策都为了防乱，所有制度都是防范性的，这一方面较之于宋太祖赵匡胤的"事为之防，曲为之制"犹有过。朱元璋追求的天下之治，是把活泼的社会变成士农工商各安其位的静态社会，是用严密的思想和社会控制让天下之民变得恭顺和奴化。为此，秦代以来的王朝君主专制的封建制度，在朱元璋手上被强化为高度集权的绝对君主专制制度，帝制政治登峰造极。

朱元璋忧患自己身后的大明王朝，决意要做它的守护神，用他的祖训、祖制培养出一个个"小朱元璋"，保佑王朝长治久安，保佑子子孙孙世袭罔替。本着"况创业垂统之君，为子孙之所承式，尤不可以不谨"的责任感，朱元璋亲自修改《皇明祖训》并作序，亲自指导编写《明太祖宝训》，亲自撰写"大明皇陵之碑"碑文，极端自负地把设计的国家治理体制和积累的一生治国经验确定为明朝"万世则"。他有鉴于唐太宗《帝范》虽善但唐之子孙未能恪守其言而唐祚遂衰，强调"有国家者，其可不守祖宗之法乎"，在《皇明祖训》序言中斩钉截铁地要求："凡我子孙，钦承朕命，无作聪明，乱我已成之法，一字不可改易。非但不负朕垂法之意，而天地、祖宗亦将孚佑于无穷矣！呜呼，其敬戒之哉！"

著名历史学家黄仁宇在《万历十五年》中，这样一针见血地评价朱元璋的防范思想：明朝采取严格的中央集权，施政方针不着眼于提倡扶助先进的经济，以增益全国财富，而是保护落后的经济，以均衡的姿态维持王朝的安全。这种情形，在世界史中实属罕见，在中国历史中也以明代为甚，而其始作俑者厥为明太祖朱元璋。朱元璋设计的明朝模式"无异于向全世界宣告：中国是世界上最大的农村集团"。

朱元璋的防范思想，体现在国家治理架构的设计搭建上，就是为了防范权臣篡权，把相佐帝治制改为废相实君制，君主从国家元首变成国家元首和政府首脑集于一身。朱元璋假借胡惟庸冤案废掉上千年的宰相制度（也有的历史研究者认为是为了废相而罗织的冤案），开始了皇帝直接领导六部的新治理体制，纵使他精力充沛、夙夜在公、宵旰忧勤，仍会在史书中不时"听到"他对自己辛勤工作半是标榜半是叫苦的诉说。治理一个大一统的庞大帝国，处理千头万绪的繁杂政务，实在是一份不得不"宵旰忧勤"的工作，对于长在深宫惯于享乐没有政务历练的接班皇帝，有几个能够和愿意受这份累呢？当后世皇帝逸于安乐不理政务，国家治理最高节点就出现了盲点，不得已后世进行调节性变革推出所谓的"首辅"。不过，制度的本意还是发挥了关键作用：首辅毕竟非相，只是皇帝秘书，皇帝可以召之即来，挥之即去，有明一代再无权臣能挑战皇权者，哪怕皇帝几十年不上朝。

朱元璋的防范思想，在社会管理上体现为社会秩序的重构，士农工商的四民等级社会由朱元璋完成塑造。春秋时期虽然就有士农工商四民的说法，但明代以前并没有形成四民等级化社会，朱元璋就认为元朝的"十民"是元之失政的重要表现。为了让社会等级清晰可见以便各安其位，朱元璋让官员"定礼制，以辨贵贱，明等威"，"以房舍、服色等第，明立禁条，颁布中外，俾各有所守"。他还要求"宜申明天下，四民各守其业，不许游食。庶民之家，不许衣锦绣"。

朱元璋为了严格控制社会，从前代借鉴重农抑末的经验，创造了烙有他深刻印记的尊士抑商政策。他一手严厉打击商人和商业活动，把这视作不安分的社会隐患，使得中国培育了几百年并初具形态的商业化社会进程戛然中断，一手用八股和特权控制、收买知识分子，把最难控制的士人豢养成朱家王朝的同盟军和支持者。八股取士的科举制度、士人税赋特权和司法特权制度，尽管凝滞了社会思想，搞乱了基层治理，但有明一代士人坚定地支持朱家皇权，以"国家养士"之恩临事一死报君王，就政治效益而言，朱元璋设计的君士关系是成功的。

朱元璋的防范思想，让他极端自私地设计了一整套精密制度确保子子孙孙永享国家之成。有明一代，最大的一个特权阶层是朱家皇族，国家厚养，举国尊崇，不劳而获，为霸地方，繁衍到明朝末年竟达 30 多万人。他们分封各地，在政治上发挥了掣肘地方官的郡国并行体制优势，但从经济效益看却是严重败笔。万历年间全国财政支出 1854 万两白银，光花在皇族宗室身上的费用就高达 552 万两，占国家财政开支总数近三分之一，成为压垮王朝财政的沉重负荷，因此有了一种说法，明亡亡于财政，财竭源于宗室。

朱元璋的防范思想，诱使他制定了若干防范性政策阻止历代弊政再现。朱元璋不时会和大臣讨论前代政治得失，多次谈到要吸取宦官掌权、女主临朝、外戚干政、权臣篡权、边患侵扰的历史教训，并制定了一系列政策措施防微杜渐。他强化的重文轻武政策基本解决了明朝将帅造反的情形，所创立的强中央弱地方的制度，牢牢控制住了行省权力，"岂有跋扈之忧？"这种局面一直到清代太平天国之后才被崛起的湘军、淮军打破，施行了近 500 年。明朝虽然后来也出过"权臣"、"权监"，但那不过是"纸老虎"，是皇上操控的手段和放纵的结果，只要收网，一句话就能冰融雪化，在绝对化的皇权面前不堪一击。女主临朝和外戚干政是一个问题的两个表现，稍有苗头就会受到谏臣的疯狂攻击，因此明代也不突出。朱元璋为了杜绝大臣造反，发明了凿空王朝司法制度的锦衣卫制度，并为后世西厂、东厂恶政提供了样板，被怀疑对象没有任何权利和机会为自己辩护，在冷血锦衣卫面前只能做待宰的羔羊，成为明朝黑暗政治的一个缩影。

朱元璋的防范思想，最值得诟病也最显示他的残暴猜忌性格的，是后期"过度防御"引发的恐怖政治。朱元璋处心积虑要确保自己的皇权乾纲独断，确保大明王朝千秋万代，起初他虽有过与打天下的功勋们共享富贵的想法，为此不断对他们谆谆教诲和敲打，比如朱元璋于洪武五年作申诫公侯的《铁榜文》，洪武八年又编强调效忠的《资治通训》，洪武十三年再编记录历史上悖逆不道王公宗戚宦臣共

二百一十二人的《臣戒录》，洪武十九年颁布臣僚"使知所鉴戒"的
《志戒录》。当他发现朝堂出现集团化、朋党化影响到自己的权威时，
对于自己身后幼主强臣局面可能会出现权臣造反危险的警惕，让他断
然举起了屠刀，以一个个冤案把他的战友们也是功臣们几乎屠杀精光，
几个大案动辄就有上万甚至上十万人横遭屠戮。据统计，朱元璋所封
功臣69人，被他杀害、逼死的竟达35人，超过一半，几次大屠杀后
活着的淮西勋贵只有两人。也许是朱元璋出于自卑的动机，也许是想
到了儒士在他夺取政权中的关键性作用，也许是为了彻底收复容易捣
乱生事的士人，他抛弃了宋朝不杀士人的政治原则，制造了中国历史
上空前的文字狱，不仅钳制了读书人的活泼思想，更打断了他们的脊梁，
驯化出了他们的奴性。清承明制，朱元璋的做法又被清代雍正、乾隆
所学习模仿，更加严酷的文字狱上演，中国进入万马齐喑的危险境地。

　　尽管朱元璋已经扎起了至为严密的制度牢笼，但他仍旧未能"吾
无忧矣"，仍然时时担忧大明王朝的长治久安，以至于"夜卧不能安
席，被衣而起，或仰观天象，见一星失次，即为忧惕"。晚年的朱元璋，
已把忧患意识病态化为焦虑症、臆想症、迫害狂之类的精神疾患，过
犹不及，朱元璋大明王朝守护神的幻想，在后来的历史发展中破灭了，
他所求的一切几乎都被打碎，他想打倒和杜绝的弊政换了包装粉墨登
场，王朝该受的苦难一个也没见少。诚谓道者反之动。

　　朱元璋希望用自己的勤政为后世做出勤政明君的榜样，明代的宫
廷教育、太子教育却被认为极其失败，除了一个值得称道的明孝宗，
问题皇帝反倒出了一大堆，懒政皇帝最多，带着大明王朝奔向不可避
免的死亡结局，察其中究竟，难以排除朱元璋超强的控制欲使得他们
逆反。他希望有秩序地按照自己的设想传承地位，结果篡位这样的事
情在明朝一再发生，他死后没几年就发生了"靖难之役"，对功臣的
大屠杀导致朝中没有了镇得住的大将，皇太孙建文帝即位后朱棣顿生

觊觎之心，一场篡位大战差点儿毁掉大明。他希望不再出权臣，结果后来这样的人打着不同的名义，一个一个登场。他坚决反对宦官干政，结果宦官成为明朝中后期巨大的政治毒瘤，刘瑾、王振、魏忠贤等中国历史上最知名的"权监"都在明朝。他边寇勿追和周边地区不征之国的政策，使得明朝防御性国防政策在后期吃了大亏，一些不征之国反过来用倭寇等方式滋扰明朝和明朝的附属国，造成巨大祸患。

朱元璋由严政到酷政，似乎是他的忧患意识过了头，其实是他为谁忧患错了位。秉持"化国为家"认识的朱元璋，忧国如家，忧国为家，他虽然有一国之君的忧虑，更多的是一家之天下的忧虑，把老朱家和朱皇帝置于国家之上。非如此，无法理解朱元璋。朱元璋的忧患与备患，也说明了这样一个道理，当一国之君把一己之乐、一家之天下置于首位时，他的国家和人民就要吃苦头了。

朱元璋要把自己的政治实践升华为有明一代全盘继承的政治遗产，虽然他自己没能把它总结成一套所谓"朱元璋主义"的理论，但实质上的"朱元璋主义"却严重影响了中国后来的政治。其精髓是什么呢？是他的小农社会的理想？是他的君主慈父的理念？是他对政权绝对安全地追求？是他进行社会控制和思想控制的手法？是他对可疑对象和风险苗头的冷酷无情？这一切的核心，是把一切变量变成可控量，把一切活跃因素防控在静态之中。

朕甚忧之
——乾隆之忧与盛世危机

    1792 年，82 岁的乾隆帝当皇帝已经 57 年了，大清帝国表面上看正处于康乾盛世的巅峰时期，志得意满的乾隆回顾自己的辉煌功绩，亲自撰写《御制十全记》，记述一生的"十全武功"，自称"十全老人"。十全武功是中国清代乾隆年间为了加强国家的统一，中央政府十次派兵平定边疆叛乱，分别为：1747~1749 年的平定大小金川之战、1755 年的平定准噶尔达瓦齐部之战、1755~1757 年的平定准噶尔阿穆尔撒纳之战、1758 年的平定南疆大小和卓叛乱、1762~1769 年的清缅战争、1771~1776 年再平大小金川、1786~1788 年平定台湾林爽文叛乱、1788~1789 年的安南之役、1790~1792 年两次平定廓尔喀。

    然而就在第二年即乾隆五十八年，他却说了这样一番话：

    朕查上年各省奏报民数，较之康熙年间，计增十余倍，承平日久，生齿日繁，盖藏自不能如前充裕，且庐舍所占田土，亦不啻倍蓰（五倍），生之者寡，食之者众，朕甚忧之。犹幸朕临御以来，辟土开疆，幅员日廓，小民皆得开垦边外地土，借以暂谋衣食。然为之计及久远，非野无旷土，家有赢粮，未易享升平之福。各省督抚及有牧民之责者，务当随时劝谕，俾皆俭朴成风，惜物力而尽地利，慎勿以奢靡相竞，习于怠惰也。（《清史稿·食货·户口》）

    "生财有大道，生之者众，食之者寡，为之者疾，用之者舒，则财恒足矣",四书五经之一《大学》把"生众食寡"确立为生财大道,也是历代统治者追求的境界。到了乾隆中后期,"生众食寡"突然颠倒了个儿,出现"生寡食众"的未有之局,饶是经历过大风大浪自视极高的乾隆,面对这一局面也"甚忧"。这个局面为什么值得忧虑?乾隆忧虑到了什么程度?

乾隆在《清史稿》里有这样一番话:"国家承平百有余年,人生不见兵革。每岁户口繁衍,千古罕俦。民间谷物,有增而无减,实由于此。朕焦劳宵旰,每怀尧舜犹病之忧。"

所谓"尧舜犹病之忧",典出《论语·雍也第六》第廿九章:子贡曰:"如有博施于民,而能济众,何如?可谓仁乎?"子曰:"何事于仁,必也圣乎!尧舜其犹病诸!"孔子这段话的意思是,就连公认的圣人尧舜对于博施济民都力有不逮、不能从心,能够做到的人当然就是圣人了,从《论语》这里,联想到朱元璋讲过的"尧舜犹病博施",我们就明白乾隆的意思了:总是怀有要博施济民却力不从心的忧患。

这两番话对照起来,十全老人乾隆在晚年并不是高枕无忧,而是忧患深切。他的忧患在于中国历史上首次遇到的一个全新问题:土地粮食增长缓慢与人口出现爆炸式增长形成的超大压力。

这一压力早就在压迫着乾隆,乾隆四十八年他写过一首"民数谷数"诗,对人民生计表现了深深的忧虑。诗云:

民数谷数国之本,每岁各省令具奏。

因命司农计损益,观之持盈惧益懋。

谷数较于初践阼,增才十分一倍就。

民数增乃二十倍,固幸太平滋生富。

以二十倍食一倍,谷价踊贵理非谬。

谷贵因之诸物贵,何怪近利居奇售。

返淳拟欲禁奢贵,游手谋食恐难副。

设日驱之尽务农，那得许田供耕耨。

水旱赈济数逾万，无过补苴其罅漏。

三免正供两免漕，未见闾阎生计茂。

长此安穷不敢言，蔫目怵心吁天佑。

绥丰或尚可支持，惕息中丰又难遘。

乾隆这首诗还有两首"姊妹篇"，一是《民谷数岁终各省奏民数谷数因成是什》："民数益增谷不增，食之者众价常腾。别无善策资补苴，宵旰惟虔祝岁登。"二是《岁暮各督抚奏民数谷数册诗以纪实》："户口增宁非盛事，廪仓艰每廑先忧。谁云岁暮简几务，酌剂其间慎体求。"

十年间，乾隆面对这一超大压力，一直在深深地忧虑，不停地思考对策，这也改变了很多人对乾隆的刻板印象：一个好大喜功、骄奢淫逸、盲目自信、刚愎自用的风流天子，发现体会了乾隆忧国忧民、励精求治、勤政务实的另一面。

乾隆时期人口为什么爆炸式增长

乾隆在位 60 年，中国迎来了历史上最重大的变化之一：人口开始大跃升，从 1 亿多一点先后突破 2 亿、3 亿大关。乾隆六年做了中国历史上第一次人口普查，人口是 1.4 亿，到他退位的时候又做了一次人口普查，人口达到 3 个亿。54 年间人口翻了一番，这在中国历史上从来没有出现过。

中国历史上人口一直在波动中增长，但从汉朝的六七千万到宋朝的可能过亿，再到雍正年间恢复上亿，登上并站稳上亿人口的台阶花了一两千年，为什么会在乾隆时代接连突破并站稳 2 亿、3 亿人口大关呢？在乾隆的谈话和诗里，他分析的原因：国家承平百年、谷物有增无减、繁衍千古罕传、编外土地开垦、政府救济有效。

康熙平定三藩之后，虽然边疆地区战事未断，但帝国主体部分安定下来，经济社会得到恢复发展，这种和平繁荣局面一直持续到乾隆晚期，长达百年之久，历史上这一时期被称作"康雍乾盛世"或"康乾盛世"。从历史看，内战是人口损减的最主要原因，百年和平盛世使得人口生产释放了最大潜力，人口非正常损减降到了最低，为人口增长创造了最好环境。这就出现了中国历史上从来没有出现过的现象：每年人口净增长达到数百万，十口之家十分常见。在乾隆60多年的统治生涯当中，中国的人口增长了一倍多，增幅比世界水平高出了65个百分点。

乾隆时期，粮食产量实现了史无前例的增长。粮食生产依赖耕地，中国疆土达到了最大版图，水涨船高，耕地面积也有了更大的增长空间，乾隆一朝耕地增长不下二三亿亩。粮食生产依赖品种，这一时期国家大力推广明末以来海外引进的红薯、土豆、玉米，新作物不仅高产，对土地和水的要求不高使得广泛耕种有了可能，粮食亩产得到提高。粮食生产依赖水利，清朝早中期对黄河、淮河、永定河、大运河等主要河流进行了多次整治，洪水泛滥得到控制，水利设施得到改善，为粮食增产做了保障。

国家对边疆地区的经营，使得人口分布更加合理，人地关系得到较好调整。内蒙古、宁夏等黄河北部一带人口大量移入，形成"走西口"浪潮。西南地区持续推进改土归流和民族融合，内地人口大量涌入，形成"进西南"的人口流动潮流。东北作为满族龙兴之地虽然禁止移民开垦，但乾隆中后期"闯关东"潮流已现。移民把以前粮食生产很少的边外之地变成了优良的粮食产区，大大扩展了传统意义上的农耕区范畴，有效增加了粮食供给。

乾隆时期国家救灾能力建设成为政府的一大责任。历史上，严重的水旱疫情灾害是人口大幅减少的另一大主因，而版图辽阔的中国各种自然灾害更是接踵而至、此起彼伏，小农经济下农户抗击灾情能力极其薄弱，往往遇灾即贫。历史上王朝也会救济赈灾，但乾隆时期是传统中央政府在赈灾救济方面更好发挥作用的转型期，一是这一时期灾害尤为严重，据统计乾隆60年间史书记载发生灾害的年份就有54年，无休止的灾患逼迫王朝完善加强赈灾举措。二是国家财力和救灾能力的增强为做好救济奠定了保障，乾隆在位期间先后四次减免赋税，累计高达两亿两白银，创清朝历代帝王之最；乾隆时期国家粮食储备比较充足，最高时库存粮谷达4400万石，中后期常平仓额保持在3370万石左右，加上社仓、义仓的积谷，估计约为4000万石，合50亿斤左右，在大灾发生时应急投用。三是乾隆高度重视赈灾救济工作，据学者王金香《乾隆年间灾荒述略》，乾隆时期各地的灾害预防、上报、救济、救灾反贪等出现了一定程度的制度化，灾民得到了最大救济，人口因灾损减情况得到最大减免。

乾隆的分析毕竟有他自己的视野局限，或者说有他自己总结时的政治考量，所以还有一些原因对于乾隆时期人口增长颇为重要，比如康熙雍正先后采取的"永不加赋"、"摊丁入亩"赋税政策解除了生育人口的顾虑，康熙雍正形成的巨大人口基数，医疗技术的进步造成寿命延长，工商业发展对就业增加和财富增长产生良好影响，等等。

乾隆时期"谷数"、"民数"的严重矛盾及社会影响

在农耕时代，人口就是最重要的资源要素，所以历朝历代都积极推动人口增长，都以人口增长为荣。按说，人口的增长短时期看对清朝国力的提升有着重要意义，乾隆却在诗中对此表达了强烈的质疑，"户口增宁非盛事"，原因就在于人口的爆炸式增长超越了当时经济社会的承受能力。与人口增长不相适应的是，全国共有耕地从康熙年间6亿亩左右到乾隆帝末期只增长了三四亿亩约10.5亿亩；或者人均耕地康熙年间人均六七亩，到乾隆晚期却只有不到三亩。

人口直线上升与人均耕地垂直下降，这就是当时的严峻现实，尽管清朝中早期人口、耕地的数据众说纷纭，各执一词，但这个显著对比的严峻性是没有人否定的。

历史学家和经济学家还有另外几个关键数据：清代及以前大概要人均4亩地才能养活一口人，1亩地平均亩产在157斤到225斤之间（以山东为例）。根据全国土地贫瘠程度和单双季种植情况，正常年景下10.5亿亩耕地可最多生产粮食2040亿斤，此数大致就是乾隆晚期全国粮食的总产量。全国3亿多人口，人均粮食为六七百斤，扣除赋税等人均可享有粮食大概只有400斤左右，这两个数字处于历史上很低的水平。

从上述数字看，乾隆后期全国平均情况是粮食产出已经不能养活全国人口，大多数地区的人口只能勉强维持低水平的生存。"人民户口百倍于前，地无不耕之土，水无不网之波，山无不采之木石，而终不足以供人之用"，乾隆时《吴县志》记述的情形只是全国的一个缩影，这也就是为什么当今很多历史研究者把康乾盛世又称作"饥饿的盛世"的缘故。

粮不足天下难安。多次多地发生抢米闹赈风潮，一些地方还发生了农民起义。乾隆三十九年，爆发了山东清水教首领王伦教导的农民起义；乾隆四十六年、乾隆四十八年，苏四十三、田五反清起义，席卷了甘肃、青海；乾隆五十一年至五十三年，林爽文发动了台湾历史上规模最大、范围最广的农民起义斗争；乾隆五十九年，黔东、湘西苗民发动起义，控制了黔、川、湘三省交界的许多地区，持续了12年之久。

粮价牵动物价。人口增长给粮食供应造成了沉重压力，造成乾隆时期粮食价格不断上涨，民间怨声载道，乾隆对此完全熟知，"食之者众价常腾"、"谷价踊贵理非谬"的诗句就记载了当时物价上涨的情形。岸本美绪所著《清代中国的物价与经济波动》，发现江南米价在乾隆前期暴涨、乾隆中期以后渐长，物价在乾隆十年到三十年间全面上涨。由于当时很难有全国的粮价统计体系，现在只能看到局部地区的米价变动资料，乾隆初，苏常地区米价为每升十余文，二十年以后，每升十四五文为常价，乾隆五十年大旱每升涨至五十六七文，自此以后，不论荒熟，常价总在二十七八至三十四文之间，五十年间米价涨了三倍。乾隆十五年、乾隆十六年、乾隆十八年、乾隆十九年、乾隆二十年、乾隆二十一年、乾隆三十二年各年，山东汶上县每石麦价分别为三千八百、三千六百、四千四百、四千八百、五千二百、五千六百和六千余文，十七年间翻了近一番。粮价物价上涨不光给底层老百姓的生活造成严重影响，连中下级官僚阶层生活也都吃不消。乾隆四十八年连最富庶的地方之一苏州都发生了反对粮价暴涨的闹衙斗争，示威人群多达数万。官吏难以承受物价上涨，官场"年敬"、"碳敬"、"冰敬"、"节敬"、"瓜敬"等腐败名目大行其道，官场腐败风气由此大开，甚至产生了中国历史上第一大贪——乾隆时期的权臣和珅。当然，从后世眼光看，乾隆时期米价物价上涨，还有另外主因，分别是白银海量流入导致钱多价高，全国性粮食贸易网初步形成粮食跨地区交易提高了粮食成本。

乾隆年间的大开垦造成了后来的严重生态灾难。玉米、土豆、红薯等新作物对耕种条件要求不高，适合丘陵山区种植，乾隆时期于是开展国家动员鼓励开垦山地，乾隆七年（1742年）正式谕令"山头地角止宜种树者听垦，免其升科"（《清高宗实录》），即所谓"弛禁"，鼓励向山区开垦，永远免税，同时规定包括科举考试名额在内的种种优惠条件，以妥善安置富余人口。剜却心头肉，医得眼前疮，毁林种田，最终造成了严重的水土流失，为当时更为后世带来了巨大的环境灾难，有些大坑，至今还没填上。辽西地区历史上一直是水草丰美、森林覆盖，乾隆皇帝把山海关以外的大片林地划为军屯地，加大开垦力度，乾隆五十六年大凌河东牧场放垦，垦荒浪潮一发不可收拾，很快就出现"人烟稠密，山穷景尽。而子民们虽有糊口之粟，苦于无起爨之柴。昼夜奔驰荒山遍野，往返千百里之外，尽后荆棘茅草，忍饥终日，收庋负肩回归，尚不足一餐之用"的开垦边际效益大幅下降，然后出现严重的灾害：原本茂密的森林已基本被破坏殆尽，绝大部分丘陵山地变成了荒山秃岭，繁茂的草原也变成了茫茫荒漠，水土流失十分严重，形成了沟壑纵横、旱灾和水灾猖獗的局面。林则徐担任湖广总督时目睹了汉江流域山林破坏的严重后果："襄河河底从前深皆数丈，自陕西省南山一带及楚北之郧阳上游深山老林尽行开垦，栽种苞谷，山土日松，遇有发水，沙泥随下，以致节年淤垫，自汉阳至襄阳，愈上而河水愈浅……是以道光元年（1821 年）至今，襄河竟无一年不报漫溃。"

"谷数"、"民数"的严重矛盾及社会影响，成为当时学者官僚关注的重大问题，乾隆时期的经济学家洪亮吉专门写了《治平篇》讨论。他以一个家庭为例，深刻分析了在人口膨胀下，从第一代"居屋十间，食田一顷，宽然有余"，到第三代"量腹而食，度足而居，知其必不敷"，再到第五代"遭风雨霜露饥寒颠踣而死者之比比"的贫困化过程，他认为，上天对人口过快增长有自己的调剂之法——"水旱疾疫"，就是人口过快增长到无法养活程度时，上天（自然规律）通过自然灾害强迫人口非自然损减，达到人地相对平衡。他的观点和后来的西方人口学家马尔萨斯接近，因而他有"东方马尔萨斯"的说法。

乾隆的解忧之法为什么历史地看失败了？

乾隆是"君者天下之父母"思想的坚定支持者，也从不推诿对天下百姓的"家长"义务，他就像一个尽职尽责的老父亲，履行着他对被他称作"小民"的清国子民的责任，所以乾隆算得上是一位好皇帝。

乾隆时期又是中国版图扩大和稳定的集成期，也是人口高速增长的关键期，庞大的帝国和人口铸就了中国泱泱大国的气度，所以乾隆算得上是对中华世界做出卓越贡献的屈指可数的杰出皇帝。但他留下的天下却是一个"烂摊子"，内忧外患有如山倒，身后没几十年就急剧衰弱，堕入半殖民地社会，所以历史上对乾隆的评价褒贬不一，甚至可以说他的名声并不是很好。除了他常常被归类"异族统治者"之外，还因为什么呢？

乾隆时代实际上有两大忧患：一个是人口与土地粮食的尖锐矛盾，一个是中西交往中冲突日渐积累，前者是显忧，直接影响到清朝的统治，乾隆全力以赴处置应对，处置对策却又只是因循守旧；后者是隐忧，它的历史影响需要高度敏感才能感受，乾隆完全没有当回事，一味居高临下自我优越地处理，使得处置双双失当，从而造成中国坠入万劫不复之中。

应该如何解决"谷数"、"民数"的棘手问题呢？乾隆在上述诗文谈话中把主要措施都讲到了，地方主官全力督导农民及时耕种，让游手好闲者投入生产，野无旷土以尽地利，鼓励移民，严厉杜绝奢侈浪费节约粮食，加大赈济和免除赋税，所有历史上曾经有效的措施，乾隆都拿来大力推行。但鉴于问题的严峻性，再多的传统措施也无法有效缓解，乾隆还创新了盘活国内、国际两个市场的两大重要政策，推行粮食商品化和鼓励进口粮食。

乾隆时期中国历史上首次初步形成全国性粮食大市场。由于各地人口增长不平衡和自然灾害的地域性特征，广袤国土上形成了大范围的余粮区和缺粮区，粮食商品化已成必然趋势。在官方政策的倡导、鼓励下，全国形成了规模颇大的粮食市场，乾隆中期进入长距离流通的商品粮约有4000万石，村镇之间的短距离粮食交易远超这个数字，通过交易获得粮食成为保证粮食供应的重要渠道。

乾隆年间大批洋米输入成为解决国内粮食短缺的重要途径。乾隆八年下谕激励洋商输入大米，"朕畛念民艰，以米粮为民食根本。是以各关米税，概行蠲免，其余货物，照例征收。至于外洋商人，有航海运米至内地者，尤当加恩，方副朕怀远之意。"乾隆十六年进一步出台政策大力鼓励内地商民进口粮食：凡自备资本，购米回国者数量在二千石以内者，由地方督抚分别奖励；如运二千石以上者，按数分别给予监生，并可奏请赏给职衔顶戴。由于很多商民看重传统的中举入仕，这一措施有力推动了商民携资出洋买粮回国，东南亚的大米源源不断流入广东、福建等省。此后，经常有运米较多的商人获得八品或九品顶戴。

两个办法有效解决了缺粮区供应不足，但商业化方式抬高了粮食价格，绝大多数底层百姓承受不起，仍然在饥饿线上挣扎。退位之年，乾隆忧之患之的尖锐矛盾爆发了，酿成惊天巨变：清朝中期最大的农民起义——白莲教大起义，起义军波及川、楚、陕、豫、甘等省，历时九载，占据或攻破清朝府、州、县、厅、卫等204个，抗击清政府从全国16个省征调的兵力，使清军损失一、二品高级将领20多人，副将、参将以下的军官400多人。清政府为镇压起义，共耗费白银两亿两，相当于当时清政府5年的财政收入。从此，清王朝从所谓"隆盛之世"陷入了武力削弱、财政奇黜的困境，迅速跌入没落的深渊。《剑桥中国晚清史》评价说：从长远看，白莲教叛乱给了清王朝一个破坏性的打击。第一……不是鸦片战争，而是白莲教，使人们看出清朝军事力量已不可逆转地下降了；第二，十年斗争的破费对帝国的国库是毁灭性的。

人口过剩问题表面上看是人口增长过快造成人口绝对数量超载问题，本质上是生产力发展缓慢问题，传统的生产方式和落后的生产力不适应中国已经根本变化了的人口情况，解决他们的贫困问题亟须且只能通过打破传统路径，把中国从农耕社会中拉出来，把人口从边际效益严重下降的农业种植中拉出来，通过工商业发展、通过工业化道路、通过科技革命，实现中国的近代化。否则，因循守旧，只在传统的农耕经济中找出路，充其量只能缓解矛盾，更可能只是徒劳而已。不幸的是，乾隆之法总体上就是因循之法，他的办法是关起门来找的，是在传统路径中找的。当这些办法都不能解决问题时，乾隆只能"别无善策资补苴，宵旰惟虔祝岁登"、"蒿目怵心吁天佑"，把问题交给老天爷来保佑了。

乾隆的忧患，中国的大忧，难道真的只有靠老天爷了吗？影响帝国命运的内忧外患两道难题，乾隆把它们割裂开来，只关心人地人粮矛盾问题，对中西冲突问题毫不在意。他只有两篇文章结合起来做，才能破解并在历史发展中继续主动。而此时的世界，已经给他提供了一条可以借鉴的道路，并且把机会送上门来。这就是乾隆年间两大著名涉英事件：洪任辉告御状事件和马嘎尔尼访华事件。随着乾隆全部、悍然拒绝他们的要求，英国科技革命、工业革命的先进经验和成果失去了在中国得到实践的机会，真正的中西大分流开始了，中国沉迷于农耕文明，以英国为代表的西欧社会迈进工业化时代，中国停留于古代，西方进入近代，中国后来沦为挨打受欺的结局由此种下。

后人回看马嘎尔尼访华事件，往往为中西由此大分流唏嘘不已。由于访华使团不能行跪拜之礼，交流的大门关闭了；使团随团带来的世界科技和军事最新成果，六七十年后侵入北京的英法联军又把堆封库里的"贡品"带回欧洲，仍然属于先进科技；乾隆回给英国女王的国书俨然是天下共主给一个想成为中华附属国而不够格的小国诸侯的敕书，其中仅自称的"天朝"就多达十几处。清朝不能平等待它，当40多年后英国依赖船坚炮利（清朝看不上的奇技淫巧）攻破国门后再想让它平等待我，也就成为不可能。

　　所以，康乾盛世又被看作大清帝国甚至是传统中国的"落日余晖"，乾隆就是那位一边忧患叹息，一边向着余晖沉重走去并最终消逝于夜幕之中的那道背影。

忧时长结寸心丹

——林则徐之忧与睁眼看世界

林则徐一生著述诗文甚丰，以诗抒情，记录下了自己人生路上的各种情感，细细翻阅，"忧时"二字不时出现其中。林则徐是1850年11月22日去世的，前一年他因为伤病难忍，请求从云贵总督任上退休回福建原籍休养，途中，病近膏肓的林则徐以一首七律记下了自己的心情和志向：

己酉年九月自滇归闽同人赠言惜别途中

黄金时节别且兰，为感与情忍涕难。

程缓不劳催马足，装轻未肯累猪肝。

膏肓或起生犹幸，宠辱皆忘卧亦安。

独有恫瘝仍在抱，忧时长结寸心丹。

苟利国家生死以

要理解林则徐此诗表达的意愿，须得先弄明白两个都是典故的关键词：恫瘝在抱和"寸心丹"。"恫瘝在抱"的"恫"、"瘝"二字同义，都是疼痛和病的意思，典故出处是《尚书·康诰》"呜呼小子封，恫瘝乃身，敬哉"，意思是当如痛病在你自己身上必欲去之一样，治民务除恶政，指的是为政者要把人民的疾苦放在心上。"寸心丹"来自著名爱国诗人文天祥诗句"无奈天生一寸丹"与"留取丹心照汗青"

的集成，指的是己心爱国爱民赤诚如丹。这首诗反映了林则徐即使身患重病已经致仕，对自己的老病宠辱却早已置之度外，忧虑不已念念不忘的不是自己而是人民和国家。

正是这样的情怀，使得病入膏肓的林则徐"岂因祸福趋避之"，在去世前一个多月接受朝廷任命，不顾病体自家乡侯官启程前往广西平定天地会起事，竟致病逝于路上，为国捐躯。据记载，林则徐临终时曾大声疾呼，告诫国人："终为中国患者，其俄罗斯乎！吾老矣，君等当见之。"（何马《林则徐在新疆》）

这只是林则徐临危受命的最后一次，此前这样的事情数次发生在他身上，包括"戴罪"在身时还临危受命治理黄河水患。1841 年夏，黄河发生严重水患，开封城内积水数尺，并殃及邻近五府二十三州县，举朝震惊。大学士、军机大臣王鼎一直支持林则徐禁烟和反对对林则徐因为虎门销烟治罪，也深知林则徐治水之能，当道光皇帝让他领导治理黄河水灾时，立即保荐林则徐来协助他，正在贬往新疆途中的林则徐被饬折回东河效力"赎罪"，林则徐亦喜亦忧写下了《张仲甫舍人闻余改役东河以诗志喜因叠寄谢武林诸君韵答之二首》，他高兴的是朝廷又起用自己，自己 1831 年曾任河东河道总督治过黄河，得到道光帝嘉奖，这次一定会协助把黄河治好；担忧的事却有三大件：一是沿黄遭灾民众"鸿雁哀声流野外"；二是抵抗英国人侵的军费尚不得出处，又要花一大笔钱治理河灾，"谁输决塞宣房费，况值军储仰屋愁"；三是当时第一次鸦片战争尚未结束，对国家带来什么样的影响尚不清楚，不知道国家遭此入侵是否还能河海澄清，"江海澄清定何日，忧时频倚仲宣楼"。

1842 年春治黄取得胜利，王鼎再次举荐林则徐留下担任河督继续治理黄河，道光帝却因闻听入侵英人极其痛恨林则徐而不敢用，反而命令林则徐立即动身再次踏上流放之路，报国无门的林则徐抱头痛哭，写下了感人肺腑的"元老忧时鬓已霜，吾衰亦感发苍苍。余生岂惜投豹虎，群策当思制犬羊"（《壬寅二月祥符河复仍由河干遣戍伊犁蒲城相国涕泣为别愧无以慰其意呈诗两首》其二），对自己的个人命运已无顾惜，忧虑的是国家怎么赶快打败英国的入侵，勉励王鼎作为军机大臣要集中朝野智慧找到制服英国这只犬羊的好办法。（不久后王鼎因反对签署丧权辱国的《中英南京条约》而自杀殉国尸谏，远在新疆的林则徐听到噩耗悲痛万分，写了《哭故相王文恪公》诗两首，"伤心知己千行泪，洒向平沙大幕风"。）

林则徐何以如此"忧时"呢?

林则徐以超越时人的眼光，看透了清朝在天朝迷梦中面临的内忧外患。

十九世纪三十年代，清朝还处于所谓康乾盛世的余晖之中，朝野上下因循守旧，歌舞升平，很少人意识到国家实际上已经遇到了重大难题：鸦片泛滥及其严重后果。鸦片问题虽然早在雍正时期就显露出来，雍正、乾隆、嘉庆、道光四任皇帝也都禁止过，事实却是屡禁不止，越禁越烈，清朝的国家治理能力下降暴露无遗。1836年，鸦片问题终于因为银价高昂问题受到关注。这年四月，太常寺卿许乃济向道光上了一道奏折，名为《鸦片例禁愈严流弊愈大亟请变通办理折》指出，"近日鸦片之禁愈严，而食者愈多，几遍天下"，并指出，过去英夷带着银两来华交易，对我国很有好处，鸦片交易猖獗后，英夷不仅不带银两来了，中国反而"岁耗银总在一千万两以上"买他们的鸦片，造成白银外流，导致银价从原先的纹银每两易制钱千文上下到此时的一千三四百文，而且有增无减。许乃济认为，这个情形的产生已经证明了长期以来的严禁鸦片政策不合适，应该改为限制性进口的亦驰亦禁的"驰禁"政策：奏请取消鸦片输入的禁令，准许按药材抽税；只许以货易货，不许用银购买；只禁文武官员兵丁吸食，不禁民间种植贩卖吸食。道光帝收到奏折后两天即批转给当时的两广总督邓廷桢、广东巡抚祁贡以及粤海关监督文祥等议复。九月间，邓廷桢等在复奏中表示完全赞同许乃济的主张，"弛禁通行，实于国计民生，均有裨益"，并拟定了实行的章程九条。但许乃济的主张遭到了更多人的反对，内阁学士兼礼部侍郎朱嶟上《申严（鸦片）例禁以彰国法而除民害折》、兵科给事中许球上《洋夷牟利愈奸内地财源日耗敬陈管见折》、江南道御史袁玉麟上《议开鸦片禁例有妨国计民生折》，批判弛禁论，要求应当禁绝。朱嶟认为："中华若不尽早根除鸦片之祸，国人危矣；国人既危，中华更危矣！"弛禁论与严禁论的第一次交锋，让道光帝拿不定主意，鸦片问题又拖了下来，每年进口的鸦片日渐增加，流出银两日渐增加，到了1838年银价已达到纹银每两易制钱一千六百文有零，制钱如此严重贬值，不仅严重影响经济和贸易，还造成国内的严重通货膨胀，老百姓苦不堪言。

1838年闰四月初十，黄爵滋向道光皇帝上书《请严塞漏卮以培国本折》，强烈表达了对于鸦片问题的担忧："以中国有用之财，填海外无穷之壑。易此害人之物，渐成病国之忧。日复一日，年复一年，臣不知伊于胡底"，建议严刑禁烟，并提出一系列具体措施。道光帝对于这一篇奏折采取的态度与许乃济的相同，他将奏折抄本交给各地总督查看，让他们提出意见建议。后来道光帝再次下诏，要求大臣督抚们围绕下列题目献计献策："近年银价日昂，纹银一两易制钱一串六七百文之多，由于奸商所出钱票，注写外兑字样，辗转磨兑，并无现钱，请严禁各钱铺不准支吾磨兑，总以现钱交易，以防流弊等语。著步军统领衙门、顺天府、五城会议具奏，并著直省各督抚妥议章程，奏明办理。"

头年刚刚就任湖广总督林则徐出场了，他根本改变了道光帝首鼠两端的犹豫，决然禁烟。

1838年五月初七，林则徐第一次上《筹议严禁鸦片章程折》，八月初二，林则徐根据道光帝出的题目上奏《钱票无甚关碍宜重禁吃烟以杜弊源片》。林则徐认为，银钱问题不是货币政策造成的，根子是鸦片进口造成的银两外流，鉴于鸦片已经"迨流毒于天下"，林则徐表达了自己的深切忧患："若犹泄泄视之，是使数十年后，中原几无可以御敌之兵，且无可以充饷之银。兴思及此，能无股栗！"

鸦片问题已经不仅仅是鸦片问题，而是涉及国家存亡安危的经济问题、军事问题、政治问题，林则徐以政治家的深切忧患，打动了道光帝，他下令林则徐立即来京觐见。君臣一番面谈，特别是听了林则徐当年在江苏任按察使时的禁烟体会、在湖南湖北禁烟的效果汇报，终于下决心禁烟，任命林则徐为钦差大臣、"使粤查禁鸦片"。1839年四月二十二日（公历6月3日），林则徐下令将收缴的全部鸦片近两万箱约237万余斤在虎门海滩上当众销毁，即为历史上著名的"虎门销烟"。英国遂以此为借口，发动侵华战争，第一次鸦片战争爆发，中国历史掀开了近代史的新篇章。

国运令人唏嘘，林则徐个人命运也再度坎坷。1840年9月29日，林则徐以"误国病民，办理不善"之罪被革职并"交部严加议处，来京听候部议"。10月25日，林则徐又收到通知暂留广州，等待新任钦差大臣琦善的审问和发落。1841年5月1日，林则徐又被降为四品卿衔，受命速赴浙江镇海听候谕旨。6月28日，林则徐被革去四品卿衔，"从重发往新疆伊犁，效力赎罪。"尽管如此，当林则徐与妻子在古城西安告别时，对个人命运浑不在意，以如椽巨笔写下"苟利国家生死以，岂因祸福避趋之"诗句，本意是为自己"误国病民"之罪辩解，却以其含有的激励人们献身国家的巨大精神力量而成为千古名句！

睁眼看世察外患

　　林则徐对中国外患的独到认识，使他赢得"睁眼看世界第一人"的伟大称号。林则徐来到对英斗争的前线广州后，发现"沿海文武大员并不谙诸夷情，震于英吉利之名，而实不知来历"，自己对西方知识的贫乏、国人对王朝之外世界的无知已经成为自己和朝廷处理夷务最大的障碍，于是他"最先从封建的闭关自守的昏睡状态中觉醒，以全新的态度睁眼看世界"。他意识到中英或将一战，遂提出"可师敌之长技以制敌"，应该制炮造船以改变军事技术落后状。短短十几个月里，他亲自主持并组织翻译班子，翻译外国书刊，翻译汇编《华事夷言》，了解外国人对中国的看法；将英商主办的《广州周报》译成《澳门新闻报》，了解外国的军事、政治、经济情报；组织翻译英国人慕瑞的《世界地理大全》，编为《四洲志》，介绍世界五大洲30多个国家的地理和历史；着人迅速编译《国际法》，适应当时对敌斗争和对外交涉的需要。林则徐这些前无古人之举，创造了中国历史上好几个第一：世界禁毒史上大规模销毁毒品的第一人，近代中国第一部相对完整、比较系统的世界地理志书，中国引进《国际法》的第一人，中国近代外交事业的先行者，等等。

　　鉴于《四洲志》仓促编成，漏误甚多，离开广州的林则徐已经无力改编校正，就把资料送给好友魏源，嘱托他把这件事办好。魏源搜集整理大量资料，几经增补，于1843年编辑写成《海国图志》，其核心就是在林则徐"可师敌之长技以制敌"观点上提出的"师夷长技以制夷"，成为后来洋务运动的基本方针，并深刻影响日本"明治维新"运动。可惜墙内开花墙外香，林则徐、魏源辛辛苦苦编译编辑的《四洲志》、《海国图志》，没有逃脱成书后束之高阁的命运，大清朝野在鸦片战争结束后很快就又睡起了回笼觉，直到第二次鸦片战争危机再度降临。

流放新疆期间，林则徐不顾年迈体衰，从伊犁到新疆各地"西域遍行三万里"，实地勘察了南疆八个城，加深了对西北边防重要性的认识。他根据所搜集资料，发现了沙俄对中国的领土野心和潜在威胁，促成了他抗英防俄的国防思想，成为近代"塞防论"的先驱。林则徐根据自己对英国和俄罗斯的研究，在去世的这一年告诫国人，"终为中国患者，其俄罗斯乎！吾老矣，君等当见之。"果不其然，此后六十余年之内，俄罗斯蚕食鲸吞中国数百万平方公里领土，历史证明了林则徐的远见卓识。清末名臣赵尔巽主编《清史稿》记载："时以英吉利最强为忧，则徐独曰：'为中国患者，其俄罗斯乎！'后其言果验。"

林则徐对中国之外特别是欧洲世界的认识，对中国外患的认识，毫无疑问在他的时代是独一无二的，但他仍旧不能算作"睁眼看世界第一人"，当之无愧的是"睁眼看世界的晚清第一人"。毕竟在他之前，明朝有徐光启，清朝有康熙皇帝，都对了解学习西方抱有浓厚兴趣并有切实举措，只是中西交流因为康雍乾时期被阻断才走上了闭关锁国道路，中国人对世界的认识才狭隘起来，导致鸦片战争快要发生了，道光帝连英国在哪里、是个什么样的国家都一无所知。

其实，囿于时代、观念局限和资料短缺，林则徐看到的世界也是扭曲的、模糊的，有些地方是错误的。比如，林则徐也认为英国人离开了中国的牛黄就会大便不通被憋死，所以他们未必敢于对中国开战；也认为英国人膝盖不会打弯，一旦上岸就只有被擒被杀的份儿。这些误区严重影响了当时对英斗争的判断，在今天看来已经是无法笑起来的天大笑话。在这样的信息基础上，林则徐协守浙江定海时上书提出的对英夷作战措施，道光帝看后也怒批"一片胡言"。

丹心忧情照汗青

林则徐的"忧时"，成为他各个时期在各地为官时候兢兢业业效力国家百姓的不竭动力。他为官足迹遍布福建、江苏、山东、广东、湖北、湖南、河南、陕西、甘肃、新疆、云南、贵州等地，涉及治军治民、治水理财、戍边御敌等各个领域，在每个地方、每个职位、每个领域都做出了卓越贡献。林则徐在新疆属于流放，却以主人翁姿态领导群众兴修水利，推广坎儿井和纺车，人们为纪念他的业绩，称为"林公井"、"林公车"至今流传。他还向伊犁将军布彦泰建议"屯田耕战"，以便对俄罗斯有事时有备无患。

林则徐处江湖之远忧国忧民、为国为民的实绩不仅展示了他高尚情操，也深深打动了原本就对他赏识的道光帝、咸丰帝，1845年再获起用，在生命最后5年先后担任陕甘总督、陕西巡抚、云贵总督、平定天地会钦差大臣。清人陈其元在《庸闲斋笔记》中，交代了林则徐去世背景，"咸丰初元，奉诏讨粤西贼，海内欣望，而公卒于途中"。在某种意义上，林则徐的去世影响了此后中国历史的进程：如果他没有去世而是到了广西，肯定能平定尚没有多大严重危害的天地会起事，同在广西借着天地会起事而举旗造反的太平天国运动，很可能就无法出现。

《庸闲斋笔记》还记录了清廷对林则徐身后的非常知遇：十二月十五日，咸丰帝接到林则徐病逝的奏报，对国之重臣、民族英雄的与世长辞"震悼"，他以一旨、一联、一谥表达了清廷对林则徐的歉意和敬意。他下旨说："林则徐著加恩晋加'太子太傅'衔，照总督例赐恤。历任一切处分，悉予开复。应得恤典，该衙门察例具奏。伊子编修林汝舟、文生林聪彝、文童林拱枢，均著俟服阕后，由吏部带领引见，候朕施恩。"他御制挽联以赐云："答君恩，清慎忠勤数十年，尽瘁不遑，解组归来，犹自心存军国；殚臣力，崎岖险阻六千里，出师未捷，骑箕化去，空教泪洒英雄。"他颁布谥号，林则徐谥"文忠"，这是极其珍贵的谥号。

十分有趣的是，林则徐组织研究英国，英国人也在研究他。曾任英国驻香港总督兼驻华公使包令在《钦差大臣的生平及著述》中认为，"林则徐忠诚地、几乎不间断地为他的国家服务了36年。在社会生活中，他以廉洁、睿智、行为正直和不敛钱财著称"，林则徐是"中国政治家中最卓越的人物"、"他是中国的一位理想的爱国志士"、"太伟大了，他不会被遗忘"。

无论在百姓眼中、在皇帝眼中，还是在对手眼中，无论是过去、现在和将来，林则徐都是当之无愧的民族英雄。

悲天命而悯人穷　此君子之所忧也

——曾国藩之忧与君子修身之要

曾国藩，中国近代政治家、战略家、理学家、军事家，湘军的创立者和统帅，洋务运动的卓越领导人。他以进士出身的一介书生，实现治国平天下的人生抱负，对湖南后来百年的人才涌喷、对中国历史进程都产生了深远影响，是立功、立德、立言"三立"的典范，位居备受后世推崇的"完人"之列。曾国藩的人生成就离不开时势，但根本的还是他修身齐家的基本功十分了得。曾国藩修身齐家的内驱动力有一个"忧"字。

曾国藩以"君子之忧"修身齐家

曾国藩主张"盖人不读书则已，亦既自名曰读书人，则必从事于《大学》"。《大学》提出格物、致知、诚意、正心、修身、齐家、治国、平天下"八条目"，强调"自天子以至于庶人，一是皆以修身为本"，修身的目的是为了治国平天下。曾国藩就是《大学》精神的践道者。他笃信人生和事业的成功"皆以修身为本"，终身践行"慎独、主敬、求仁、习劳"四条修身之道，力求"内圣"，终于成就"千古完人"美誉。

曾国藩"己欲立而立人，己欲达而达人"，不光对自己修身要求严苛，也把这份严苛全盘运用到了他的四个弟弟（四弟澄侯曾国潢、六弟温甫曾国华、九弟沅甫曾国荃、季弟季洪曾国葆）和两个儿子身上，承担起作为长孙、长子、长兄、人父的齐家责任，在他的以身示范和谆谆教诲下，曾家形成了和勤敬的良好家风。

曾国藩留下的最大精神财富是《曾国藩家书》，该书信集记录了曾国藩在清道光、同治时期前后达30年的翰苑和从武生涯，近1500封。翻阅《曾国藩家书》，他对自己和家人的"忧"溢于书信，忧及祖父母、父母和叔父母的康泰，忧及兄弟的学业性格，忧及子侄的成长，甚至忧及姊妹和亲家的艰难家事。特别是对几位弟弟，"吾每作书与诸弟，不觉其言之长，想诸弟或厌烦难看矣。"我们看看他对几个弟弟的深忧。

曾国藩在京时，为了开阔曾国荃的眼界，曾让他来京待过一段时间，哥俩相互切磋，遍访名流，很是快乐。曾国荃离京回家，曾国藩在家书中表达了对九弟的因爱而忧："自九弟出京后，余无日不忧虑，诚恐道路变故多端，难以臆揣。及读来书，果不出吾所料，千辛万苦，始得到家，幸哉幸哉！"

在曾国藩看来，出继给叔叔为子的六弟天分最高，一定能光大家门，但他也对这位弟弟最不放心。道光二十四年七月廿日，曾国藩在禀父母信中嘱托："六弟……所付来京之文，殊不甚好。在省读书二年，不见长进，男心实忧之，而无如何，只恨男不善教诲而已……求大人教六弟，总期不自满足为要。"七年后的咸丰元年九月初五日，他在致诸弟的家书中再次表达对六弟的担忧："温弟天分，本甲于诸弟，惟牢骚太多，性情太懒，前在京华，不好看书，又不作文，余心即甚忧之。"

曾国藩相信只有志存高远，才能有所成功，所以他对弟弟们的担忧绝不只是学业和安全这些基础层面，更是担忧他们志不大，不足以修身成为君子进而实现人生抱负。曾国藩20岁时给自己改号为"涤生"，立志洗涤缺点以获新生，做到"内圣"；入翰林后又把自己名字由"曾子城"改为曾国藩，以"为国藩篱"自许，祈望"外王"。这两次改名，实际上是他对自己的两次立志。志既立而笃行之，曾国藩最终实现了自己的两大志向。

　　道光二十二年十月二十六日致诸弟信中，曾国藩毫不客气地批评了六弟格局之小，并结合自己的修身实践阐发了一番君子当有大忧、大志的深刻道理，这个道理也解释了曾国藩之所以成为曾国藩的根本之处：

　　六弟自怨数奇，余亦深以为然；然屈于小试，辄发牢骚，吾窃笑其志之小而所忧之不大也。君子之立志也，有民胞物与之量，有内圣外王之业，而后不忝于父母之所生，不愧为天地之完人。故其为忧也，以不如舜不如周公为忧也，以德不修学不讲为忧也。是故顽民梗化则忧之。蛮夷猾夏则忧之，小人在位，贤人否闭则忧之，匹夫匹妇不被己泽忧之。所谓悲天命而悯人穷，此君子之所忧也。若夫一体之屈伸，一家之饥饱，世俗之荣斥得失，贵贱毁誉，君子固不暇忧及此也。六弟屈于小试，自称数奇，余窃笑其所忧之不大也。

　　在这封信里，曾国藩提出了"君子"、"完人"的修身目标，阐发了君子完人忧从何来、何以当忧的重大命题，界定了"君子之忧"的重要内涵，传承了孟子、范仲淹的忧患精神，树起了近代理学修齐治平的时代标尺。曾国藩倡导君子之忧要"六当忧"、"三不忧"，这实际上是对自己的"画像"。

　　根据这个目标、内涵和尺度，曾国藩两次批评六弟"所忧之不大"，指出了原因是"其志之小"，体现了曾国藩的爱深忧重责切。他认为"屈于小试，辄发牢骚"不是件小事，是君子修身的大敌，所以后来又专门写信，讲述自己小考不第的经历，"余平生科名极为顺遂，惟小考七次始售。然每次不进，未尝敢出一怨言，但深愧自己试场之诗文太丑而已"，让弟弟们对照自省。还写信要他们"凡遇牢骚欲发之时，则反躬自思，吾果有何不足，而蓄此不平之气，猛然内省，决然去之"，把克制牢骚作为修身的一个机会。针对弟弟们"志小"的问题，则多次在家书中告诫他们"士人读书，第一要有志，第二要有识，第三要有恒"。

太平天国运动兴起后，曾国华、曾国荃、曾国葆投笔从戎，跟随曾国藩征剿洪秀全，曾国藩仍然在繁忙军务之余不断写信给他们，教给他们处理政务、军务的本领，同时不断给留在老家主持家族事务、侍奉老人、教育子弟的曾国潢写信，要求把家管好、把子弟带好。曾国藩的言传身教，为弟弟们的成长发展打下了坚实基础，曾国华、曾国葆成为杰出将领，不幸战死殉国，曾国荃取得攻克金陵的首功，与曾国藩一起封爵，开创清朝入关后首次汉人封侯。

曾国藩的家书，是写给他的弟弟们的，更被后来之湖湘子弟奉为圭臬，修身必读之书，并受此指引，成长为一株株国之栋梁，真正开创了"惟楚有材，于斯为盛"的喜人局面，湖南人才命运之改变又直接影响了中华命运之改变。

曾国藩的忧国忧时推动了他在历史关头的重大抉择

曾国藩生逢第一次和第二次鸦片战争、太平天国运动、洋务运动三件历史性大事，沧海横流，成为曾国藩实现治国平天下志向的机会。

太平天国运动中，曾国藩是站在风口浪尖上领导平定的大帅。他以亲笔撰写的《讨粤匪檄》，阐述了讨伐逆匪的重大意义，统一了时人的思想困惑，树立起朝野上下的必胜信心。曾国藩一介书生为什么要冲上讨匪战场？正是出于他的对国家、对时局、对文明的重大忧患：洪秀全他们起事，"举中国数千年礼义人伦诗书典则，一旦扫地荡尽。此岂独我大清之变，乃开辟以来名教之奇变"。曾国藩为什么相信讨匪必胜？在他看来，这时候的朝廷"忧勤惕厉，敬天恤民"，朝廷能忧是他看到的第一个有利因素。

　　第一次鸦片战争发生时，曾国藩在朝，他对此事高度关注，在给父母、祖父母的家书中都有提及和评论。但纵是忧患意识如此之强的曾国藩，对此竟也毫无忧虑，只把英夷入侵看作处置不当的偶发事件，盲目乐观于"然此次议抚，实出于不得已，便使夷人从此永不犯边，四海晏然安堵，则以大事小，乐天之道，孰不以为上策哉"（道光二十二年九月十七日禀祖父母）、"英夷在广东，今年复请入城；徐总督办理有方，外夷折服竟不入城，从此永无夷祸，圣心嘉悦之至"（道光二十九年四月十六日禀父母），看不到西欧资本主义崛起将根本改变原有世界秩序，与众人一道再次陷于昏睡，错失二十年，导致后来遭遇更大失败，显示了那一代知识分子的眼界狭隘和知识局限。

　　第二次鸦片战争中京师失守，圆明园被焚毁，中国被迫签署城下之盟，这一惨痛的事实教训了一代大儒曾国藩。当他的老师倭仁沦为保守派首领坚决反对师夷时，曾国藩在忧患中终于醒来，痛定思痛，否定自我，意识到中国不学习洋务实现自强将无能自保，于是他挺身而出逆势而上，领导了近代史上具有重大意义的自强事业，并支持和推动李鸿章、左宗棠投入伟大的洋务运动，清朝一度出现同光中兴局面。

　　1872年3月12日，61岁官至极品即将离世的曾国藩怀着极大的忧虑，作《诫子书》，把自己一生追求并力行倡导的修身齐家之道总结为慎独而心安、主敬则身强、求仁则人悦、习劳则神钦四条，要求两个儿子曾纪泽、纪鸿弘扬"古之君子修己治家"的传统，"每夜以此四条相课，每月终以此四条相稽"，并"寄诸侄共守"，叮嘱子侄们"记之行之，并传之于子子孙孙，则余曾家可长盛不衰，代有人才"。

多难兴邦　殷忧启圣

——李鸿章之忧与三千年未有之变局的应对之道

　　1901 年 11 月 7 日，经过艰苦谈判仍不得不签署丧权辱国的《辛丑条约》后，李鸿章还没把棘手的问题都处理完，就因为"以衰年而膺艰巨，忧郁积劳"，在屈辱和病痛中去世。弥留之际，李鸿章不仅留下"劳劳车马未离鞍，临事方知一死难。三百年来伤国步，八千里外吊民残。秋风宝剑孤臣泪，落日旌旗大将坛。海外尘氛犹未息，请君莫作等闲看"的绝命诗，还口述并经其子李经述校写留下遗折，力劝慈禧太后、光绪皇帝新政自强。

忧满遗折孤臣泪

　　这是一位老人的临终呐喊，让读到它的人对其人、其事、其心、其时唏嘘不已。

　　奏为臣病垂危，自知不起，口占遗疏，仰求圣鉴事。窃臣体气素健，向能耐劳，服官四十余年，未尝因病请假。前在马关受伤，流血过久，遂成眩晕。去夏冒暑北上，复患泄泻，元气大伤。入都后又以事机不顺，朝夕焦思，往往彻夜不眠，胃纳日减，触发旧疾时作时止。迭蒙圣慈垂询，特赏假期，慰谕周详，感激涕零。和约幸得竣事，俄约仍无定期，上贻宵旰之忧，是臣未终心事。每一念及，忧灼五中。本月十九夜，忽咯血碗余，数日之间，遂至沉笃，群医束手，知难久延。谨口占遗疏，烦臣子经述恭校写成，固封以俟。

伏念臣受知最早，蒙恩最深，每念时局艰危，不敢自称衰病。惟冀稍延余息，重睹中兴。赍志以终，殁身难瞑。现值京师初复，銮辂未归，和议新成，东事尚棘，根本至计，处处可虞。窃念多难兴邦，殷忧启圣。伏读迭次谕旨，举行新政，力图自强。庆亲王等皆臣久经共事之人，此次复同更患难，定能一心效力，翼赞讦谟。臣在九泉，庶无遗憾。至臣子孙，皆受国厚恩，唯有勖其守身读书，勉图报效。属纩在即，瞻望无时，长辞圣明，无任依恋之至。谨叩谢天恩，乞皇太后、皇上圣鉴。谨奏。

李鸿章因为过于忧劳而去世，也是当时之公论，他去世前一天，在逃难西安归来途中的朝廷接到李鸿章病危的奏报，就专门发布谕旨，表扬和激励他："为国宣劳，忧勤致疾，著赏假十日，安心调理，以期早日就痊，俟大局全定，荣膺懋赏，有厚望焉。"

短短451字的遗折，其中就有"上贻宵旰之忧"、"忧灼五中"、"殷忧启圣"三处"忧"字。李鸿章服官四十余年，经历了晚清七十年的大部分时段，在中枢参政施政近30年，这段时期又正是内忧外患极为严重的时期，几十年来"忧灼五中"是他极为经常的状态。

咸丰九年（1859年）除夕，正值曾国藩率领的湘军大败不久，新到曾国藩军营投军效力的李鸿章就写下《感事述怀呈涤生师用何廉舫太守除夕韵同次青仙屏弥之作》十六首，其中就有"范老忧时头更白"，借用忧国忧民的典范范仲淹的故事表达自己对于时局的忧虑之心。1865年清廷任命他署理两江总督，他在谢恩与报告有关工作的《署理总督筹办大概情形折》里，全无一点喜色，反而是"臣独心忧之"。

李鸿章在晚清政坛有"勇于任事"的能吏口碑，所以他很瞧不上那些事情办不妥给国家带来忧患的人和事，表现在诗文中，李鸿章最喜欢用的"忧"字词组是"贻忧"。除了上述遗折一处，1859年除夕十六首诗中便有"元气鸿濛二百秋，潢池养寇孰贻忧"之句。李鸿章1874年在《筹议海防折》中强调："臣虽愚闷，从事军中十余年，向不敢畏缩，自甘贻忧君父。"1876年受命解决云南马嘉理事件后，李鸿章在致总理衙门函《论滇案不宜决裂》中指出处理不当与英国决裂的后果是"彼时贻忧君父"。贻忧是"留下忧患、使受忧患"之意，君父在封建时代作为对皇帝的尊称，也是朝廷国家的代称，不能"贻忧君父"是士大夫的传统美德，北宋名臣欧阳修、南唐爱国名将刘仁瞻都曾多次使用这个词。李鸿章多次使用这一词语，既为了强调自己忠君爱国思想，也在于声明自己做事做官的基本立场。

正是基于这样的高度，李鸿章的"忧时"——对于时势、时局的认识判断远居时人之上。实际上，李鸿章称得上是"睁眼看清世界的第一人"。鸦片战争以后，随着中国与英、法、美、俄等国签署《南京条约》、《黄埔条约》、《望厦条约》、《天津条约》、《北京条约》，中国口岸被开放，英、法、美等国获得最惠国待遇、领事裁判权、传教权、派驻大使权等，世界发生了什么样的变化？世界变化对于中国有什么样的影响？中国处于什么样的历史方位？中外是一种什么样的关系？这些对于中国而言有着根本性、战略性意义的问题，完全没有得到解决，几乎没有人说得清楚，更多的人还在"天朝上国"迷梦之中，还有人是逢洋必反，造成中国与列强打交道一直在吃亏。李鸿章则不然，他认真进行了研究，发现世界形势和中国国际形势、外部对手已然全非往昔可比，发生了根本性变化。他把这精准地称为"变局"。1872年他提出了最基本的看法，中国面临局势"此三千余年一大变局也"、"数千年来一大变局"；1873年他再次强调，"实为数千年一大变局"；1874年他在此前判断上增加"未有"二字强化时局的空前性，"实为数千年来未有之变局"。李鸿章的"变局"论，很快为朝野部分先进分子所接受，形成晚清对于世界认识的"变局观"，成为他们推动洋务运动、变法新政的理论基础，堪称中国认识世界和自我的理论创新。

忧观天下惊变局

李鸿章为什么能够这么清醒地率先提出"变局"论呢？

1872年1月，顽固派官僚、学士宋晋以造船"靡费太重"超出财政承受能力、所造之船不如外国之便捷一旦交锋"未必果胜"、中外"早经议和"造船会引起外国"猜嫌"等理由，提出应该停止福州船政局、江南制造总局制造轮船。清廷对此意见模棱两可，一方面认为如果"制造合宜可以御侮"就应继续；另一方面又认为如果"徒费帑金未操胜算即应迅速变通"，两个船厂所在地的总督也是意见不一，两江总督曾国藩坚决反对停造，福州将军兼署闽浙总督文煜表示支持停造，一时间已经进行了10年的洋务运动面临夭折的危险。接到朝廷要求对此提出意见的命令后，李鸿章十分忧虑激愤不已，花了两个月时间认真研究，写成《复议制造轮船未可裁撤折》，对反对派谬言进行了有理有据的批驳。为了让自己的意见得到重视采纳，李鸿章没有局限于就事论事，而是对形势进行了高屋建瓴地深入剖析，进而发出了重锤警醒的"变局"论："臣窃惟欧洲诸国，百十年来，由印度而南洋，由南洋而中国，闯入边界腹地，凡前史所未载，亘古所未通，无不款关而求互市。我皇上如天之度，概与立约通商，以牢笼之，合地球东西南朔九万里之遥，胥聚于中国，此三千余年一大变局也"。紧接着李鸿章毫不留情地批评那些囿于旧学只会清议的"士大夫囿于章句之学，而昧于数千年来一大变局，扭于目前苟安而遂忘前二三十年之何以创巨，而痛身后千百年之何以安内而制外"，直斥他们的意见止于苟安而实祸国殃民。

1873年各国使节根据条约到京已有多年，却不能见到皇帝，无法开展有效的外事交流，原因就是清廷把皇帝接见化外使臣的礼仪问题看作"国本"，坚持使节觐见清帝要跪拜，各国使节则坚持不行跪拜礼节，以敬本国皇帝的礼节敬清朝皇帝，情形还和七八十年前乾隆接见英国使节马嘎尔尼一样。针对有的使节扬言如果事情得不到解决，就离开北京，让本国政府以清朝违约追究责任，无奈的清廷发出诏令，让各地督抚等提出意见。李鸿章借机上《关于跪拜礼仪折》，提出世界形势已经大变，强调"现在十余国通商立约，分住京师与各口岸，实为数千年一大变局"，无法纠结于过去的礼仪，建议清廷参照国际惯例进行变通，避免给各国挑衅的口实。经过长达四个多月的激烈争论，清廷最后总算听取了总理衙门和李鸿章的意见，同意外国使节以五鞠躬礼节群体觐见亲政后的同治帝。中国在通往国际惯例的道路上终于迈出了艰难的一步。

1874年11月，在李鸿章等人的大力推动下，总理各国事务衙门提出加强河防海防的练兵、简器、造船、筹饷、用人、持久六条措施，爱国将领丁日昌续拟海洋水师章程六条，清廷收到后，责成李鸿章等详细审议，一个月内提出切实办法，不得以空言塞责。收到谕旨的李鸿章（"六条"事实上的"总导演"）很快洋洋洒洒呈上9500多字的《筹议海防折》，全面支持两个"六条"，赞为"救时要策"。此折有虚有实，论理说事，全面阐述了以李鸿章为代表的自强主张，享有洋务运动的"总纲"之誉。在折中，李鸿章从"数千年来未有之强敌"角度，强调"未有"，把他的"变局"论强调为更准确的"数千年来未有之变局"，"何以言之？历代备边多在西北，其强弱之势、客主之形皆适相埒，且犹有中外界限。今则东南海疆万余里，各国通商传教，来往自如，聚集京师及各省腹地，阳托和好之名，阴怀吞噬之计，一国生事，诸国构煽，实为数千年来未有之变局。轮船电报之速，瞬息千里！军器机事之精，工力百倍；炮弹所到，无坚不摧，水陆关隘，不足限制，又为数千年来未有之强敌。外患之乘，变幻如此，而我犹欲以成法制之，譬如医者疗疾不问何症，概投之以古方，诚未见其效也。"

也正是在此折中，李鸿章痛心地表示，"以中国之大，而无自强自立之时，非唯可忧，抑亦可耻"，指出了解决"社稷生民之重、时势艰危之极"、"外患之乘"的必由之路是"舍变法与用人，别无下手之方"，大声疾呼变革科举制度培育新材，派员留学培育新材，重用洋务派推动各项措施施行，否则，"天下危局，终不可支"。

东向常忧日本患

李鸿章的忧患意识和远见卓识，还表现在他对日本的认识上，他是最早提出日本将为中华肘腋之患的人之一。1864 年在答复总理衙门关于外国火器洋枪询问时，还是地方官的李鸿章就在函中首次谈论日本刚刚开始的明治维新将对于中国产生的影响，"日本君臣发愤为雄……我无以自强，则将效尤于彼（西方列强），分西人之利薮"。1870 年李鸿章刚任直隶总督兼北洋大臣，开始直接参与清朝外交事务不久，就再次提出，日本"近在肘腋，永为中土之患……闻该国自与西人定约，广购机器兵械，仿制枪炮铁路，又派人往西国学习各色技业，其志固欲自强以御侮……则必为我仇"。1873 年李鸿章在与日本交涉侵台事件时认识到，"日本力小谋大，尤为切近之患"，几个月后这个认识得到强化，"诚为中国永久之患"。这一认识，与他原先主张的"目前之患在内寇，长久之患在西人"，共同构成了李鸿章的内忧外患观。同时，正是看到了日本将对中国的不利，李鸿章又经常把日本镜鉴举为例子，作为他搞洋务推变法的论据。他在介绍了日本学习西方制造轮船炸炮等情况后，就激励总理衙门学习"日本以海外区区小国，尚能及时改辙，知所取法"。1885 年他在《设立海军衙门折》中，又多次强调"日本已雇洋匠仿制"、"日本已设厂自造"。1896 年李鸿章访问欧美回来后，李鸿章在给诸多友人信中频频谈到"根本之计，尤在变法自强"，反复举日本的例子，"日本变法以来不过二十稔耳"。

对于日本该怎么争取对我有利，"勿使西人依为外府"呢？李鸿章在不同时期提出了不同策略。早先是"以约联日"，中间是以战遏日，都失败了。1896年李鸿章作为"钦差头等出使大臣"访俄祝贺尼古拉二世加冕，感谢俄国带头干涉日本还辽时，认为此行"要策"是"联络西洋，牵制东洋"，开始推动"联俄制日"。这个策略深刻地影响了此后上百年中、日、俄（苏）三国关系和东北地区命运。在日俄战争、收回东北、抗日战争的大历史背景下，"联俄制日"在一定意义上说是保存东北的关键一招，是反对日本法西斯联盟的起点。

李鸿章个人命运的转折点是中日甲午战争，这是一场形式上由他直接领导的战争，对战败负有直接的责任，尽管他在谈判时挨了一枪差点儿送掉性命却因此为大清挽回了1亿两白银的赔款，他因为战败和签署《马关条约》而一度国人皆曰可杀。最早洞察日本野心和为患的人，忙了一生不仅没有遏制患之成为大害，还成为大害的直接承担者，李鸿章一生的最大失败竟然恰恰是自己的预言在自己身上成为现实，真可谓历史的无奈和悲哀。

李鸿章的一生极其不易。他得到了高官显爵，深为朝廷倚重，也被国际舆论和政治家赞誉，却在民间、在一部分同僚眼中落下了很不好的名声。八国联军侵占北京后，李鸿章先以"此乱命也，粤不奉诏"保护了东南安宁，接着不顾家人、亲朋、幕僚和部分高官的反对，毅然北上接下收拾乱局的脏活、苦活、累活，挽救整个国家。个人荣辱真不是李鸿章忧虑的东西。深切的忧患给了他巨大的道德勇气，他以"我不入地狱谁入地狱"的气概，去灭那些不是他烧起来的邪火，去谈那些注定谈不赢、注定要损失一部分国家权益的屈辱和谈，去签那些注定要留下历史骂名的屈辱协议，为朝廷抵挡污水承担骂名，尽他不赔忧君父的本分。他一生一直在战斗，前半生和太平军、捻军作战，出生入死；后半生始终高举"外须和戎，内须变法"的旗帜，一边与各国侵华势力斗争，斗而不能破，万难地平衡中国利益和侵略者诉求，最大限度维护中国权益，又要尽可能争取和平的国际环境，赢得自强的时间；一边与顽固派斗争，为修建铁路、兴建海军、制造轮船、开矿建厂、开通电报、派留学生、举办新式学堂等各种新式事业辩护和接生，举办了近代史上多个第一，中国近代第一条铁路、第一座钢铁厂、第一座机器制造厂、第一座纺织厂、第一条电话线、第一所近代化军校、第一支近代化海军舰队、第一批留美学生、第一个驻外公使等，都与李鸿章的名字分不开。李鸿章以"求强"推动强军，以"求富"推动工业化，以"求才"推动新式教育，深切改变了古老中国。

历史人物只能在历史中看。三千年未有之变局，对古老帝国和传统知识分子绝对是一道极其艰难的答题。国家逆势而上立即转型成为近现代国家，固然是上上策，国家保持了基本的独立和完整，仍不失为中上策，传统文明得以延续而不绝亦非下策。

所幸多赤子，中华得保全。所赖多大贤，古国开新篇。中华大地能够几乎完整地保留下来，并迈上近代化征程，这些国之赤子、大贤中，笔者认为，当有李鸿章一席。

心忧天下　纾朝廷西顾之忧
——左宗棠之忧与新疆、台湾建省

非常之难必建非常之功，非常之功必待非常之人，即所谓时势造英雄。十九世纪中晚期，面临三千年未有之变局，内忧外患接踵而至，古老帝国处于非常之难的危境，呼唤非常之人能为国家立下非常之功。左宗棠就是这样一位非常之人。

在中国历史上，享有"民族英雄"声誉者极为稀少，只有那些在艰难时刻为了抵御外侮巩固国家领土完整主权独立做出过卓绝贡献的人，才会获得这一"谥号"，它远比"文正"、"文忠"之谥号珍贵得多。作为洋务运动杰出领导人的左宗棠，为什么会享有国家肯定、后人赞许的民族英雄声誉呢？

左宗棠接过林则徐对于新疆的忧患，完成收复新疆和新疆建省大计

二十三岁时，左宗棠曾自写对联自励："身无半亩，心忧天下；读破万卷，神交古人。"三十年后，左宗棠再次把这副联语写给儿女作为家训。左宗棠以此要求自己和子女，以古之贤者为训为范，莫以身外之物为重，时刻关注着天下形势的变化和黎民的疾苦、关注着国家的兴衰，多读书积累知识才干，一旦有机会就要敢于建功天下。

初作此联时的左宗棠，还是一介布衣书生，以教书为生，当他再写此联时，早已不是身无半亩，而是位高权重的国之重臣闽浙总督，但他的天下家国之忧始终保持、丝毫未减。他先是心忧国之"腹心"，担忧太平天国运动对湖南、浙江、福建等地的破坏，从书生转为军事参谋，再成长为军事家、政治家，平定了这些地方的战乱，赢得"湖南不可一日无左宗棠"的美名。紧接着，他的脚步跟着他的忧心、他的忧心跟着他的眼光，忧在陕甘，忧在新疆，忧在台湾，忧在越南，直到去世时，遗疏中对时局"方今西域初安，东洋思逞，欧洲各国，环视眈眈"的警示，仍然忧在天下。

在荡平闽浙粤东太平军过程中，他察觉到轮船落后是军备一大忧患，即上疏奏请设局监造轮船，开始在福州马尾创办船政学堂（亦称求是堂艺局），培养造船技术和海军人才。这是中国第一个新式造船厂。未及告竣，1866年左宗棠再披战袍，被清廷任命为陕甘总督，去收拾前任总督多年没有搞定的烂摊子——陕甘回乱，4年前（1862年）在陕西的回民趁太平天国和捻军进入陕西的机会发动叛乱，席卷如今的陕西、宁夏、甘肃、青海数省，并波及新疆。经过七年艰苦卓绝的奋战，1873年，左宗棠终于平定除了新疆之外的严酷回乱，护住了秦汉至大唐时期中华政治与文化的核心区的文明传承。进军大西北，此为左宗棠建立他人生最伟大功业的开始，他将在西北继续写下光辉篇章。

今日新疆，当时西域，受回乱和沙俄入侵、英俄争霸的影响，局势十分动荡，成为大清朝的"西顾之忧"（左宗棠）。而西域，也是左宗棠的天下之忧的一大重点。1833年赴京会试的左宗棠受到龚自珍等人新疆建省提议的影响，在京写下《癸巳燕台杂感》诗八首，其三为"西域置兵不计年，当时立国重开边。橐驼（骆驼）万里输官稻，沙碛千秋比（挨着）石田。置省尚烦他日策，兴屯宁费度支钱。将军莫更纾（舒缓）愁眼，生计中原亦可怜"，表达了他对西域地区战乱频仍的忧叹，提出了在时机适宜时西域建省、屯田的超前治策。

　　左宗棠对新疆和西北的持续关注，源自于他和另一位民族英雄林则徐风云际会的一次见面。1850年林则徐自云贵总督任上因病返回福建养病途经长沙，专门约见两年前一代名臣胡林翼向他推荐过的左宗棠，与谈新疆之事，把自己的西域忧患完全传给了左宗棠。

　　林则徐禁烟的凛然正气，十分投左宗棠的脾性，林则徐是左宗棠终生最为敬佩的人。二人虽然只有这一次会面，却深刻地影响了左宗棠，进而影响了新疆历史走向。据《清稗类钞》卷三十《林文忠知左文襄》和有关史料记载，道光二十九年年末（1850年），林则徐途经湖南，两人终在长沙舟中得见。是日，左宗棠即宿舟中，二人彻夜长谈，当他们对新疆边事作了深入的交流后，一直为新疆分裂势力和俄罗斯入侵压力而忧心忡忡的林则徐，忽举手拍左宗棠肩曰："他日竟某之志者，其惟君乎！""西定新疆，舍君莫属！"特将其收集的所有边疆、地理、沙俄动态等相关资料倾囊相授。左宗棠晚年尝引以语幕僚，谓一生荣幸，此为第一。

　　伟人的偶然相遇，引发一番伟大的事业，这样的历史故事在林、左身上再次上演。左宗棠心忧新疆、毅然定疆，是为了国家，在一定意义上也是为了不负林则徐的信任，完成林则徐的嘱托。左宗棠晚年为《林文忠公政书》作序时回忆当时曾感慨地说："军书旁午，心绪茫然，刁斗严更，枕戈不寐，展卷数行，犹仿佛湘江夜话时也。"二人见面不久林则徐即殉职于平乱途中，左宗棠闻讯，即以林公之"忧国如家"精神为眼，满怀深情写下挽联："附公者不皆君子，间公者必是小人，忧国如家，二百余年遗直在；庙堂倚之为长城，草野望之若时雨，出师未捷，八千里路大星颓"。后来左宗棠出任两江总督，特地为也在南京任职过的林则徐等建庙，再一次亲自撰联："三吴颂遗爱，鲸浪初平，治水行盐，如公皆不朽；卌载接音尘，鸿泥偶踏，湘间邗上，今我复重来"，"今我复重来"，多么豪迈！说的是三吴，未必不是借以告慰林则徐追随践诺的新疆岁月。

　　左宗棠收复新疆，之所以名垂千古、代代传诵，是因为当时看来这几乎是不可能之事，朝野上下视为畏途。但所有困难在左宗棠坚持国家领土"尺寸不可让人"的原则面前，都不过是细浪泥丸。没有军费，他就利用闽浙故人比如晚清企业家胡雪岩借款，西征期间向洋商、华商累计借款2000多万两。没有精兵，他就以他督办新疆军务钦差大臣身份大力扩招，共有马、步、炮军150余营，兵力总数约七八万。没有枪炮，他除了在兰州设立"兰州制造局"，仿造德式先进武器，更满世界购买最先进武器，西征军的武器装备竟超过了同时期窥边俄军和它所装备的阿古柏叛军的装备水平。没有粮草，他就一路屯田积谷，顺道修建了大量水利设施。万事俱备，左宗棠抬上自己的棺材前往出发了，这样悲壮的一幕，既是为了表示收复新疆的决心，也有学习林则徐殉职路上的那股子精神。

　　平定叛乱缓解了当下之忧，但忧国爱国的左宗棠，没有止步于此，而是深入思考怎样才能彻底消除忧患实现长治久安，忧而有策，先忧后治。新疆收复之后，实行的仍然是乾隆年间开始施行的军府制度和伯克制度。在清朝末年中央集权衰弱下，军府制度力量薄弱，对外不能有效组织抵抗侵略，对内难以统治各个地方，伯克制度造成各地割据势力坐大，若不改变新疆的这种弊端极大的制度，新疆的领土在此后再被他国入侵或者分裂是完全可能发生的事情。左宗棠敏锐地看到了问题所在，回想起《癸巳燕台杂感》提出的"置省"想法，左宗棠认为条件已经成熟，该行动了，遂在1877~1882年五次奏请在新疆建省以巩固国家统一。堪称新疆建省的"倡导者、推动者、设计者和奠基者"。

　　1877年6月左宗棠第一次奏报朝廷时，首先分析阐述了新疆极端重要的战略意义，"重新疆者，所以保蒙古；保蒙古者，所以卫京师。

西北臂指相联，形势完整，无隙可乘；若新疆不固，则蒙部不安，匪特各边防不胜防，即直北关山将无晏眠之日。况俄人拓地日广，由西而东万余里，与我北境相连，仅中段有蒙部为之遮阂，尤不可不豫为绸缪。"然后提出在新疆建省的建议："窃以为地不可弃、兵不可停，饷事匮绝，非速复腴疆，无从着手。至省费节劳，为新疆画久安长治之策，纾朝廷西顾之忧，则设行省、改郡县，其事有不容已者。"朝廷收到奏章，十分重视，要求左宗棠"揆时度势，将如何省费节劳为新疆计久远之规，与拟改行省郡县，一并通盘筹画具奏"。

1878年，左宗棠第二次上奏，提出在新疆设省的具体方案，回答年前政府的提问。1879年，左宗棠连续两次上奏《新疆应否改设行省开郡县请敕会议折》、《复陈新疆情形折》，继续为在新疆设省献计献策。左宗棠的部下、收复新疆的主要将领刘锦棠积极响应，根据他对新疆调查的实况，也上奏支持设省，提出可以将新疆的省会设于迪化城（即乌鲁木齐），并在省会设立一名巡抚，省会下再设府、厅、州、县。伊犁仍设将军，但不再总揽全疆军务，只管伊犁及塔城边防。

1882年，当俄国归还伊犁后，已经调任两江总督、南洋通商大臣的左宗棠，觉得新疆建省的时机最终成熟，第五次奏报朝廷，"天山南北两路，还隶版图，气象一新。中外群属，耳目诚及，此时早定大计。"

1882年12月24日，朝廷终于原则批准在新疆建省方案。1884年11月17日，朝廷批准了户部奏请添设"甘肃新疆巡抚"、"甘肃新疆布政使"各一人，11月19日，刘锦棠、魏光焘分别被任命为首任甘肃新疆巡抚、甘肃新疆布政使，标志着新疆省的正式成立。左宗棠力主新疆置省，这一举措进一步削弱了地方封建割据势力，实现了新疆与全国其他各省行政制度的统一；它大大加强了新疆与内地的经济文化交流，对于恢复和发展遭到破坏的经济、对于保卫祖国西北边防，都起到了重大作用。

当得起"厥功尤伟"的"近五百年来第一伟人"

1883 年，法国蓄意挑起侵华战争，次年将战火引烧到东南沿海，并确定台湾为侵占目标，左宗棠再被朝廷委以"钦差大臣、督办福建军务"重任，领导保卫福建和台湾。左宗棠研究了康熙年间收复台湾的施琅、同治时期钦差大臣沈葆桢、光绪初年刑部左侍郎袁保恒等人对台湾战略地位重要性的论述和对于加强台湾政区建设的意见，于 1885 年 7 月 29 日，病重的左宗棠乘新疆建省之势，再提台湾建省之议，建议将"福建巡抚改为台湾巡抚，所有台澎一切应办事宜，概归该抚一手经理，庶事有专责，于台防善后大有裨益"。理由有三：（一）今日之事势，以海防为要图；（二）台湾每年出产及关税，较之广西、贵州等地为多；（三）台湾孤峙大洋，为 7 省门户，关系全局非浅。清廷令军机大臣、六部、九卿进行讨论，主张台湾设省者为大多数。光绪十一年九月初五（1885 年 10 月 12 日），左宗棠去世不到半个月，慈禧太后据军机大臣、总理各国事务衙门大臣会同议奏的结果，颁诏决定："台湾为南洋门户，关系紧要；自应因时变通，以资控制。着将福建巡抚改为台湾巡抚，常川驻扎；福建巡抚事，即着闽浙总督兼管。所有一切改设事宜，该督详细筹议，奏明办理。"以此为标志，清廷正式决定设立台湾省。闽浙总督杨昌浚、"驻台办防"刘铭传筹备过程中提出了一些具体困难，光绪十一年十二月十二日（1886 年 1 月 16 日），朝廷第二次下诏："台湾为南洋门户，业经钦奉懿旨将福建巡抚改为台湾巡抚；刘铭传所请从缓改设巡抚，着毋庸议……台湾虽设行省，必须与福建联成一气，如甘肃、新疆之制，庶可内外相维。着杨昌浚、刘铭传详细会商，奏明办理。"经过积极筹备，落实了台湾财政资金来源、闽台终于实现分省后，光绪十四年正月十九日（1888 年 3 月 1 日），刘铭传接受"福建台湾巡抚关防"，台湾正式成为中国的第 20 个行省，刘铭传出任第一任巡抚。

  台湾建省的伟大意义，无论怎么评价都不过分，左宗棠没有来得及看到台湾建省的决策，但他的建议很快得到落实，应该是足以让他瞑目。但左宗棠在去世前的口授遗折里，却提到自己"不能瞑目"，又是为什么呢？还是他那颗无时无刻不在忧患的心。短短的遗折里，殉职于福州钦差大臣、督办福建军务任上的左宗棠，虽以"马革裹尸"而自豪，却更在担忧着好几件事：一是关于中法战争的，"越事和战，中国强弱一大关键也。臣督师南下，迄未大伸挞伐，张我国威，怀恨生平，不能瞑目！"二是关于天下形势的，"方今西域初安，东洋思逞，欧洲各国，环视眈眈。若不并力补牢，先期求艾，再有衅隙，愈弱愈甚，振奋愈难，虽欲求之今日而不可得。"三是关于自强举措的，"伏愿皇太后、皇上于诸臣中海军之议，速赐乾断。凡铁路、矿务、船炮各政，及早举行，以策富强之效。"四是关于他毕生忠于的皇上的，"臣犹愿皇上益勤典学，无怠万机；日近正人，广纳谠论；移不急之费以充军食，节有用之财以济时艰；上下一心，实事求是。"

  左宗棠的报国之劳、忧国之心感动了朝廷，朝廷听到左宗棠的凶信，立即颁发《谕赐祭文》，历数左宗棠一件件重大政绩，褒扬了对左宗棠一生报国的功勋"厥功尤伟"，表达了痛失国之栋梁的哀痛"震悼良深"："大学士左宗棠，学问优长，经济闳远，秉性廉正，莅事忠诚。由举人、兵部郎中带兵剿贼，迭著战功，蒙文宗显皇帝特达之知，擢升卿寺。同治年间，剿平发逆及回、捻各匪，懋建勋劳。穆宗毅皇帝深资倚任，畀以疆寄，泃陟兼圻，授为钦差大臣，督办陕甘军务。运筹决胜，克奏朕功。简任纶扉，优加异数。朕御极后，特命督师出关，肃清边围，底定回疆，厥功尤伟。加恩由一等伯晋为二等侯。宣召来京，管理兵部事务，在军机大臣上行走。并在总理各国事务衙门行走，竭谋赞画，悉协机宜。旋任两江总督，尽心民事，裨益地方，扬历中外，恪矢公忠，洵能终始如一。上年命往福建督办军务，劳瘁不辞。前因患病吁恳开缺，特经赏假，并准其交卸差使，回籍安心调理。方冀医治就痊，长承恩眷，讵意未及就道，遽尔溘逝。披览遗疏，震悼良深！"（左宗棠遗折见《申报》光绪十一年八月二十九日）

左宗棠没有能够"长承清廷恩眷"，却得到了汗青和民心的"恩眷"，他不仅作为我国近代史上著名的军事家、政治家、湘军和洋务派首领，与曾国藩、李鸿章、张之洞并称"晚清中兴四大名臣"，更被誉为民族英雄，曾被清末戊戌变法领袖梁启超称之为近五百年来第一伟人。

一生追随左宗棠的杨昌濬，跟随左宗棠收复新疆时写过一首七绝《恭颂左公西行甘棠》：

上相筹边未肯还，湖湘子弟满天山。

新栽杨柳三千里，引得春风度玉关。

左宗棠留下的"左公柳"永远保护着这片土地的生态。左宗棠作为一位湖南人在西北、新疆的赫赫功绩，七十年后，成为激励他湖湘子弟的巨大精神力量，伟大的湖南籍军事家彭德怀再次率军荡平大西北顽匪，和平解放新疆，这片广袤而宝贵的国土永远地回到了祖国和人民的怀抱。

忧勤宵旰　每切兢兢

——光绪之忧与大清向何处去

　　爱新觉罗·载湉，年号光绪，谥号德宗，清朝的第十一位皇帝，是清朝第一位非皇子而入继大统的皇帝。他4岁登基，在位34年，实际执政时间从1889~1898年近10年。他是清朝中后期诸帝中难得留下正面形象的悲情帝王，在很多人的印象里，光绪忧国忧民，既有深厚的传统文化底蕴，又对西方和日俄进行了学习研究，是中国近代转型时期恰巧的一位皇帝，要不是慈禧太后嗜权打压，中国近代史应该是另外一个样子。

　　光绪有强烈的忧国忧民之心、有救国救民的抱负，这些都是事实。但光绪真的会带领中国完成近代化转型，避免耻辱的一页吗？

　　就像"鞠躬尽瘁"这个词通常用来形容国家宰辅尽忠国事，形容皇帝为国家安危治乱操碎心的，也有一个专用词"宵旰忧勤"。光绪显然十分喜欢这个形容词的，读他戊戌变法开始和结束的两个诏书，说到自己用的第一个词都是这个。在为变法做准备的上谕里，光绪这样介绍自己："朕宵旰忧勤，惩前毖后，惟以蠲除痼习，力行实政为先。"在戊戌政变后发布的朱谕里，他还用这个词表达自己的状态："近因时势多艰，朝廷孜孜图治，力求变法自强。凡所施行，无非为宗社生民之计，朕忧勤宵旰，每切兢兢。"光绪自己的这个评价也得到了他当时臣属的佐证，他的帝师翁同龢在日记里这么记过，辅助光绪开启维新变法运动的康有为也这么说过。这都说明，光绪忧国忧民、勤于国事，他的"帝品"是很好的。

多重困境下的"光绪难题"

光绪为帝 34 年，亲自主持政务达 10 年（如果从 1887 年第一次亲政算起是近 12 年），这段时间中华巨轮已经驶进历史的三峡中险峻的一段，内忧外患接踵而至目不暇给，清廷焦头烂额，只要是想国家好，谁坐在决策的板凳上都不得不"宵旰忧勤"。但对于光绪而言，情况更为特殊，他面临一个近代史上一个很有名的难题——"光绪难题"：地位、压力、责任、抱负与权力、权威、才能不匹配。

光绪虽然不是皇子出身，但却是道光皇帝的亲孙子、咸丰皇帝的亲侄子，同治皇帝去世后咸丰一系无人继统，载湉入继是没有任何法理问题的，他也得到了慈禧的全力栽培和大臣们的衷心拥戴。1887 年 16 岁的光绪开始亲政，1889 年慈禧撤帘归政，受过良好教育的光绪终于成为实至名归的大清皇帝。这是光绪之地位。

光绪承担了极重的压力，最主要的有两个方面：一是列强环伺步步紧逼，国家处于忧危之局。十九世纪九十年代，周边地区完全陷落、边疆地区列强觊觎、本土遭遇瓜分豆剖，危机空前严峻；另一个是他面前有一个神佛一般的存在——慈禧太后。在她的主持下，大清帝国对外与列强形成了和平局面，对内平定太平天国、捻军、西北回乱和新疆叛乱，施行洋务运动，所有这些被称作"同光中兴"，而作为中兴缔造者享有巨大威望的慈禧，就站在自己的身后看自己怎么答卷，自己如何在这个基础上接好班当好家？这两大压力都非常人可担。

光绪是责任心极强的皇帝，他受到了彼时最全面也是最纯正的儒家系统教育，他的帝师是以当时儒学领袖翁同龢为代表的教育团队，他们把皇帝乃天下主，天下安危系于皇帝一身的正宗儒家核心理念深刻地刻进了光绪的思想意识，光绪对自己的责任毫不推辞，一门心思谋求国家富强，既没有荒淫无耻的事，更没有穷奢极欲的事，受到了朝野的高度评价，称赞他为圣明之君。

地位、压力和责任让光绪树立了远大抱负，"使中国转危为安，化弱为强"。光绪亲政后，朝野都有一种乐观情绪，认为大清帝国中兴必将继续下去。而这种情绪是有着坚实的支撑的：持续一二十年的洋务运动给国家攒下了不错的家底，甲午战争前国家每年财政收入可达创纪录的 8000 万两白银，颇能应付开支；以淮军为代表的陆军和以北洋水师为代表的海军，堪称亚洲屈指可数的国防力量；外交上采取"以夷制夷"策略见效取得了收回伊犁等一系列成就。关键的是八十年代后半期以来大清出现了 40 多年来少有的比较稳定的政治局面，没有大的造反叛乱。在这样一个条件下，光绪下决心要像俄国、日本那样实现富强。

抱负是美好的，但困难和挑战却既有现实的，更有潜在的，既有外部的，也有内部的；既有政治的，也有文化观念上的。首先从外部看，大清帝国对列强本性认识不足，对列强工业化以来与中国实力更加拉开差距了解不多，迷信以夷制夷，以为与列强的和平局面能够长治久安。这不过是一种假象，一旦有事，貌似无事的列强各国立即会露出牙齿掠夺利益。

从内部看，困难和挑战更大、更直接。光绪时代大清是一种"慈光组合双头政治"制度设计，光绪亲政后有了国务处理权，但慈禧保留了监督权，在某些方面保留了最后决策权。以奏折处理为例，在戊戌政变以前，光绪帝对于重要的奏折及其所作的决定，须在当天将奏折原件呈送慈禧太后处报告，算是一种事后报告制度。也就是说光绪帝对于当时的政务拥有处理权，但慈禧太后有监督权。虽然慈禧一般不否决光绪的处理意见，但一旦两人关系出现裂缝，这种设计就会对光绪的执政带来巨大影响。比如戊戌变法启动后，慈禧从甲午战争有战无备的教训出发，基于防控风险的底线意识，立即掌握了京畿重地的军权，并与光绪共享二品以上官员的任命权。所以，与儒家思想主张的皇帝"乾纲独断"不同，光绪要在慈禧监督下执政，所以他才说"必欲朕一旦痛切降旨，将旧法尽变，而尽黜此辈昏庸之人，则朕之权力实有未足"。（光绪"衣带诏"）

　　大清经历过平定太平天国起义后，上重下轻的政治格局被打破，各地督抚权力加重，地方执行清廷命令会出现讨价还价，甚至阳奉阴违、置若罔闻，这使得朝廷的政令做不到令行禁止，权威大打折扣。如光绪认为"商务为富强要图"，1895年就要求各地设立商务局，变法期间针对各地"置若罔闻"，根据康有为的奏折，再发谕令重申了重要性，具体部署两江总督刘坤一、湖广总督张之洞在辖地试办，为各地做示范，各地也没有设立多少。变法期间光绪的变法举措，除了湖南巡抚陈宝箴认真落实推行，大多数地方都束之高阁。慈禧光绪时代清朝中高级官吏有没有"帝党"、"后党"之分众说纷纭，但事实上存在着顽固派、洋务派、维新派的分野，他对顽固派的不满，不时见诸诏令之中，他把朝廷重臣分为"老谬昏庸之大臣"、"通达英勇之人"，批评前者"未通时变，久习因循"，责令"毋得虚应故事"，激之以"各将军、督、抚受恩深重，具有天良，谅不至畏难苟安，空言塞责"。光绪亲政十年，并没有改变这种局面，并没有把各派大臣团结到自己身边，反而把很大一部分高级官员，如洋务派中坚张之洞、袁世凯等驱到自己的对立阵营。这从一个侧面看出了光绪的政治能力一般。无论从光绪做出中日开战的重大决策，还是从他因为王照上书事件罢免六大臣的人事处置，很多举措说明光绪有偏听偏信、意气用事、急功近利、不计后果的缺点。这些弱点或者缺点对于维新运动的掌舵者来说，是危险的。

　　光绪在权力、权威、才能、性格方面的不足或者困难，对他利用地位、解决压力、履行责任、实现抱负，构成了巨大挑战，使得自己陷入国家困境与权力困境的双重困境，这就是所谓的"光绪难题"。光绪对此特别是对权力和权威不足有着深切的忧患，但他的方法策略不仅无法消除忧患，反而酿成了光绪的悲剧。

光绪亲政期间最重要也是历史影响最大的两件事情，甲午战争和戊戌变法，从现有的资料看，光绪是最主要决策人。当中日因为从朝鲜撤军问题而面临严重冲突时，日本上下对大清实力已经洞若观火，朝野齐心要与大清决战，所以战前日本的任务就是故意扩大事态挑起战争，时任日本外务大臣陆奥宗光就说日本旨在"促成中日冲突"、"中日决裂"。光绪和朝廷对要成为战争对手的日本了解却极为有限，对双方军力对比却盲目自信，更没有做全面战争的全国性准备和动员，没有听从慈禧和平了结的意见，反而希望通过一战解决一二十年来日本坐大的问题，中了日本战争的计谋而意气用事、仓促开战，以李鸿章一人和淮军一军与日本一国对战，险些把中华巨轮掀翻在大海之中。如果清朝选择避战，肯定也要吃亏，但这个亏就要小得多，特别是日本就不会赚到那么大的便宜，不会割中华之肉肥日本之库。甲午战败，割地赔款，更引发列强瓜分豆剖之心，光绪也痛定思痛，冷静下来，转向以变法增实力的治国方针，1895 年 5 月 3 日在批准《马关条约》第三天，光绪颁发朱谕称："嗣后我君臣上下，惟当艰苦一心，痛除积弊，于练兵、筹饷两大端，尽力研求，详筹兴革，毋存懈志，毋骛虚名，毋忽远图，毋沿故习，务期事事覆实，以收自强之效。朕于中外臣工有厚望焉！"由此开启了清末推动变法维新的大讨论，为戊戌变法做起了准备。但三年下来，无论在思想上、政策上、干部上，光绪并没有做好充分的准备，在变革全方位启动后，出台措施操之过急且五花八门，又只有参谋班子没有执行团队，结果造成高层的大分裂，内忧加剧，导致慈禧再度训政自己黯然下台作罢。

　　解决光绪难题，必须得有"宵旰忧勤"的精神，但仅此是不够的。那么，从大历史看，光绪该怎么解决他的难题呢？

光绪与慈禧关系未必只有一种结局

　　光绪面对的所有课题之中，首要的第一位的是处理好与慈禧的关系。慈禧归政后，她对自己的政治遗产是非常关注的，非常在意光绪对她的态度和对她的路线的坚持。清朝诸帝才能大都不弱，慈禧之能与清朝诸帝相比不在中下，但囿于她是女性，在理学顽固的明清时代，没有登位执政的一点可能，只能以太后身份代理国事，迟早要把代理权交出来，在这个过程中，她不得不一次次面临对她权力的质疑甚至反对，慈禧始终有着合法性焦虑，这反过来强化了她对权力的依恋对经验的自信和对自己政策、路线的看重。同时，光绪治国经验的欠缺和政治上的不够成熟，也使得她无法置身事外。甲午战败实际上已经形成了光绪的权威损失，使得不少大臣对他信心不足，对慈禧的权威依赖强化。戊戌变法进入后期，对于光绪的一些做法，积累的反对意见越来越大，大臣们再次把眼光看向颐和园，希望慈禧做出仲裁。因此，实事求是地说，光绪执政时期并不存在所谓"后党"，而某种意义生存在一个"帝党"，企图完全把慈禧隔离到政治之外，草率行动侵害了一些人的利益，他们才聚集到慈禧身边，怂恿慈禧采取措施。见诸史册的，既有内务府总管大臣立山率领内务府官员数十人跑到颐和园环跪慈禧面前请求她重新训政，也有刚毅反对变革科举办法叫板光绪"请懿旨"，还有御史杨崇伊上密折让慈禧叫停光绪聘请伊藤博文并"即日训政"，类似情形不绝于书。慈禧不得不出面收拾局面，光绪先是被软禁，成为一个傀儡皇帝，还一度差点儿被废，最后被慈禧下令毒死。

　　慈禧和光绪是不是一定只有这一结局呢？

　　光绪和慈禧在国家发展路线选择和目标设计上其实没有本质不同。

慈禧保守但不顽固。慈禧坚持以儒学为意识形态、以君主专制为国体政体，以满洲利益为本，在这个大前提下支持"讲求西学"变法自强，力度上要循序渐进。维新运动之初，光绪寻求她的支持时，慈禧明确交代："变法乃素志"，"苟可以致富强者，儿自为之，吾不内制也"。光绪在明定国是诏明确"以圣贤义理之学，植其根本，又须博采西学之切于时务者，实力讲求，以救空疏迂谬之弊"，确立了"中本西用"的国策，并没有出圈。光绪有没有变革中国政治体制的想法？戊戌政变后有没有尽废前法？他让康有为呈送的图书侧重于日俄变政的历史，说明他有在一定程度改革政治体制的想法，但他并没有接受设制度局、开国会等意见。洋务运动实现了同光中兴，根据相关数据，1840年中国GDP占世界的约为33%，1870年是16.6%，1890年13.2%，1900年6.2%了。尽管份额越来越小，与列强的差距越来越大，但1840~1870年头三十年、1870~1900年后三十年比重变化情况看，列强发展是加速度，而中国比重下降是减速度，这说明洋务运动是有效的，挽救了下降趋势。光绪也完全接受洋务运动纲领，他1895年7月颁布"因时制宜"上谕中列出的基本主张："叠据中外臣工条陈时务，详加披览，采择施行，如修铁路、铸钞币、造机器、开矿产、折南漕、减兵额、创邮政、练陆军、整海军、立学堂，大约以筹饷练兵为急务，以恤商惠工为本源，此应及时举办"，完全是光绪版洋务运动，即洋务运动再深化。变法过程中，光绪要改革科举制度的八股取士，采用策论取士，很多大臣对此反对，官司打到慈禧这里，慈禧明确支持光绪意见，几百年的科举制度迈出了改革的关键一步。有一种说法，说是戊戌政变后慈禧把光绪维新的政策全都废止，只保留一项就是京师大学堂，这种说法是完全错误的，比如科举制度的改革，比如农工商总局，比如各地商务局的设立，在经济、文化、科技方面很多政策措施不仅没有废止，反而继续推进，并在稍后的清末新政中实现质的变革。比如，政变后顽固派大臣刚毅作为慈禧特使到了上海，把上海商务局废止，慈禧知道后立即下令让两江总督刘坤一恢复，说是"工商为当今之要图"，命各级官员"随时兴办"（《刘坤一遗集》）。

慈禧其实也是传统政治文化的受害者。慈禧之前，西班牙、英国和俄国都有过女王，她们的表现远超过这些国家的大多数国王。慈禧因为是女流，在中国无法成为女王，只能以太后形式参与政务，始终无法获得执政合法权，登上前台直接执政，但她作为同光中兴的掌舵人，积累了丰富的经验，得到了满汉高官的共同拥戴，特别是她一手抓"塞防"收复新疆，一手抓海防建设强大的北洋海军，超越大臣们海防塞防的路线争论，当时朝野有识之士看来她比光绪更适合领导清朝。如果她像历代大帝那样有着终生的合法执政权，光绪作为"太子"配合治理，甲午战争和戊戌变法两个草率决策得以避免，慈禧不会因为一系列事件无奈走向更加保守，义和团事件应该也不会发生，那样的话，中国在历史三峡的表现应该会好得多。

太阳底下没有新鲜事。慈光组合怎么相处，中国历史上其实有可参考的借鉴：宋哲宗与高太后、宋高宗和宋孝宗的关系。公元1085年，宋神宗去世，年仅8岁的宋哲宗登基继位，守旧派高太后（宋神宗之母）执掌朝政大权，王安石变法的主要措施方田均税法、保马法、市易法、免役法、青苗法等被一一废除，高太后还支持旧党对新党展开政治大清洗。对此宋哲宗并无疑议，高太后去世后，同为16岁的宋哲宗亲政，他大刀阔斧恢复了王安石变法的主要内容，新党重掌政权。宋高宗和宋孝宗是南宋第一、第二任皇帝，与慈光关系十分相似：也不是亲父子，都由治国者退位变为太上皇（太后），都面临严重的外部事态。赵构在退位二十五年之后去世，当太上皇的日子里，他虽然不怎么参与朝政，但作为南宋王朝的缔造者对朝廷的影响力还是很大的，而宋孝宗以高度的技巧处理好了与宋高宗关系，大臣们也是毕恭毕敬，在这个前提下，宋孝宗实现了政策拐弯，把和金政策变成了抗金，政绩斐然，体现了较高的政治能力，被称为"卓然为南渡诸帝之称首"。

光绪与慈禧最佳的组合模式是什么？

慈禧的巨大存在既可能是包袱，也可能在多事之秋是压舱石。维新派更多的是从前者来认识，比如康有为、谭嗣同就密谋要"围园劫后"，梁启超在变法进行时的 6 月时就致函其友夏曾佑抱怨"西王母主持于上"。假如光绪在政治设计上把慈光组合参照"总统总理"模式来运作，形成慈禧掌舵、光绪施工的良好局面，自己定位于国家二把手和工程师，不大张旗鼓地明定国是，打左灯向右拐，致力于经济建设，等到积累够更丰富的政治资本和治国经验，实现慈禧去世自然过渡，或者积累强大的威望后等来慈禧的自己退休，是不是会建立起较好的政治格局主导晚清的历史发展走向？特别是美国的崛起为清朝面临的国际环境带来了很大的变化，在国家外患趋缓的形势下，慈光组合有了取得成功的较好条件，光绪采取这种策略说不定会真正成功。可惜处理这种复杂的局面需要坚韧的性格和强大的政治能力，而这是光绪和康有为们所极为欠缺的。

对于慈禧为什么重新训政，不少历史著作归因于慈禧的异于常人的权力欲。这其实并不尽然。众所周知，慈禧是虔诚的佛教徒，她笃信死后要到另一个世界去和清朝的各位先帝会面，接受他们的询问，如果帝国从"名教治国"走上了"邪路"，她将无法做出交代。慈禧与其说是权力欲太强，不如说是她"责任感"太强，她要对帝国走向负最后的责任，去向列祖列宗作最后的交代。所以她在变法之初就划出红线："若师日人之更衣冠、易正朔，则是得罪祖宗，断不可行"，变法后期一听说光绪要让伊藤博文来做顾问，维新派要"保中国不保大清"，这就撞上了慈禧的红线、底线。

　　慈禧训政光绪被囚，标志着慈禧光绪政治组合的破裂，这一破裂造成严重的历史后果，一是扼杀了戊戌变法，晚清改革发展的势头被按下暂停键，其后几年中国进入更加保守的停滞阶段。二是直接间接引发了义和团运动和八国联军侵占北京，严重丧权辱国的《辛丑条约》彻底把中国推入半殖民地深渊。三是最后二人近乎同归于尽，鲁莽自私的满洲权贵接掌最高权力后迭出昏招，大清终于黯然退场。

　　变法时期，虽然朝廷重臣分为不同派别，但包括顽固派在内，他们都是爱国者，都坚信自己的主张才有利于国家，这一点是毋庸置疑的，他们的问题出在历史的局限性和传统文化观念的过于厚重。就连光绪和康有为对此也是承认的。光绪在变法宣言书《明定国是诏》里，固然批评不支持者"以为旧章必应墨守，新法必当摈除"，但也认为他们是"老成忧国"。康有为在上书中也说："伏观皇上忧愤之心，昭于日月，密勿重臣，及六曹九列之贤士大夫，忧国之诚，瘦颜墨色，亦且暴著于人。"

　　正是大家都存着同样的为国心思，中国才艰难渡过了忧危时局。历史交给慈禧光绪这一辈人的历史使命，上策是变法自强、转型列强，实现近代化，中上策是完整保留国家渡劫留待后贤，中下策是金瓯有缺不伤根本留待后贤，下策是国家崩溃山河破碎。慈光组合至少得其中下，仍不算失败者无颜见列祖者。假设二人不破裂，实现中上策也是有机会的。

　　历史学家许海山在《中国历史》中分析道，光绪下台是他听从了一帮书生的忽悠，在双头政治体制下实行独裁政治，进行激进式变革所致。短短一百多天的维新变法，出台了130多项新政，这种为变而变的运动化、意气化，实为变革之大忌。当慈禧发出警告，光绪也清楚地接收到了"朕位且不能保"的信息，在这种情况下，康有为们想的不是退一步维护光绪继续执政这一根本利益，而是鱼死网破，注定了变法全输结局。

1898 年 9 月，中华巨轮在激烈的漩涡里打了一个转，颠簸了几下，一些爱船明理的船员被颠入波浪之中，见习船长下课，舵手亲自登上驾驶台，巨轮再度启航，没有倒退也没有停顿，缓慢地继续前行，驶向前方未知的暴风骤雨之中，驶向它未知但必然的归宿。

光绪下课，固为晚清憾事，但它只是再一次重复了一个政治定律：政治人物必须有理想主义，但执行政策切忌只肯推行最理想的政策，在内部没有共识和推动者缺乏足够权威时，激进的方案随时会翻车，政策次生灾害甚至会反过来吞噬政治根本。

未有若今日之可忧也

——康有为之忧与清末变法风云

晚清仁人志士挽救国家危机的行动中，戊戌变法是其中极为重要的一个。戊戌变法的设计师、决策者、组织者都是励精图治的光绪帝，康有为作为光绪帝刻意变法的智囊，也是变法运动的宣传家、理论家，对这场虽然很快失败但影响重大的百日维新运动发挥了重要的推动作用。在康有为自我评价之中，在时人的认知之中，包括慈禧太后戊戌变政中止变法后对有关人士的清算来看，康有为甚至可以被认作戊戌变法的二号人物。

几千年中国历史和汗牛充栋的史册中，变法者不计其数，虽然成败各异，但其主要参与者大多是朝廷重臣，如商鞅、吴起、王安石、张居正，只有康有为是一个区区六品的朝廷小吏——先是工部主事，后是总理衙门章京上行走。晚清王公大臣、督抚大吏不计其数，为什么光绪帝选中了康有为呢？是康有为对时局的忧患和对策，深深打动了光绪帝的忧患和求治之心。

国势忧危七次上书倡导变法

康有为是通过锲而不舍的上书让光绪帝认识自己的。在终于冲破朝廷礼仪有机会见到光绪之前，康有为共计上书七次，多达六万四千多字，其中有 46 处"忧"字。这些"忧"主要是三种情形，一是关于

"国地日割，国权日削，国民日困"的国势忧危的分析；一是对慈禧光绪宵旰忧劳的期盼；再就是对自己忧国忧时心情的写照。忧，是康有为锲而不舍上书的动力源泉。

康有为第一次上书发生在1888年，当时他还是一位普普通通的荫监生。这一年，康有为在参加顺天府乡试时，即上书《奏为国势危蹙，祖陵奇变，请下诏罪己，及时图治，恭折仰祈圣鉴事》主张变法，被视作"上清帝第一书"。康有为认为，当时的内忧外患非常严重，"窃维国事蹙迫，在危急存亡之间，未有若今日之可忧也"："方今外夷交迫，自琉球灭、安南失、缅甸亡，羽翼尽剪，将及腹心。比者日谋高丽，而伺吉林于东；英启藏卫，而窥川、滇于西；俄筑铁路于北，而迫盛京；法煽乱民于南，以取滇、粤；教民、会党遍江楚河陇间，将乱于内。臣到京师来，见兵弱财穷，节颓俗败，纪纲散乱，人情偷惰，上兴土木之工，下习宴游之乐"。面临这样的严峻局面，康有为是"忧愤迫切"、"日夜忧惧"、"夙夜忧惧"，而朝廷却是"晏安欢娱，若贺太平"，他直言："臣所大忧者，患我皇太后、皇上无欲治之心而已。"如何及时图治？他提出了"变成法"、"通下情"、"慎左右"三策。但鉴于康有为身份低微、言辞激烈，负责管理监生的国子监与负责搜集民间舆论的都察院都未同意代递，康有为的上书根本不能"上达天听"。但康有为积极在京结交权贵，宣讲自己的主张，当时的朝廷重臣翁同龢觉得颇有价值，还把主要内容记录在日记之中。

1895年5月1~3日，马关议和期间，康有为和梁启超在京参加会试，遂组织各省举子等1300多人在南城松筠庵聚会，商讨各省公车（应试举人）上书，"伏乞皇上下诏鼓天下之气，迁都定天下之本，练兵强天下之势，变法成天下之治而已"、"迁都练兵，变通新法，以塞和款而拒外夷，保疆土而延国命"，签名者达602人。上书写成之时，因听闻和约已签，未递交都察院，是以这次上书仍然没有被光绪看到，但这个活动在当时影响不小，被称作"公车上书"载于史册，所上之书被视"上清帝第二书"。

甲午战败、马关和约割地赔款，这样一次重创之后，康有为以为"社稷之危未有若今日者。然殷忧所以启圣，外患乃以兴邦"，朝廷必然会奋起变法，雪耻兴国，但他失望了，他看到的是"今议成将弥月矣，进士从礼官来，窃见上下熙熙，苟幸无事，具文粉饰，复庆太平。又闻贵近之论，以为和议成后，可十数年无患，持禄保位，从容如故"。激愤于此，更不甘于公车上书的救时主张埋没，新中进士康有为把公车上书的主要内容结合一个月来的时局，撰写了以个人名义的上书"为安危大计，乞及时变法呈"，1895 年 5 月 29 日递交至都察院。康有为第三次上书中着重谈的"富国之法有六：曰钞法，曰铁路，曰机器轮舟，曰开矿，曰铸银，曰邮政"、"养民之法：一曰务农，二曰劝工，三曰惠商，四曰恤穷"，其实并不新鲜，基本上还是 1874 年李鸿章在《筹议海防折》中所谈之策。6 月 3 日，都察院代递至光绪帝，这是光绪帝第一次收到康有为的条陈。光绪帝下令抄录一份，7 月 19 日将该上书与其他 8 件折片下发各省将军督抚讨论，还提出了明确要求："着各直省将军督抚，将以上诸条，各就本省情形，与藩、臬两司暨各地方官悉心筹划，酌度办法，限文到一月内，分晰复奏。"至此，康有为的主张不仅受到了光绪的关注，并开始影响决策。

康有为第三次上书后即被任命为工部主事，这是个相当于六品的职务，这个安排符合当时新中进士的一般安排。一个月后又以工部主事的身份撰"变通善后讲求体要以图自强呈"（即"上清帝第四书"），交都察院代递，都察院以康有为已经分配到工部工作为由不再接受代奏。康有为回到工部请工部代递，工部堂官以其六品官员无权直接上奏皇帝并且所言非工部事而拒绝呈送。康有为提出的设议会、改科举、革官制、开报社等新主张，未能到达光绪。但以上 4 次上书在 1896 年被上海时务报馆刊刻《南海先生四上书记》，产生相当大的影响力。

康有为的政治主张和他对光绪帝、时局的影响，集中体现于他的上清帝第五书、第六书。对工部主事不感兴趣的康有为并未真正到岗工作，他离开北京辗转上海、广东以及澳门等地办报讲学宣传变法。1897年11月，康有为回到北京，正好发生德国强占胶州湾（青岛）事件，俄、英、法、日随后亦乘机提出侵略要求。国祸当头，康有为此时的心情再度"忧愤迫切"，上书10年来，他所忧患的"属国尽矣"不幸变成现实，他担忧的瓜分豆剖也已经上演，反而是他全力推动的变法却毫无起色。康有为向工部递交"外衅危迫宜及时发愤革旧图新呈"（"上清帝第五书"），其中仅"忧"字就多达11处。明确提出"明定国是，与海内更始，自兹国事付国会议行"的维新新政方略，罗列"破资格以励人材，厚俸禄以养廉耻，停捐纳，汰冗员，专职司，以正官制。变科举，广学校，译西书以成人材，悬清秩功牌，以奖新艺新器之能，创农政商学，以为阜财富民之本。改定地方新法，推行保民仁政，若卫生济贫，洁监狱，免酷刑，修道路，设巡捕，整市场，铸钞币，创邮船，徙贫民，开矿学，保民险，重烟税，罢厘征，以铁路为通，以兵船为护"等具体新政举措。工部仍未代奏。

康有为1889年曾代御史屠仁守等人起草奏折《为宗社严重国势忧危乞赐面对以竭愚诚折》，如今他重走旧路，与御史杨深秀、宋伯鲁、陈其璋、王鹏运等人密切交往，并为他们代写奏章表达自己的观点。康有为的主张再次受到军机大臣翁同龢的关注，翁同龢于12月11日亲往宣外南海会馆康有为住处相商。次日，给事中高燮曾上奏一折两片，其附片二是保举康有为，"工部主事康有为学问淹长，才气豪迈，熟谙西法，具有肝胆"，建议光绪"可否特予召对"。光绪帝下旨："总理各国事务衙门酌核办理。"根据这一谕旨，1898年1月24日，总理衙门大臣翁同龢、李鸿章、廖寿恒、张荫桓、荣禄约见康有为，听取他对于时局的主张。不知为什么，翁同龢在日记中详细记下了康有为的主张后，专门批了两个字，"狂甚"。

总理衙门大臣集体会谈后不几天，康有为接到光绪帝圣旨，让他条陈具奏。他即刻写下"请大誓臣工开制度新政局图新以存国祚折"，送总理衙门代奏。还是不知为什么，至3月11日，总理衙门拖了近一个半月才将该条陈上奏，这就是著名的"上清帝第六书"，提出了全面政治改革的方案。康有为提出要做"三事"：一是"大誓群臣"宣布天下以维新更始；二是"开制度局"，即"征天下通才二十人为参与，将一切政事、制度重新商定"，另起炉灶建立一个政治决策机构，设在宫中，每天与皇帝见面，商量一切政务；三是"设待诏所"，开通下情上传的渠道，集中亿人智慧解决国家难题。康有为要求在中央设立十二局：法律局、税计局、学校局、农商局、工务局、矿政局、铁路局、邮政局、造币局、游历局、社会局、武备局；又要求在地方每一道设新政局，每一县设民政局。光绪帝看后下旨："总理衙门王、大臣妥议具奏。"想不到的是，翁同龢主持的总理衙门继续打太极、磨洋工，直到6月11日光绪宣布变法时仍没收到大臣们对如何实施康有为的奏折建议拿出方案。3月24日，总理衙门代奏工部主事康有为"为译纂《俄彼得变政记》成书，可考由弱致强之故"而上的"译纂《俄彼得变政记》成书折"（"上清帝第七书"）。

除了上书，康有为还开风气之先，利用当时罕见的办报纸、组社团宣传主张和扩大影响，他的这些活动与当时其他一些同人的类似活动，形成了有一定声势的变法呼声，为后来的戊戌变法当了"接生婆"。1895年6月27日康有为在京创办《万国公报》，12月16日后改为双日刊《中外纪闻》正式出版，"遍送士夫贵人"，使之"渐知新法之益"。11月又在京成立鼓吹革新的政治组织强学会，紧接着在南北之汇的上海设立强学会，"以上接京师，次及于各直省"，通声气、聚图书、讲专门、成人才、扶"圣教",并出版《强学报》,以孔子纪年,倡导维新变法。不久,在此基础上创办《时务报》鼓吹变法主张,议论敏锐,文字新颖,在当时影响广泛。康有为第五封上书被都察院和工部拒绝代奏后,即在报纸上刊印,影响并不比送达光绪那里小多少。

1898 年 4 月 17 日,全国性维新派组织——保国会在京成立,康有为在成立仪式上慷慨演讲,"吾中国四万万人,无贵无贱,当今日在覆屋之下,漏舟之中;如笼中之鸟,牢中之囚;为奴隶,为牛马,为犬羊,听人驱使,听人宰割。此四千年中二十朝未有之奇变。加以圣教式微,种族沦亡,奇惨大痛,真有不能言者也。"康有为草拟的《保国会章程》解释了创会初衷:"本会以国地日割,国权日削,国民日困,思维持振救之,故开斯会,以冀保国,名为保国会。"

光绪皇帝的改革顾问

1898 年 6 月 13 日,同情支持康有为主张的翰林院侍读学士徐致靖上奏"谨保维新救时之才请特旨破格委任折",高度评价康有为"忠肝热血,硕学通才,明历代因革之得失,知万国强弱之本原。当二十年前,即倡论变法。其所著述有《彼得变政记》、《日本变政记》等书,善能借鉴外邦,取资法戒。其所论变法,皆有下手处,某事宜急,某事宜缓,先后次第,条理粲然,按日程功,确有把握。其才略足以肩艰巨,其忠诚可以托重任,并世人才,实罕其比。若皇上置诸左右,以备顾问,与之讨论新政,议先后缓急之序,以立措施之准,必能有条不紊,切实可行,宏济时艰,易若反掌",保举康有为、黄遵宪、谭嗣同、张元济、梁启超五人参加领导维新事业。此时,一直坚持皇帝不得接见四品以下官员祖制的恭亲王已经去世,光绪也已下决心驱逐翁同龢,遂于徐致靖上奏当日明发谕旨:工部主事康有为"着于本月二十八日(6 月 16 日)预备召见"。康有为 10 年上书,终于等来了光绪召见。

1个小时的召见里，康有为向光绪帝提出了"变科举、开学会、译西书、广游历"四大举措。可惜光绪不是刘备，康有为不是诸葛亮，二人的会见，未能重演千古佳话"隆中对"，成就一段明君贤臣的变法自强故事。刘备一举用诸葛亮为军师，居于其一人之下，而光绪可能没有完全听懂康有为的广东普通话，虽对久已闻名的康有为是欣赏的，对其炽热爱国忧国之心和坚定变法主张是肯定的，但没能重用，仅给了康有为"总理衙门章京上行走"的六品职务，允其"具折条陈"和"著书进上"两项特权。

康有为虽然对新职务不满意，却已由此跻身入核心圈，有了参与国家大事的机会，一方面随时把想法写成奏折上奏，一方面接受光绪帝的批示提出意见建议，在6月22日到8月29日两个多月的时间里，上折和片多达十五六件，涉及国计民生的几乎各个方面。光绪帝十分重视，命内府抄录汇编，并题名《杰士上书汇录》（现存于故宫图书馆，黄绫装，一函三册）。"杰士"应属光绪帝给康有为内心里的评价，专题抄录、装订成册，可以方便光绪帝随时查阅，足见赏识程度。

康有为折片中提出的意见建议，很多被光绪下诏采纳推行，比如戊戌变法的标志性事件——光绪颁发《明定国是诏》，就是康有为在第五书、第六书多次提议的。还有建立中国历史上从来没有过的全国性小学、中学、大学的教育体系，设立农工商总局等。据历史学家茅海建统计，1898年（戊戌）光绪帝共发布27项、138道改革谕旨，康有为一派提出或主导的有11项。中华书局版《中国近代史》第四版统计是50多件。梁启超因此在致友人信自豪地宣称："新政来源真可谓令出我辈。"

光绪和康有为的维新变法是在极其艰难的条件下启动和推进的。前有荣禄在西花厅会见康有为时宣战式的明言"祖宗之法不能变"，翁同龢对康有为的"狂甚"的评价，再有军机处和总理衙门对光绪御批的康有为奏折（第六书）委婉抵触，后有慈禧发动政变多废新政。
由于守旧大臣的中梗阻（李鸿章致子信敏锐地看到了这一点：朝廷锐
意振兴，讲求变法，近日明诏多由康有为、梁启超等怂恿而出，但法
非人不行，因循衰怠者，岂有任事之才，不过敷衍门面而已），也由
于光绪帝和康有为们的急功近利，更因为维新运动只存活了百日没有
来得及贯彻落实，光绪和康有为的主张并没有真正发挥多大直接作用。
早在政变之前，康有为之弟、总理衙门章京康广仁就曾致信友人，抱
怨过康有为："伯兄规模太广，志气太锐，包揽太多，同志太孤，举
行太大，当此排者、忌者、挤者、谤者盈衢塞巷，而上又无权，安能
有成？"康有为的性格和作风拖累了变法和光绪。特别是一些变法举
措触及到了慈禧的底线红线后，当慈禧警告光绪"位且不能保"的时候，
康有为的对策竟然是在没有任何胜算的情况下武装政变，鱼死网破，
最后光绪执政这个根本利益都丢掉了。

但它的价值和影响是巨大的，很多变法主张在其后的清末新政中
得以复活实施，这是间接影响；历史影响则是，从此开始，变法失败
后国事更危，全社会陷入反思，朝野和舆论遂对变法终于改变认识，"祖
宗之法不可变"成为顽固守旧的代名词，变法代表了先进，代表了中
国富强的道路，赢得了国人除了守旧派之外的全部支持。尤其是义
和团运动失败、朝廷迫于外国压力把守旧派几乎杀尽后，变法成了一
种不能批判和阻挡的政治正确，一直成为中国文化的主流，进而为革
命思潮的生发提供了条件，对后来中国重生至为重要。梁启超也认为"热
血震荡，民气渐伸"是他们最为重要的历史贡献。

可惜的是，戊戌变法变成只有百日寿命的百日维新，康有为不仅
和他的弟子、同党被认定为祸乱之首，遭到缉拿或者杀害，支持他的
光绪帝也失去了权力，甚至失去了自由。前一天，有了预感的光绪严
令康有为即刻出京，到上海主持报馆事务，从而救了康有为之命，后

一日又被迫签署朱谕公布康有为等人罪状和杀戮缉拿措施：

近因时势多艰，朝廷孜孜图治，力求变法自强。凡所施行，无非为宗社生民之计，朕忧勤宵旰，每切兢兢。乃不意主事康有为首倡邪说，惑世诬民，而宵小之徒，群相附和，乘变法之际，隐行其乱法之谋。包藏祸心，潜图不轨……又闻该乱党私立保国会，言保中国不保大清，其悖逆情形实堪发指……康有为实为叛逆之首，现已在逃，着各直省督抚一体严密查拿，极刑惩治。举人梁启超与康有为狼狈为奸，所著文字语多狂谬，着一并严拿惩办。康有为之弟康广仁及御史杨深秀、军机章京谭嗣同、林旭、杨锐、刘光第等，实系与康有为结党，隐图煽惑。杨锐等每于召见时欺蒙狂悖，密保匪人，实属同恶相济，罪大恶极。前经将各该犯革职，拿交刑部讯究……于昨日谕令将该犯等即行正法。此事为非常之变。附和奸党均已明正典刑，康有为为首创逆谋，罪恶贯盈，谅亦难逃显戮。现在罪案已定，允宜宣示天下俾众咸知。

但侥幸逃脱的康有为之后仍然一直对光绪帝任用他参与变法感激涕零，并最后沦为他曾极力反对的保守派，秉持改良主义，固守君主立宪，领导保皇运动，饱受诟病。在历史急剧运动、变化的特殊时期，人，尤其是浪尖上的人，确实是太难了。

或许，康有为像"戊戌六君子"之一谭嗣同那样，洞察"自古变法非流血不成"的历史残酷性，毅然选择"我自横刀向天笑"，为维新运动慷慨殉身就义，才是他最好的归宿？那样的话，康有为则成为为资产阶级维新运动流血第一人，必定会跻身近代史上最伟大的人物之列，为此后各派进步力量奉为精神导师。"君任其难我任其易"，关键时刻选择生或许真的是一件更难的事。

忧山河之破碎　惧种族之沦亡

——孙中山之忧与传统帝制结束

　　每逢"五一"、"十一"，天安门广场人民英雄纪念碑前都会竖起孙中山巨幅画像。很多人都会问，这是为什么呢？

　　孙中山先生作为中国近代旧民主主义革命的领导者和中华民国的缔造者，虽去世百年而国人景仰之情不减，中国国民党通过国民政府立法确定孙中山为"中华民国国父"，中国共产党则一直尊称他为"伟大的爱国主义者、中国民主革命的先行者"，以他名字命名的"中山路"是中国各地最多见的路名。

　　孙中山先生在中国历史上留下了诸多具有伟大意义的第一：组织发起了第一个全国性革命组织——中国同盟会，领导创建了亚洲第一个资产阶级共和国，制定颁布了中国第一部资产阶级性质的《中华民国临时约法》，领导开展了第一次国共合作，研究制定了第一个中国发展规划《建国方略》……是什么样的动力驱使他取得一个又一个这样伟大的成就的呢？

　　上海孙中山故居有一幅孙中山1922年广州蒙难后为宋庆龄撰写的条幅，也被称作他写给她的情诗："精诚无间同忧乐，笃爱有缘共死生。"同忧乐共死生，既是孙中山对宋庆龄的浓烈的爱的表达，又何尝不是他对始终放在心头的中国人民的深沉的爱的表达！

　　成就孙中山的，正是对国家、民族、同胞深切的忧和博大的爱。

从"医人"向"医国"的转变

孙中山早年随家人辗转于广州、香港、澳门和美国檀香山等地，1892 年 26 岁的孙中山毕业于香港西医书院，成为澳门的第一位华人西医。按照正常的人生发展，孙中山将会在港澳地区度过衣食无忧的医生生涯。

比较系统地接受过西方式的近代教育，南国新旧思想的激烈碰撞，中外视野，让孙中山对国家发展异常关注，逐渐形成了自己的早期政治主张，他认为中国要摆脱落后挨打被瓜分的危险，就要清政府学习西方进行社会改良。1894 年，不同于时人对于国事"同光中兴"的盲目乐观，孙中山认为"其势必至日甚一日，不急挽救，岂能无忧？"正是这份忧，促使他从一个职业医生向政治人物转变，开始了自己的第一次政治活动——1 月认真撰写了《上李傅相书》并于 6 月专程来到天津，向时任直隶总督和洋务运动代表人物李鸿章宣传自己的主张。他系统提出了自己的改良"四大纲"："窃尝深维欧洲富强之本，不尽在于船坚炮利，垒固兵强，而在于人能尽其才，地能尽其利，物能尽其用，货能畅其流——此四事者，富强之大经，治国之大本也。我国家欲恢扩宏图，勤求远略，仿行西法以筹自强，而不急于此四者，徒惟坚船利炮之是务，是舍本而图末也。""顾我中国仿效西法，于今已三十余年。育人才则有同文、方言各馆，水师、武备诸学堂；裕财源则辟煤金之矿，立纺织制造之局；兴商务则招商轮船、开平铁路，已先后辉映矣。而犹不能与欧洲颉颃者，其故何哉？以不能举此四大纲，而举国并行之也。"孙中山一方面肯定了洋务运动的成就，一方面分析中欧差距存在的根本原因是"徒惟坚船利炮之是务，是舍本而图末也"，敏锐地发现中国只在器械技术方面追赶是无法自强的，必须行"西法"之实：人能尽其才，地能尽其利，物能尽其用，货能畅其流。

　　孙中山上书李鸿章，在时间上要早于康有为第一次给光绪上书4年，且都是无果而终。不同的是，康有为继续在上书的道路上坚持，并终于受到了光绪的关注和任用，孙中山在天津没能见到李鸿章，上书无门，却给他在京畿重地观察清朝政治的机会，他又一次敏锐地发现，满族统治者领导下的清政府腐败陈旧，无法带领中国实现自强。孙中山1897年在《伦敦蒙难记》中回忆到，"于是抚然长叹，知和平之法无可复施。然望治之心愈坚，要求之念愈切，积渐而知和平之手段不得不稍易以强迫。"上书失败后，孙中山随即抛弃了曾经的政治改良主张，来到美国檀香山，于11月24日在大哥孙眉的支持下创立兴中会，取"振兴中华"之意，明确提出了"驱除鞑虏，恢复中华，创立合众政府"的主张。这是近代史上第一份推翻清王朝，建立民主共和国的纲领，它的提出标志着孙中山完成了由改良主义者向民主主义者的伟大转变。1895年2月，孙中山回到香港，组建兴中会总部，发布《兴中会章程》，列举"中国积弱，至今极矣"的种种情状，尤其是"方今强邻环列，虎视鹰瞵，久垂涎于中华五金之富、物产之繁。蚕食鲸吞，已效尤于踵接；瓜分豆剖，实堪虑于目前。呜呼危哉"！向天下志士贤豪发出大声疾呼，"亟拯斯民于水火，切扶大厦之将倾"，共济兴中。随后于当年10月密谋广州起义，事泄失败，亡命海外。这是孙中山组织策划的一系列清末起义的第一次，它亦标志着孙中山走上职业革命者的道路。

　　"迩来中国有志之士，感慨风云，悲愤时局，忧山河之破碎，惧种族之沦亡，多欲发奋为雄，乘时报国。"这是孙中山1899年12月22日在日本为他组织辑绘的中华地图所作"识言"中的一段话。孙中山以"好学忧时之士欲求一佳图以资考鉴，亦不可得，诚为憾事"，遂根据俄、德、法三图及英人海图辑绘而成该地图。辑绘之时，孙中山不禁想起那幅爱国志士所画《东亚时局形势图》，形象地描绘了中国被列强侵略盘踞瓜分的形势和亡国灭种民族危机的现实威胁，又想起宋朝爱国诗人陆游《剑门城北回望剑关诸峰青入云汉感蜀亡事慨然有赋》"如此江山坐付人"之句，激发了自己"忧山河之破碎，惧种族之沦亡"的赤子情怀，遂为地图写下"识言"，为有志之士发奋报国鼓劲儿加油，加紧了组织起义、做强反清组织的革命活动，孙中山成为各支革命组织共同尊崇的革命领袖。

辛亥革命之后为何"再图革命"？

1911 年 10 月 10 日，在以孙中山为总理的中国同盟会的领导下，武昌起义爆发，孙中山被选举为中华民国临时大总统。1912 年（民国元年）1 月 1 日，孙中山在南京宣布就职，组建中华民国临时政府。2 月 12 日，清朝裕隆太后和宣统帝宣布退位，267 年的清朝统治和两千多年的君主专制制度被推翻，中国建立亚洲第一个共和国。3 月 11 日，孙中山颁布带有资产阶级共和国宪法性质的《中华民国临时约法》。4 月 1 日正式解职临时大总统职务，让位于袁世凯。孙中山专门来到北京，与袁世凯共商建设大计，并亲自出任全国铁路督办，致力于以加快铁路建设推动国家富强。

孙中山又是如何从民国政府的缔造者建设者向"起义者"转变的呢？

1913 年 3 月，主张国会政治的国民党代理理事长宋教仁（理事长为孙中山）被暗杀于上海，打破了孙中山和平建国的梦想，孙中山认识到辛亥革命并没有完成建设中华民国的使命，7 月发动二次革命，失败后再度流亡日本。

辛亥革命为什么能胜利，二次革命为什么会失败？辛亥革命后为什么国内局势没有根本好转？孙中山开始了反思，他发现辛亥革命胜利后同盟会改组国民党，国民党失去了同盟会的革命精神是一个重要原因，要完成辛亥革命没有完成的使命，必须组建新的革命力量。他在《为创立中华革命党致南洋同志书》中这样表达了自己的深切忧患："窃文自东渡以来，夙夜以国事为念，每睹大局之颠危，生民之涂炭，辄用怛恻，不能自已。因纠合同志，宣立誓约，组织机关，再图革命，薪以牺牲之精神，尽救国之天职。"书中没有直接出现"忧"字，但使用的"怛"字在古文中就是忧的替代字。1914 年 7 月，孙中山在东京组建秘密政党中华革命党，确立了领袖在党中的核心作用以便于集中全党力量，扫除专制统治，建设完全民国。

袁世凯冒天下之大不韪恢复帝制，受到革命党人的坚决抵制，护国战争爆发。孙中山发布《讨袁檄文》、《讨袁宣言》等一系列重要文件，号召要永远铲除帝制，维护约法，恢复国会，重建民主共和国。在《讨袁檄文》中，孙中山揭露"今袁背弃前盟，暴行帝制"，声讨袁世凯的倒行逆施导致"国多忧患"，表明"袁氏若存，国将不保"，"国贼既去，民国始可图安"。在《讨袁宣言》中，孙中山宣誓，"文虽蛰居海外，而忧国之志未尝少衰"，并自豪地宣称，"文自束发受书，知忧国家，抱持民族、民权、民生三大主义，终始不替；所与游者，亦类为守死善道之士"，阐述了了从兴中会到中国同盟会到中华革命党一以贯之的革命精神。针对当时一些舆论批评他发动革命是为了争权夺利，孙中山在《宣言》中给出了义正辞严的答复："文自审立身行事，早为天下共见，末俗争夺权利之念，殆不待戒而已除。惟忠于所信之主义，则初不为生死祸福而少有屈挠。"孙中山和中华革命党的一系列讨袁活动，激发坚定了蔡锷等革命先烈的护国之心，护国运动爆发。袁世凯经历洪宪复辟丑剧，众叛亲离，国民揭竿，不得不宣布废除帝制，并很快病死，民国得以再造。孙中山再次转向国家建设，以非凡的超前的眼光撰写《建国方略》，提出了改造和建设中国的宏伟计划。

中华民国形式上恢复了，但在北洋政府领导下，国家的危难、人民的困苦一点儿也没有减少，对此孙中山一直忧在心头。正是这份忧，促使他 1922 年在广州成立非常大元帅府，宣布北伐。在《出师北伐通告》中，孙中山表达了他的深忧，"照得民国肇造，十有一年，内治不修，外患日亟，政变纷乘，民生凋敝。徐逆窃权僭号，国人尤所痛心。近且引用帝孽，互相狼狈，卖国鬻路，甘丧主权，驱人民于水深火热之中，置国家于累卵覆巢之地。全国志士，引为深忧"，决定通过北伐"负国民付托之重，尽拨乱反正之责，誓达统一之目的，期奠国基于巩固"。这是广州革命政府的第一次北伐，是次北伐虽然因为陈炯明不赞成并炮轰大元帅府、北伐军被迫回粤平乱而中止，孙中山本人也因革命活动遭受 1896 年伦敦蒙难之后的第二次蒙难，却留下了北伐革命路线，并为孙中山去世后的广州革命政府继承并实践，实现了北伐统一中国的新局面，并于 1927 年组建全中国的统一中央政府国民政府。

正是这份忧，也使得孙中山不断思考，为什么从清王朝到中华民国到洪宪复辟，从清帝到袁世凯到徐世昌们，朝代换了，统治者一换再换，国家民族人民的危机却没有扭转呢？一边思考，孙中山一边尝试他的政党的新定位，先是在护国战争胜利后主动宣告停止中华革命党的活动，1919 年 10 月 10 日再改组为中国国民党，1922 年开始探索联俄、联共、扶助农工三大政策，1924 年在苏共和中国共产党的帮助下，再次改组中国国民党并召开第一次全国代表大会确立三大政策，随后以党领军创建黄埔军校缔造国民党自己的军队。新事业方兴未艾，孙中山却走到了生命尽头，1925 年 3 月 12 日病逝于北京。他对国事的忧虑，对于国家人民的深爱，对同志们的期许，对家人的深情，留在了他的三份遗嘱之中：《国事遗嘱》、《家事遗嘱》和《致苏俄遗书》。

　　忧虑不止，革命不止。孙中山毕生都在革命，革旧势力的命，更革自己的命，终于以他的奋斗，让中国赶上了世界潮流，并顺之而新生。

精誠無間同憂樂
篤愛有緣共死生
慶齡賢妻鑒
孫文

下　篇

三窟已就　高枕无忧?

——孟尝君之无忧与贤臣当如何谋立

位列著名的"战国四公子"之一的齐国孟尝君，名田文，是齐国的王族，齐王虽然拜他为相，对他却并不放心。孟尝君对政治地位并不稳固的现实很清楚，却没有很好的办法改变这种局面，自陈"惯于忧"。颇有政治抱负的孟尝君很想有一番作为，就养士三千辅佐自己，冯谖就是其中之一。这位并不为孟尝君看重的门客，却敏锐地意识到了孟尝君之"忧"，并决心帮助孟尝君解决它。

冯谖算得上是行为艺术的鼻祖了，自谦无好无能的他一歌曰"长铗归来乎! 食无鱼"，再歌曰"长铗归来乎? 出无车"，三歌曰"长铗归来乎! 无以为家"，成功引起了孟尝君的关注，提高了自己在门客中的地位待遇。冯谖绝非孟尝君门客中的鸡鸣狗盗之辈，他主动申请为孟尝君到所分封的薛地焚券市义，凭借齐国、魏国等国的矛盾帮助孟尝君恢复齐国相位，请求齐国先王神器在薛地建立宗庙，以一系列杰出的政治外交活动为孟尝君规避政治风险建立了"狡兔三窟"。做完这些，他告诉孟尝君，"三窟已就，君姑高枕为乐矣。"这句话后来成为成语高枕无忧的源头之一。

《战国策》作者、西汉历史学家刘向对此评价说："孟尝君为相数十年，无纤介之祸者，冯谖之计也。"

然而，历史的发展充满吊诡之处，孟尝君后来的结局仍未摆脱悲剧色彩，就其本人而言，再失相位，不得不逃离故国，颠沛流离，在秦国还差点儿被杀害；就其封地和后人而言，据《史记》记载："文卒，谥为孟尝君。诸子争立，而齐魏共灭薛。孟尝绝嗣无后也。"在某种程度上，这一结局与冯谖有很大的干系，他是在帮孟尝君，却也害了他，要害就是他最后的判断："三窟已就，君姑高枕为乐矣。"冯谖在孟尝君的门客中是杰出的，但却不是顶流的谋士，他没有看到战国后期七雄征伐必然统一的历史大势、各国国王为了应对七国争雄必然加强内部的统一整合，也没有看到各国统治者除了有矛盾的一面还有共同的一面，没有在这个大势下谋划保安，并且还没有认识到孟尝君性格狭隘偏颇、残暴自私的一面，相信通过智术就能确保孟尝君和薛地的安全，盲目乐观自己的杰作，觉得凭此就可以高枕而卧、高卧而乐、高枕无忧了，而这实际上不可能消除孟尝君的根本之忧。根本之忧未解而让孟尝君高枕为乐，是在帮呢还是害呢？这个故事反过来说明：忧患意识得不到保持，自满于智术之效，就会导致悲惨结局。

　　心中觉得无忧，恰恰才是最值得忧虑的地方。后人反用"高枕无忧"这个成语，用来比喻思想麻痹，丧失警觉，实在是高明深刻。

真的"无复可忧"吗？

——唐玄宗之无忧与盛唐的衰弱

在中国历史上 400 多位皇帝中，不乏明君，多见庸君，迭出昏君，集圣主与昏君于一身的却极为罕见，唐玄宗恰恰就是这样一位皇帝，虽然后人也称呼他"唐明皇"，他却是对不起其中的"明"字的。安史之乱将唐玄宗的人生割裂为两半，这位开创盛世的一代英主，又因为亲手毁了盛世，成为诗人笔下"春宵苦短日高起，从此君王不早朝"的昏君。唐玄宗何以由圣而昏，与他带领下的大唐何以骤然由盛而衰，已经成为历史学上的一个"唐玄宗现象"，在古今中外都发生上演过。

意满心骄的"盛世意识"产生"无复可忧"的错觉

唐玄宗是大唐历史上十分重要的一位皇帝。在他还是临淄王的时候，就果敢发动兵变，诛杀了篡权乱政的唐中宗皇后韦氏集团，继位第二年，又果断采取行动剿灭架空朝堂的太平公主团伙，终于彻底摘掉了皇后公主乱政毒瘤，一扫唐朝几十年混乱动荡的政治局面，把皇权集于皇帝。

可以说，唐玄宗之兴，兴于"忧"，他目睹韦氏集团弑杀中宗、祸乱朝政，出于不让"忧怖大王"的忧患意识，决定"拯社稷之危，救君父之急"，一举举事而成（《旧唐书》）。英姿勃发的唐玄宗，仰慕曾祖的贞观之治，以"吾貌虽瘦天下必肥"的精神励精图治，懂得国以贤治的道理,任用姚崇、宋璟等为相,一时贤良满朝,遂有了开元盛世,"贞观之风,一朝复振"。杜甫对此时繁华有《忆昔》诗歌颂:"忆昔开元全盛日,小邑犹藏万家室。稻米流脂粟米白,公私仓廪俱丰实。九州道路无豺虎,远行不劳吉日出。齐纨鲁缟车班班,男耕女桑不相失。宫中圣人奏云门,天下朋友皆胶漆。百余年间未灾变,叔孙礼乐萧何律。"此时普天之下,皆称唐玄宗"圣人"。

中国历史上,盛极而衰是规律,但一般会经历一个历史过程,而像唐玄宗时代开元盛世,却是直接摔地而碎。天宝十三年(754年),也就是安史之乱发生的前一年,是唐代的极盛之世,全国有三百二十一郡,一千五百三十八县,一万六千八百二十九乡,九百零六万九千一百五十四户,五千二百八十八万四百八十八口。史载"户口之盛,极于此"。当此时,"天下大治,河清海晏,物殷俗阜。安西诸国,悉平为郡县。自开远门西行,亘地万余里,入河湟之赋税。左右藏库,财物山积,不可胜较。四方丰稔,百姓殷富,管户一千余万,米一斗三四文。丁壮之人,不识兵器,路不拾遗,行者不囊粮。"几年之后,却是一番"岂闻一绢直万钱,有田种谷今流血。洛阳宫殿烧焚尽,宗庙新除狐兔穴"(杜甫《忆昔》)的惊天惨象,盛唐戛然而止。这一切是怎么发生的呢?

《资治通鉴》这样解释这个历史惨变:唐玄宗"晚年自恃承平,以为天下无复可忧,遂深居禁中,专以声色自娱,悉委政事于林甫……养成天下之乱",后来又内宠杨贵妃、外专杨国忠,变本加厉。事实上,唐玄宗对天下"承平"、"无复可忧"的认识不过是他想象中的世界而已,真实的盛世其实是贫富对立、社会撕裂的火山,一些失意之人已经开始谋求起事,比如一个名叫高不危的幽州人,他多次参加科举,最后只求得一个无人问津的小官,自负才学的他对朝廷失望至极,说:"高不危宁当举事而死,终不能咬草根以求活耳!"改名高尚,被安禄山聘请为掌书记，成为其叛乱期间的主要谋士。李白、杜甫的诗篇已经对危机信号做出了无数的记载与呼吁，可惜李白被放还出宫，杜甫无缘觐见，唐玄宗已经读不到他们的忧时忧世之诗了。

天下岌岌，却以为无复可忧，只悔未读李杜诗！

唐玄宗真是心宽之至，安史之乱前无复可忧，叛乱发生后失去了勇气和斗志的他一逃了之，逃难到四川。按说到了这里已经避开了叛军的锐锋，可以从容指挥全国平叛了，唐玄宗却苟安于天府一隅，再无发愤图强再图振兴之意，任由太子李亨和颜真卿等铁血忠臣应付烂摊子，开启了自己生不如死的晚年。接到太子在宁夏灵武称帝的消息后，他竟是一副重担卸肩不胜之喜的样子，"喜曰，吾儿应天顺人，吾复何忧"。而稍后就发生了一方面叛乱未平，一方面儿子们儿子挥戈相向的情形，局面正是堪忧之际。

人无远虑必有大忧　没有了忧患意识好制度也会出问题

盛唐骤衰，固然是唐玄宗晚年追求逸豫的性格使然，更深层次的是制度性问题造成，其中有的制度恰恰还是他创设的曾经的好制度。

唐玄宗对国家治理进行了许多探索，创设了不少制度，比如政治方面的宰相集权制度、军事方面的府兵制改募兵制和胡人为将制度、地方治理的节度使制，这些制度一度发挥了很好的作用，比如当大权集于姚崇、宋璟这些贤相时，就出现了政通人和的好局面；当李光弼、哥舒翰等胡人为将，忠心耿耿大唐社稷；边远地区的一些节度使稳定了边疆，边将所募之兵开疆拓土屡战屡胜。大唐盛世之创造，有这些制度的功劳。而一旦国家治理大权集于李林甫、杨国忠之流，节度使变成胡人安禄山、史思明之流，这些制度的巨大缺陷就暴露出来了。

唐初，三省六部权力制衡，将中央政令和政策的制定、审核与执行分散到中书、门下和尚书三省。姚崇和宋璟任相期间，唐玄宗故意让中书、门下两省的长官总有一个职位空缺，委员制变成领袖制，集体负责制变成个人负责制，以提高效率（也为了把自己解放出来好玩乐，自己不用不断出面平衡三省长官们的关系了）。张说任相后改政事堂为中书门下，三省长官会谈协商的办公地点变成了正式的官署，下设吏、枢机、兵、户、刑礼五房，宰相集权由惯例成为制度。李林甫杨国忠先后为相，取得了处置国政的专权。

李林甫向唐玄宗提议"以寒族胡人专大将之任"，由寒族胡人常任边疆各大军区长官。李林甫的理由是，文官贪生怕死，贵族结党营私，唯有胡人骁勇善战，寒族缺乏党援，由他们常任边帅才能让人安心。这一主张被采纳后，尽管提拔了高仙芝、哥舒翰等威震边关的大将，却为安史之乱的爆发埋下深深的隐患，借此政策上位的就包括野心勃勃的安禄山与史思明。安禄山凭借唐玄宗的信任，在十几年内逐渐控制河北。安史之乱前夕，安禄山兼任范阳、平卢、河东三个节度使，坐拥唐朝边防兵力总数的五分之二。

开元、天宝间，唐玄宗设立十大节度使，北方形成平卢、范阳、河东、朔方、陇右、河西、安西四镇、北庭伊西 8 个节度使区，加上剑南、岭南共为 10 镇，成为固定军区。节度使受命时赐双旌双节，得以军事专杀，行则建节，府树六纛（大旗），威仪极盛。节度使集军、民、财三政于一身，开账设府渊薮人才，又常以一人兼统两至三镇，多者达四镇，威权之重，以致出现外重内轻的倒置。

玄宗时期均田制日益崩溃，与之紧密联系的府兵制也无法实施，募兵制取而代之，募兵制下的职业士兵不同于兵农合一的义务兵，没有对土地和家族的眷恋，容易为边疆所用，助长地方军事势力。再加上节度使掌握地方大权，边境地区战事频仍，"猛将精兵，皆聚于西、北"，内外军事力量失衡。

上述制度有其历史必然和现实需求，但任何制度都有两面性，包括好的制度，可能也会产生不可预测的负面作用，需要与时俱进地调整纠偏，如果以此而高枕无忧，往往会适得其反。更何况新制度叠加，其负面作用也会叠加，如果不夕惕若厉，就可能会被反噬。唐玄宗自负于盛世成就，又随着年事渐高，放纵逸豫，厌恶忧劳，对繁华底层的危机看不见更不愿见，对太子大臣们关于节度使权力过于集中必会不利朝廷的劝谏听不见更不愿听，最终酿成塌天之祸，悔时已经无力回天。唐玄宗的例子再次说明，治大国如烹小鲜，无远虑者必有近忧、大忧，人如此，国更如此。

当了太上皇的唐玄宗，晚年竟然受制于唐肃宗的大太监李辅国，失去了爱情和权力的他连自由和尊严也没有保住，惴惴于遭其荼毒，最后郁郁而终，又与他多年"吾复何忧"的喜悦形成多么惨痛而滑稽的对比！他去世后得到的谥号是"玄宗"，玄指的是启明星，天没亮的时候它很亮，天亮了它却暗了，玄宗谥号寓"先明后暗"之意。历史上得此谥号的皇帝仅此一人，唐玄宗之不忧，害国害己。

国事多艰，此起彼伏，唯有宵旰之忧，才能励精图治。当唐玄宗耽乐无忧，有人却抓住机遇要展示"忧"了。历史和他开了一个玩笑，安禄山发动叛乱，打出的竟然是"忧国之危"的旗号（《新唐书》）。不知道当时唐玄宗听到这个旗号，心中是如何感想。

何以解忧?

　　滔滔之忧,浩浩荡荡,横无际涯,跨越千年,就不能舒缓、没法化解吗?

　　清末民初面对国家一次次劫难,梁启超在内忧外患交煎之下内心忧患焦灼,他从《庄子·人间世》"今吾朝受命而夕饮冰,我其内热与?"受到启发,自命饮冰室主人,冀以"饮冰"解其"内热",以如椽巨笔写下警世雄文,辑之而成《饮冰室合集》,对国民醍醐灌顶,开启民智。

　　除了梁启超,古之仁人对此也给出了各种回答。

　　对于害思乡怀亲之苦的远人来说,"驾言出游,以写我忧"(《诗经·竹竿》),就是驾车出游四处逛,以解心里思乡愁。

　　对于思念爱侣的妻子来说,"亦既见止,亦既觏止,我心则说",忧心忡忡、我心伤悲的妻子只要一见到丈夫立即就变得心中喜悦。

　　冯谖觉得为孟尝君建好了抵挡风险的"三窟","则大王高枕而卧,国必无忧矣。"(《战国策·魏策一》),仿佛高枕就可无忧。

　　孔夫子觉得"发愤忘食,乐以忘忧",学习起来忘了吃饭,因为获得了学习的快乐而忘记了"忧愁"。

　　曹操以他军事家、政治家的豪迈,相信"何以解忧,唯有杜康",大喝一顿美酒就能消掉心中块垒。

　　出游、团圆、高卧、读书、喝酒，这不就把忧愁化解掉了嘛！

　　但，真的是这么简单？

　　就说读书，人生有涯，学海无涯，以学解忧，忧岂有涯。

　　就说出游，范仲淹登上想象中的岳阳楼，"登斯楼也，则有去国怀乡，忧谗畏讥，满目萧然，感极而悲者矣。" 被贬滁州内心忧郁的欧阳修出游醉翁亭，场面上看畅享山水之乐，但"人知从太守游而乐，而不知太守之乐其乐也（实面乐而心忧）"。再到后来，李清照说的更加明确，"只恐双溪舴艋舟，载不动许多愁"。

　　就说高卧，朱元璋什么样的枕头找不到？但他"朕中夜寝不安枕，忧悬于心"，脑袋忧愁的无法稳稳地睡在枕头上。

　　就说美酒，李白"中夜四五叹，常为大国忧"，一定是爱酒的他在酒后所发，只因为"借酒消愁愁更愁"。

　　就说团圆，苏东坡感慨了，"何事长向别时圆"，"此事古难全"。写下"悔教夫婿觅封侯"的王昌龄，心中追求的是"不破楼兰终不还"、"不教胡马度阴山"，边关未靖，必有离别，则别忧难休。

　　轻轻的一个"忧"字，看似那么容易化解，却是如此之难！

　　忧有大小深浅轻重之分，小忧忧身，浅忧忧己，轻忧忧家。既然生而为人，难免都会有普通人一样的对自己小我利害的担忧，但他们的化解，只有放置在大、深、重的忧患之中，否则不仅不会受到鼓励，还会被嘲笑。比如自谓"以梅为妻，以鹤为子"、人称"梅妻鹤子"的宋朝诗人林逋，其诗作《山园小梅》"疏影横斜水清浅，暗香浮动月黄昏"被誉为"千古咏梅绝唱"，他就认为，"忧国者不顾其身，爱民者不罔其上"（《省心录》）。曾国藩在家书中就对六弟的"忧之不大"嘲笑批评，"若夫一体之屈伸，一家之饥饱，世俗之荣辱得失，贵贱毁誉，君子固不暇忧及此也。六弟屈于小试，自称数奇，余窃笑其所忧之不大也。"

　　深层次的忧，那些仁人志士内心自生的家国之忧、天下之忧、治乱之忧、道统之忧，岂止难以化解，本质上其实是无解。

　　他忧国家，天下社稷，未安必忧，已安仍忧，忧无休时。强敌环伺了，他在忧，"忧山河之破碎，惧种族之沦亡"；国破了，他在忧，忧的是"要从头收拾旧山河"；国家好了，他在忧，忧的是"君子于安思危，于治忧乱"。这忧，发于中夜，"中夜四五叹"；发于梦中，"金戈铁马入梦来"；发于一生，"一生长为国家忧"；发于终身，"君子有终身之忧"。这忧，有时候转化为爱国之志，"捐躯济难"；这忧，有时候转化为破国之恨，"臣子恨，何时灭"；这忧，有时候转化为连连叹息，"长太息以掩涕兮"；这忧，有时候转化为满面泪水，"向来忧国泪"。

　　同样的，他忧人民，民能富乎？民得教乎？忧无止刻。

　　为什么国人之忧本质无解？

　　根源就是孟子所倡导的"君子之忧"，范仲淹所探求的"仁人之心"，就是黄宗羲所总结的"匹夫之责"。这份厚重的文化传承，养育了进亦忧退亦忧，安亦忧危亦忧，先天下之忧而忧，后天下之乐而乐的忧乐观，已经深深铭记在文化血脉之中，成为一种内生的东西，成为一种情感本能。先天下之忧而忧，天下在忧，其谁不忧？后天下之乐而乐，天下有未乐者，其谁能乐？当矢志变革的王安石"以社稷为忧"时，刚被朝廷从地方提拔到朝廷任要职，可谓"进"时；当范仲淹参与的庆历新政夭折后被贬官邓州，仍坚持"救民疾于一方，分国忧于千里"，可谓"退"时；当不被朝廷信任的辛弃疾，把一生平戎策都换了种树书（"却将万字平戎策，换得东家种树书"），"叹今吾"，忧仍在，可谓"归"时；当唐太宗"终日孜孜忧怜百姓"时，贞观之治的最美画卷正徐徐展开，可谓"安"时；当康有为发出"已可忧危"的呐喊极力推动变法时，晚清内忧外患，可谓"危"时。

其实，这忧又岂止是在进退之际、安危之时、先后之间！朱元璋忧了三十有一年，皇帝当到老，忧到老。岳飞冤死风波亭，臣子恨至死未灭。"心在天山，身老沧州"的陆游弥留之际，"死去元知万事空，但悲不见九州同"，让儿子等有了国家统一强盛的好消息时家祭告知。

其实，这忧又岂止是一生一世！"生年不满百，常怀千岁忧"，这简直就是人类不灭，忧思永恒。

忧，人类的基本情感之一，是人都会有。但只有在中国，在中华文化之中，忧成为一种意识、一种文化。

中国人的一生有多久，中国人的忧思就有多久。

中国文化的生命有多久，中国人的忧思就会有多久。

著名诗人艾青这样写道：为什么我的眼里常含泪水？因为我对这土地爱得深沉……艾青的泪水，和2400多年前屈原的"涕"，和1400多年前杜甫的"向来忧国泪"，不正是同一个味道嘛！原来这份深忧的背后就是大爱，对家国人民的深爱大爱啊！假如套用诗人这句诗来吟咏古之仁人之心，想来也是恰当的：

为什么仁人志士的心里常含忧虑？

因为他对这土地爱得深沉……

只要心还在，只要辩证思维还在，只要责任感还在，或者简单归结为一句：只要爱还在，忧文化就会一直在，贯穿国家的盛衰兴亡，贯穿自己的进退生死。

爱之愈深，忧之愈切。忧，一种秉性、一种气质、一种智慧、一种能力、一种基因。只要国恒在，民恒在，挑战恒在，忧文化就会一直在。

所以，无奈的曹操不得不由衷感慨："忧从中来，不可断绝！"

是以，忧，无解。

但无解之忧，不是注定人生就是忧苦，中华忧文化绝非佛教那般的苦文化。仁人志士忧而不惧，忧而有乐，在奋斗者中排忧解难，成就一个个大写的人字。梁启超在《最苦与最乐》一文中这样诠释然孟子"君子有终身之忧"：因为越是圣贤、豪杰，他负的责任便越是重大；而且他常要把种种责任来揽在身上，肩头的担子，从没有放下的时节。曾子还说："任重而道远……死而后已，不亦远乎?"那仁人、志士的忧民、忧国，那诸圣、诸佛的悲天、悯人，虽说他是一辈子感受苦痛，也都可以，但是他日日在那里尽责任，便日日在那里得苦中真乐。所以他到底还是乐，不是苦呀！

正如南宋著名思想家叶适所言，君子言忧不言乐，然而乐在其中也。

斯人一生长为国家忧，然则何时而乐也? 其必曰，忧国忧民，乐在其中也。

斯人络绎，中华不绝！

斯人戚戚，中华荡荡！

噫，微斯人，中华非如此矣！

后记

为什么要增强忧患意识?

一

忧患意识是中华民族的一种重要精神特质,但每个人所忧患之物的大与小、忧患意识的强与弱却有着实实在在的差别。这又是为什么呢?

透过历史,不难发现这样一个规律:忧患意识与责任感和家国情怀成正比,与追求国家人民自己的美好程度成正比。一个人的使命感、责任感越强,家国情怀、人民情怀越强,自我卓越志向越强,他的忧患意识就越强。如果这个人同时还有着强烈的历史意识、深刻的辩证思维、宏博的战略精神和深厚的文化底蕴,他的忧患意识就更强。

二

我是在习近平总书记一系列关于忧患意识的重要论述指引下,着手研究中国忧文化源流和忧患意识是如何影响传统中国发展进程走向的。在深入学习习近平新时代中国特色社会主义思想过程中,我发现习总书记大量引用古人关于忧患的诗文名句,反复强调要增强忧患意识，要忧党、忧国、忧民，于是就产生了一个想法，我们有必要整理研究他为什么这么反复强调忧患意识？

经过一段时间集中阅读《习近平谈治国理政》（1~4卷）、《人民日报》和《求是》杂志刊登的习总书记重要会议和活动的报道，据不完全统计，习总书记在不少于30个重要讲话中做过强调，对于增强忧患意识、忧党忧国忧民的具体论述，则成倍于这些讲话的次数。在全国党代会上、在中央全委会上、在政治局会议上和政治局集体学习时，在中央财经委会议上、在中央深改委会议上、在中央国家安全委员会会议上，在纪念中国共产党成立100周年和纪念改革开放40周年的大会上，在学习贯彻十八大、十九大会议精神中央党校省部级主要领导干部研讨班上，在全国组织工作和宣传工作会上，在党的群众路线教育实践活动总结大会、中央扶贫开发工作会议、统筹推进新冠肺炎疫情防控和经济社会发展工作部署会议上，在新年贺词中，在地方考察调研中，在几乎所有重要的会议上和重要活动中，习总书记都强调过忧患意识。

就在本书成稿之际，中国共产党第二十次全国代表大会胜利召开，习近平总书记在《高举中国特色社会主义伟大旗帜　为全面建设社会主义现代化国家而团结奋斗》报告中郑重强调："我们必须增强忧患意识，坚持底线思维，做到居安思危、未雨绸缪，准备经受风高浪急甚至惊涛骇浪的重大考验。"

这是习总书记第二次在全国党代会上做出增强忧患意识的强调。2017年10月18日党的十九大上，他在《决胜全面建成小康社会　夺取新时代中国特色社会主义伟大胜利》报告中强调："统筹发展和安全，增强忧患意识，做到居安思危，是我们党治国理政的一个重大原则。"

"我们共产党人的忧患意识就是忧党、忧国、忧民意识，这是一种责任、更是一种担当。"基于这样一种自省自励，习总书记对增强忧患意识的强调，针对了全面推进政治建设、经济建设、文化建设、社会建设、生态建设和党的建设，包含了治国理政和经济社会发展的方方面面。

习总书记在阐述要增强忧患意识时大量引用了先贤们的诗文。其中有：老子的"为之于未有，治之于未乱"、孔子的"人无远虑，必有近忧"、孟子的"生于忧患，死于安乐"、魏徵的"备豫不虞，为国常道"、刘基的"物有甘苦，尝之者识；道有夷险，履之者知"、魏源的"于安思危，于治忧乱"、黄宗羲的"天下之治乱，不在一姓之兴亡，而在万民之忧乐"、《尚书》的"不矜细行，终累大德"、《周易》的"安而不忘危，存而不忘亡，治而不忘乱"、《旧唐书》的"图之于未萌，虑之于未有"、《新唐书》的"奢靡之始，危亡之渐"。一些生动形象表达这个主题的成语、俗语也被信手拈来：居安思危、未雨绸缪、见微知著、防微杜渐、化险为夷、常怀远虑、高枕无忧；行百里者半九十、"船到中流浪更急、人到半山路更陡"，等等。这些诗文大大增强了讲话的感染力、说服力。

<h1 style="text-align:center">三</h1>

我被感染的同时，就又想到：习近平新时代中国特色社会主义思想从中华传统优秀文化中汲取了丰富给养，习近平总书记大量引用传统诗文和成语来强调要增强忧患意识，说明中华传统优秀文化中有着强烈的忧患精神，他的强调体现了一种传承。

我又把阅读的目光转向了中国历史和古诗文。感谢百度搜索和古文岛 App，它让我的阅读有了更高的效率。

于是就有了这本书。

在研究整理过程中，我越来越加深了这样一个体会：忧患意识在中国史、中华民族史、中华文明史上有着重要地位，忧患意识与自强不息精神,从两个维度共同发力,提供了中国一体接续、中华民族持续发展壮大、中华文明久盛不衰的强大精神力量;中华先贤们的忧国忧民情怀和对于忧患意识的表达,是我们的宝贵财富。

我们从辉煌的历史中走来,我们也将创造新的历史。要守初心、履使命,完成的中华民族史上最为艰巨的任务——全面建成社会主义现代化强国、以中国式现代化全面推进中华民族伟大复兴、让中国人民过上更加美好的生活,没有更强的忧患意识是不行的。有了道路、理论、制度、文化自信和历史自信,再增强了忧患意识,中华民族的伟大复兴,谁能逆转!

习近平新时代中国特色社会主义思想,是拥有强大感染力、巨大感召力的科学理论,习近平总书记增强忧患意识的强调要求,忧党忧国忧民情怀的作则示范,必将引领全党全国各族人民增强忧患意识,为中华民族伟大复兴新征程上克服战胜一个个艰难险阻做好充分准备。"无事则深忧,有事则不惧",有感于此,作者著此书,愿对读者跟着习近平总书记学习增强忧患意识有所裨益。